엑셀 매크로 프로그래밍

엑셀 매크로 프로그래밍

ⓒ 정우영, 2018

초판 1쇄 발행 2018년 8월 15일

지은이   정우영
펴낸이   이기봉
편집   좋은땅 편집팀
펴낸곳   도서출판 좋은땅
주소   경기도 고양시 덕양구 통일로 140 B동 442호(동산동, 삼송테크노밸리)
전화   02)374-8616~7
팩스   02)374-8614
이메일   so20s@naver.com
홈페이지 www.g-world.co.kr

ISBN   979-11-6222-642-1 (13000)

이 도시의 국립중앙도서관 출판시도서목록(CIP)은 서지정보유통지원시스템 홈페이지(http://seoji.nl.go.kr)와 국가자료공동목록시스템(http://www.nl.go.kr/kolisnet)에서 이용하실 수 있습니다. (CIP제어번호 : CIP2018024150)

엑셀 데이터를 자동 편집하는 기술

엑셀 매크로 프로그래밍

정우영 지음

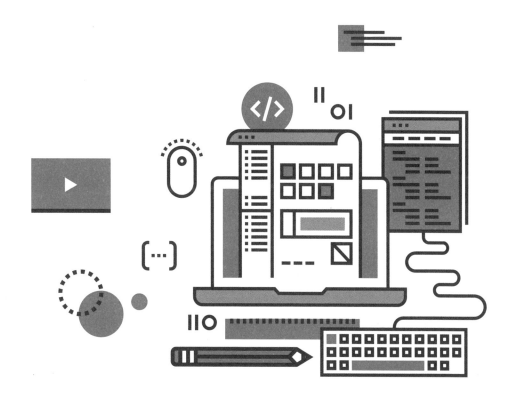

좋은땅

머리말

엑셀은 실무에서 데이터를 편집하기 위해 많이 사용됩니다. 엑셀의 고유 기능만으로도 일상적으로 발생하는 데이터를 효과적으로 편집할 수 있기 때문입니다. 그런데 매일, 매주, 매월 주기적으로 발생하는 데이터를 더욱 효율적으로 편집하기 위해서는 엑셀 매크로를 사용합니다. 엑셀 매크로를 활용하여 프로그래밍을 하면, 수백만 개의 데이터도 수분 내에, 원하는 양식으로 자동처리하여 만들어 주기 때문입니다. 본 책은 일상 업무에서 매크로 프로그래밍을 통해, 데이터를 주기적으로 편집하는 작업의 자동화를 원하는 사용자를 위해서 제작되었습니다.

Part I. 매크로 시작하기는 매크로에 대한 기본 개념을 서술하고 있어 실전에 들어가기에 앞서 사용자의 이해를 돕는 장입니다.

Part II. 명령문은 아홉 개의 Chapter로 이루어져 있습니다. 본 장은 매크로 코드 작성을 위한 명령문을 체계적으로 학습할 수 있도록 예문을 제시하여 사용자의 이해도를 높이고자 하였습니다.

Part III. 프로그래밍은 단계별로 프로그래밍을 할 수 있도록 세 개의 Chapter로 나누어 설명하고 있습니다. 자세한 내용은 다음과 같습니다. Chapter 1은 기초적인 프로그래밍 연습 및 숙달을, Chapter 2는 좀 더 복잡한 프로그래밍 기법과 사례를 소개하고 있으며, Chapter 3은 실무적인 프로그래밍 사례를 들고 있습니다. 이 책을 학습하면서 매크로를 처음 접하는 사용자의 경우, Part II. 명령문 부분은 개략적인 개념 위주로 학습한 후 복습하는 것이 이해하기가 수월하며, Part III. 프로그래밍을 학습하거나 사용자의 매크로 프로그램을 작성할 때 사전처럼 활용할 수 있는 Part라 생각합니다.

Part III. 프로그래밍의 마지막 Chapter인 프로그래밍 사례는 다음 두 가지를 소개합니다.

첫 번째 소개하는 파일 병합은 일상 업무에서 많이 발생되는 두 가지의 엑셀 데이터를 한 개의 파일로 병합하는 프로그램으로, 업무 특성과는 상관없이 사용자의 업무 데이터를 병합할 때 쉽고 빠르게 병합할 수 있으므로 사용자의 업무에 바로 적용하여 사용할 수 있으며, 사용된 코드 사용 기법 또한 사용자의 매크로 프로그램 작성에 도움이 될 것입니다.

두 번째로 소개하는 급여대장 편집 사례는 사용자의 다양한 업무 특성에 적용하기는 어렵겠지만 사례에 소개하는 다양한 코드 사용 방법은 사용자의 매크로 코드 작성에 많은 도움이 되리라 생각합니다.

그리고 첨부된 CD는 책의 내용을 학습하면서 실행되는 내용을 바로 확인할 수 있도록, 본 책에서 소개하는 모든 매크로 프로그램을 담고 있습니다. 목차 시트에서 원하는 매크로를 클릭하면 바로 해당 파일로 이동하도록 만들어져 편리합니다. 또한 모든 매크로는 이동한 파일에서 클릭만으로도 해당 매크로를 실행할 수 있을 뿐만 아니라 결과도 즉시 확인할 수 있습니다.

본 책은 사용자의 효율적인 업무 수행을 돕고자 기획되었습니다. 바라건대 업무 자동화를 위한 매크로 프로그래밍에 많은 도움이 되길 바랍니다.

저자 정우영

목차

Part II   엑셀 매크로 명령문

Part I

엑셀 매크로
시작하기

Chapter 1. 매크로 시작하기

1-1. 엑셀 매크로 [MACRO]

엑셀 매크로(MACRO)는 엑셀에 내장된 프로그래밍 언어 **VBA**를 사용하여 프로그램을 작성할 수 있는 기능입니다. 이 기능을 활용하면 반복적인 엑셀 데이터 작업을 자동으로 처리할 수 있어 효율적으로 업무를 처리하는 데 도움이 됩니다.

※ **VBA**(Visual Basic for Applications)
  MS사에서 Applications(엑셀, 워드 등)의 활용도를 높이도록 Visual Basic을 기반으로 개발된 프로그래밍 언어

1) 엑셀 창에 매크로 메뉴(탭) 표시

매크로를 사용하려면 우선 엑셀 창에 매크로 메뉴(탭)를 표시해야 합니다. 엑셀의 리본 메뉴에는 매크로 탭이 숨겨져 있으므로 아래 방법으로 엑셀의 리본 메뉴에 [개발 도구] 탭을 추가하여야 합니다. ※ [보기] 탭에 매크로 아이콘이 있지만 세부 기능이 없음

A) 엑셀 2016 버전의 경우

[파일] 탭 > [옵션] > [리본 사용자 지정] > [개발 도구] 체크

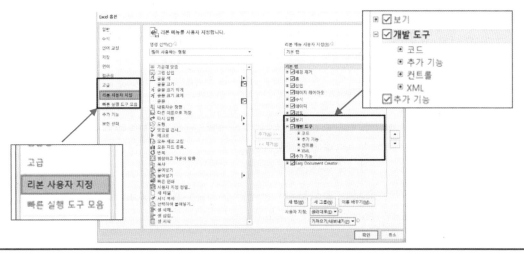

B) 엑셀 2007 버전의 경우

[파일] 탭 > [Excel 옵션] > [기본 설정] > [리본 메뉴에 개발 도구 탭 표시] 체크

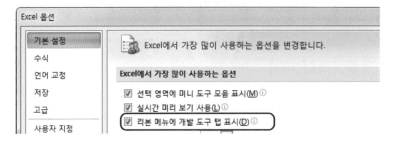

C) 리본 메뉴에 [개발 도구] 탭 표시 결과 (Excel 2016)

이 [개발 도구] 탭에서 매크로를 작성하고 편집할 수 있습니다

2) 매크로 문서 저장

매크로가 포함된 엑셀 문서를 저장할 때는 'Excel 통합문서'로 저장하지 않고 반드시 파일
형식을 '매크로 사용 통합문서'로 저장합니다.
그렇지 않으면 매크로 내용이 포함되지 않은 문서로 저장될 수 있으며 아래와 같은 경고
창이 표시됩니다.

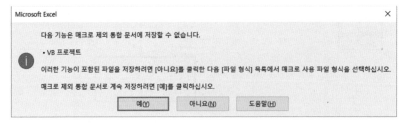

매크로가 포함된 엑셀 문서는 확장자가 'xlsm'인 문서(문서이름.xlsm)로 저장됩니다.

3) 매크로 보안 설정

엑셀은 기본적으로 매크로를 사용할 수 없도록 보안 설정이 되어 있으므로 매크로를 사용하려면 보안 설정을 변경하여야 합니다.

(1) [개발도구] 탭 > [매크로 보안] > [보안 센터] 창에서 설정

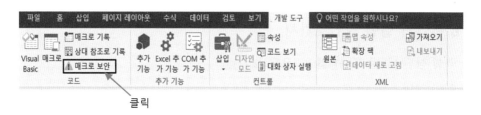

클릭

(2) [보안 센터] 창 : [매크로 설정] > 설정 옵션 선택 > [확인] 클릭

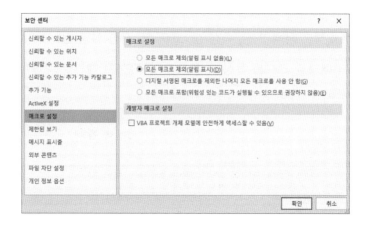

【매크로 설정】

- 모든 매크로 제외(알림 표시 없음) : 매크로 파일 열기 불가
- 모든 매크로 제외 (알림 표시) : (기본값) 매크로 파일을 열기하면 경고 창 표시
- 디지털 서명된 매크로만 포함 : 위와 동일한 설정이지만 디지털 서명된 파일 실행
- 모든 매크로 포함 : 모든 매크로 파일을 경고 창 없이 열기 가능

  ※ 모든 매크로 제외(알림 표시) 선택 권장 : 사용자가 경고 알림 표시를 보고 매크로
    사용 여부를 결정할 수 있음

1-2. VB 편집기 [Visual Basic Editor : VBE]

매크로 코드는 VB 편집기에서 작성할 수 있습니다.
VB 편집기는 프로젝트 탐색기 창 등 4개의 창으로 구성되어 있으며 다음 방법으로 실행할
수 있습니다.

1) VB 편집기 실행 방법 2가지

- 엑셀 상단 [개발 도구] 탭 > [코드 보기]
- 엑셀 화면에서 Alt+F11 클릭

2) VB 편집기의 구성

✓ VB 편집기 구성 : 4개 창, 메뉴 바, 툴 바
- 4개 창 : 프로젝트 탐색기 창, 속성 창, 코드 창, 직접 실행 창

✓ 코드 창에서 매크로 코드를 작성할 수 있으며, 작성된 매크로는 메뉴 바, 툴 바
등에서 실행할 수 있습니다.

<VB 편집기>

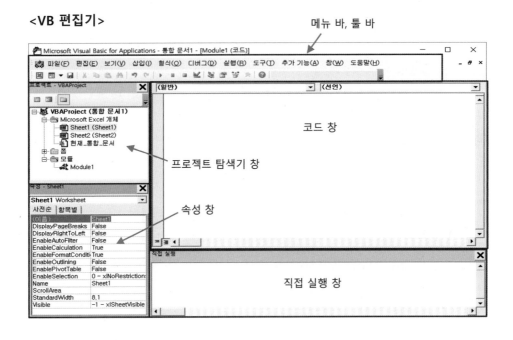

A) 메뉴 바, 툴 바

매크로 코드를 작성할 때 편집에 필요한 도구와 같은 각 종 편집 기능을 제공하는 메뉴 항목입니다.

B) 프로젝트 탐색기 창

프로젝트 탐색기 창은 현재 열려 있는 모든 엑셀 파일의 개체(시트, 폼, 모듈 등)를 계층적으로 표시합니다.

<프로젝트 탐색기 창>

✓ **Microsoft Excel 개체** : 통합 문서를 구성하는 엑셀 파일, 워크시트 개체

    - Sheet1, Sheet2, ~~ : 엑셀 파일의 워크시트 개체

    - 현재_통합_문서 : 엑셀 파일 개체

✓ **폼** (UserForm1, ...) : 윈도우(창) 화면을 작성할 수 있는 사용자 정의 폼 개체

✓ **모듈** (Module1, ...) : VBA 코드를 작성할 수 있는 모듈 개체

C) 코드(Code) 창

VBA 코드를 사용하여 매크로를 작성할 수 있는 편집기 창입니다.

Sheets1, UserForm1 등과 같은 각 개체는 각각의 코드 창이 있으며 탐색기 창에서 개체를 더블 클릭하면 그 개체의 코드 창이 표시되며 이 코드 창에서 해당 개체의 VBA 코드를 작성, 편집할 수 있습니다.

탐색기 창의 [모듈]은 VBA 코드를 작성할 수 있는 개체이며 모듈의 하부 개체 [Module1]을 더블 클릭하면 그 Module의 코드 창이 표시되며, 코드 창에서 아래 형식으로 코드를 작성할 수 있습니다.

```
Sub 매크로 이름( )
    VBA 코드
    -----
    VBA 코드
End Sub
```

D) 속성 창

탐색기 창에서 선택한 개체의 속성 (개체의 이름과 같은 개체의 특성)을 표시하는 창이며 개체의 속성을 편집할 때 사용합니다.

클릭

'Sheet1' 개체의
속성 창

E) 직접 실행 창

코드 창에 작성하는 VBA 코드를 개별적으로 직접 실행할 수 있는 창으로 각종 코드를 실행 테스트할 때 직접 실행 창을 활용하면 편리합니다.

직접 실행 창에서 코드를 입력할 때 아래와 같은 형식으로 입력합니다.

VBA Code = 내용	: 엑셀 시트의 셀에 '내용'을 기록
? VBA Code	: 직접 실행 창에 결과 출력
Print VBA Code	: 직접 실행 창에 결과 출력

<예문>

Range("C3").Value = 50	'[C3]셀에 값 50 기록
?Range("C3").Value	'[C3]셀의 값은?
50	'위의 결과 값 (50)
Print Range("C3").Value	'[C3]셀의 값은?
50	'위의 결과 값 (50)
Sheets.Add	'워크시트 추가
?ActiveWorkbook.FullName	'활성화된 파일의 경로를 포함한 파일 이름
C:₩매크로₩연습.xlsx	'위의 결과값 (경로를 포함한 파일 이름)

<직접 실행 창에서 다음과 같이 입력해 보세요>

```
직접 실행
Range("C3").Value = 50
?Range("C3").Value
 50
Print Range("C3").Value
 50
Sheets.Add
?ActiveWorkbook.FullName
C:₩매크로₩연습.xlsx
```

3) VB 편집기 옵션 설정

VB 편집기의 사용자 사용 환경을 옵션에서 설정할 수 있습니다.

✓ **설정 방법** : 메뉴 바의 **[도구] > [옵션]**에서 설정

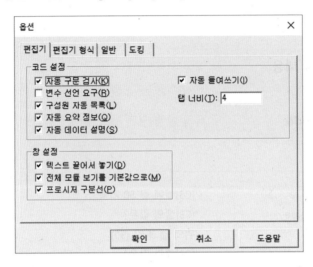

(1) 자동 구문 검사 : 코드 작성시 자동으로 구문을 검사하는 기능으로 코드를 잘못 입력 하면 오류를 표시하는 설정입니다.

VBA 코드 한 줄을 입력하면 즉시 오류를 표시하므로(아래 그림 참조) 오류를 즉시 확인할 수 있는 기능입니다.

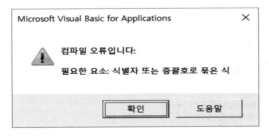

(2) 변수 선언 요구 : 변수 선언을 필수로 하는 설정입니다.

이 항목이 설정이 되어 있으면 모든 변수는 변수를 선언하고 사용하여야 합니다.

(3) 구성원 자동 목록, 자동 요약 정보

코드 창에 VBA 코드를 입력할 때 먼저 입력한 코드에 추가할 수 있는 목록을 보여 주는 설정입니다.

(구성원 자동 목록 예)

코드 창에 아래와 같이 'Worksheets.'를 입력하면 다음 입력이 가능한 목록을 표시하여 보여줍니다.

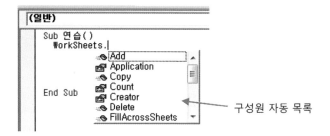

(자동 요약 정보 예)

코드 창에 아래와 같이 'Range('를 입력하면 다음 입력이 가능한 명령문 형식을 표시하여 보여줍니다.

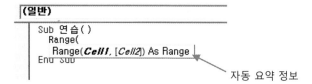

(4) 자동 데이터 설명

프로시저 실행 중단 모드(Part II, 6-9, 3)참조)에서 각종 변수값에 마우스 포인트를 올리면 그 변수값을 표시하여 줍니다.

4) 도움말 사용

VB 편집기에서 도움말을 사용할 수 있습니다.
편집기 화면에서 F1키를 누르든가 편집기 오른쪽 상단에 메뉴 바에서 도움말을 사용할 수 있습니다.

Chapter 2. 매크로 자동 작성

2-1. 매크로 작성 방법

엑셀 매크로는 자동 작성 기능이 있습니다.
자동 작성 기능으로 매크로를 작성하여 적절히 편집하면 쉽게 매크로 프로그래밍을 할 수
있습니다.

【 엑셀 매크로 작성 방법 】

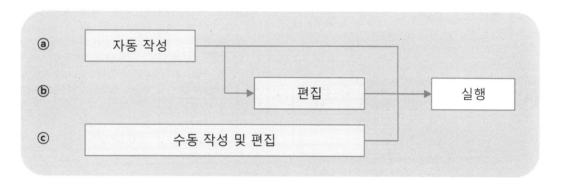

ⓐ **자동 작성** : 엑셀은 자동으로 매크로를 작성할 수 있는 기능이 있으며, 엑셀에서 조작,
입력 작업하는 일련의 엑셀 작업을 VBA 코드로 자동 기록이 가능합니다.

ⓑ **자동 작성 및 편집** : 자동 작성된 매크로는 바로 실행할 수 있지만 불필요한 코드를 삭
제하거나 수정하여 더 효율적인 매크로 코드로 편집할 수 있습니다.

ⓒ **수동 작성** : VBA 코드를 사용하여 매크로를 수작업으로 작성할 수 있습니다.

2-2. 매크로 자동 작성 실습

매크로 자동 작성 기능을 활용하여 자동으로 매크로를 작성할 수 있습니다.
자동 작성 기능은 일반 전자기기의 녹음, 녹화에 대비되는 기능으로, 매크로 자동 작성을
실행하면 엑셀에서 작업하는 모든 입력, 편집한 내용을 VBA 코드로 자동 기록하는 매크로
작성 기능입니다.

1) 자동 작성 과제

엑셀 시트에 그림1과 같이 표에 데이터가 미리 작성되어 있습니다.
매크로 자동 작성 기능을 활용하여 이 표에 데이터를 추가(그림 2)하는 매크로를 작성하
세요

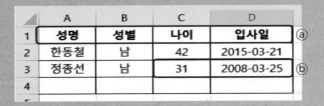

<그림 1> 매크로 기록 전

	A	B	C	D
1	성명	성별	나이	입사일
2	한동철	남	42	2015-03-21
3	정종선	남		
4				
5				

<그림 2> 매크로 기록

	A	B	C	D	
1	**성명**	**성별**	**나이**	**입사일**	ⓐ
2	한동철	남	42	2015-03-21	
3	정종선	남	31	2008-03-25	ⓑ
4					
5					

<매크로 기록 시작 후 추가 작성 내용>

ⓐ [A1:D1]셀 선택 후 글꼴을 '굵은 문자'로 변경
ⓑ [C3]셀에 나이 '31', [D3]셀에 입사일 '2008-03-25' 입력

2) 매크로 자동 작성

A) 매크로 기록

엑셀 상단 **[개발 도구] 탭 > [매크로 기록]**을 클릭하거나 엑셀 하단 상태 표시 줄의 **매크로 기록 준비 단추** (준비 📠) 를 클릭하면 아래 그림과 같은 [매크로 기록] 대화 상자가 실행되며 다음 순서로 조작하여 매크로 기록을 시작합니다.

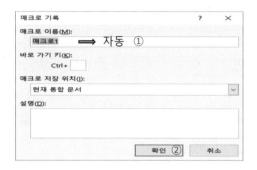

① 매크로 이름 : '자동' 입력 (사용자가 원하는 이름을 지정하여 입력)

② [확인] 단추를 클릭하면 그 이후에 엑셀을 조작하고 입력하는 내용의 매크로 코드가 자동으로 코드 창에 기록(Record)됩니다.

B) 엑셀 내용 작성

매크로 기록 시작 후 앞 페이지의 과제에 주어진 내용을 작성합니다.
(아래의 조작, 입력 내용이 매크로 코드로 자동 기록됨)

ⓐ 셀 범위 [A1:D1] 선택 후 글꼴을 '굵은 문자'로 변경
ⓑ [C3] 셀에 나이 '31', [D3]셀에 입사일 '2008-03-25' 입력

	A	B	C	D	
1	**성명**	**성별**	**나이**	**입사일**	ⓐ
2	한동철	남	42	2015-03-21	
3	정종선	남	31	2008-03-25	ⓑ
4					

C) 기록 중지 (기록 종료)

작성이 완료되면 엑셀 상단 **[개발 도구]** 탭 > **[기록 중지]**를 클릭하거나 엑셀 하단 상태 표시 줄에 매크로 기록 중지 단추 (준비 ■)를 클릭하여 매크로 기록을 중지합니다.

> ☞ 매크로 기록부터 기록 중지까지의 모든 엑셀 작업 내용이 VB 편집기(VBE)의 코드 창에 VBA 코드로 자동으로 기록됩니다.

3) 매크로 확인/저장

A) 매크로 자동 작성 내용 확인

자동 작성된 매크로 코드는 VB 편집기 코드 창에서 확인할 수 있습니다.
VB 편집기의 프로젝트 탐색기 창에서 **[모듈]** > **[Module1]**을 더블 클릭하면 코드 창에서 자동 작성된 매크로를 확인할 수 있습니다.

B) 매크로 문서 저장

매크로가 포함된 엑셀 문서이므로 파일 형식을 '매크로 사용 통합 문서'로 저장합니다.
　('파일명.xlsm' 형식)

2-3. 매크로 편집

자동 작성된 매크로를 VB 편집기의 코드 창에서 편집할 수 있습니다.

1) 자동 작성된 매크로 코드

코드 창에서 자동 작성된 매크로 코드를 확인할 수 있습니다.

< 자동 작성된 매크로 코드>

```
①    Sub 자동( )                                        123_01
②    ' 자동 Macro
         Range("A1:D1").Select
③       Selection.Font.Bold = True
         Range("C3").Select
④       ActiveCell.FormulaR1C1 = "31"
         Range("D3").Select
⑤       ActiveCell.FormulaR1C1 = "3/25/2008"
⑥    End Sub
```

①⑥ Sub 자동( )~End Sub : 자동 작성된 모든 매크로는 'Sub 매크로 이름( ) ~ End Sub' 형식으로 작성되며 이를 **프로시저**라 합니다.

② 코드 창에서 따옴표(')다음에 표시되는 내용은 실행되지 않음

③ 범위를 선택하여 선택된 범위의 글꼴을 굵은 문자로 지정

④ [C3]셀에 값 31 입력

⑤ [D3]셀을 선택하여 값 3/25/2008 입력

※ **프로시저** : 실행이 가능한 한 개의 매크로 프로그램 단위입니다.
위의 '자동' 매크로와 같이 'Sub ~ End Sub' 형식으로 구성되며, 일련의 엑셀 작업을 수행하는 코드 집합체로 독자적으로 특정한 엑셀 작업을 수행할 수 있는 프로그램 단위입니다.

2) 자동 작성된 매크로 편집

자동 작성된 매크로는 불필요한 코드가 다소 많습니다.

왜냐하면 자동 매크로는 매크로 시작 단추를 누르는 순간부터 엑셀에서 작업하는 모든 키보드 입력, 마우스 조작 내용이 전부 매크로로 기록되기 때문에 불필요한 코드를 많이 포함하고 있습니다. 따라서, 자동 작성된 코드를 편집하여 단순화, 효율화할 필요가 있습니다.

예) [A1] 셀의 내용을 복사하여 [B1] 셀에 붙여넣기 할 경우

자동 매크로 기록 (모든 마우스 조작 내용 기록) :

[A1] Select → [A1] Copy → [B1] Select → [B1] Paste

☞ **편집(단순화)** : Select 작업 불필요

[A1] Copy → [B1] Paste

자동 작성된 매크로를 그대로 실행해도 문제는 없지만 긴 프로시저를 작성할 경우, 불필요한 코드가 많으면 복잡하고 실행 속도에도 영향을 줄 수 있으므로 편집할 필요가 있습니다.

A) 자동 작성된 매크로 편집

자동 작성된 매크로를 아래 예문과 같이 단순화할 수 있습니다.

```
─<예문>─────────────────────────────────

(자동 작성된 매크로 코드)              (편집한 매크로 코드)

Range("A1:D1").Select        →    Range("A1:D1").Font.Bold = True
Selection.Font.Bold = True

Range("D3").Select           →    Range("D3").Value = "2008-3-25"
ActiveCell.FormulaR1C1
    = "3/25/2008"
```

B) 자동 매크로 편집 결과

아래는 자동 작성된 매크로를 편집한 결과입니다.

편집한 매크로를 실행하면 자동 작성된 매크로를 실행할 때와 같은 결과를 얻을 수 있습니다.

```
Sub 자동A( )                                          123_02
    Range("A1:D1").Font.Bold = True
    Range("C3").Value = 31
    Range("D3").Value = "2008-3-25"
End Sub
```

더 줄일 수 있음
(Part II 에서 학습)

```
Sub 자동B( )
    [A1:D1].Font.Bold = True
    [C3] = 31
    [D3] = "2008-3-25"
End Sub
```

※ 참고 : 매크로 코드의 특수 문자

' (따옴표 : Apostrophe) : 주석 문자

이 인용 부호(따옴표) 이후의 매크로 코드는 실행이 되지 않기 때문에 주석을 다는 데 사용할 수 있습니다.

(사용 예) : 주석 달기.
Range("A1:D1").Font.Bold = True   **'굵은 문자**

_ (밑줄문자 : Underscore) : 줄 바꾸기 문자

한 줄의 코드가 길어서 줄 바꾸기 할 때 '_'를 사용하여 줄 바꾸기 할 수 있습니다.

(사용 예) : 줄 바꾸기

Range("D3").Value = "2008-3-25"
↓ 변경
Range("D3").Value _
= "2008-3-25"

: (쌍점 : Colon) : 줄 바꾸기 대용

줄 바꾸기를 해야 하는 코드의 경우, 쌍점을 사용하여 같은 줄에 기록할 수 있습니다.

(사용 예)

Range("C3").Value = "31"
Range("D3").Value = "2008-3-25"
↓ 변경
Range("C3").Value = "31": Range("D3").Value = "2008-3-25"

2-4. 매크로 실행 방법

작성된 매크로 (Sub 프로시저)를 실행하는 방법은 여러 가지가 있습니다.
엑셀의 메뉴 바에서 실행하는 방법과 도형이나 폼을 활용하여 실행하는 방법이 있습니다.

1) 메뉴 바 활용 방법

엑셀의 메뉴 바 또는 VB 편집기의 메뉴 바를 활용하여 실행할 수 있으며, 이 방법은
작성한 프로시저를 테스트 실행할 때 주로 사용합니다.

A) 엑셀 [메뉴 바] 사용

✓ [개발도구] > [매크로] 탭 클릭 > **해당 매크로 선택** > [실행] 단추 클릭

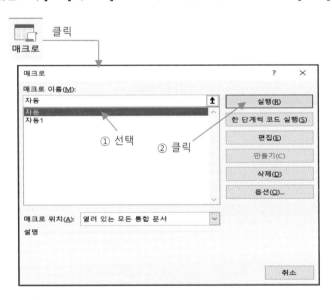

B) VB 편집기 [메뉴 바] 사용

✓ **VB 편집기의 [메뉴 바] 또는 [툴 바]의 실행 단추 (▶) 클릭**

코드 창에 작성한 매크로 프로시저 (Sub ~ End Sub 문)의 코드에 마우스 포인트를 놓은
상태에서 메뉴 바 또는 툴 바의 실행 단추(▶)를 클릭하면 그 매크로가 실행됩니다.

---

2) 링크 방법

C) 엑셀 Sheet에 도형으로 링크하여 실행

엑셀 시트에 도형을 작성한 후 도형에 매크로를 지정하여 실행할 수 있습니다.

✓ **도형 작성 > 도형에 [매크로 지정] > '실행' 단추 클릭**

	A	B	C	D
1	성명	성별	나이	입사일
2	한동철	남	42	2015-03-21
3	정종선	남		
4				
5				
6		실행		← 도형작성
7				

<매크로 지정 방법>

도형 위에 마우스 포인트를 놓고 마우스의 오른쪽 단추 클릭 > [매크로 지정] 클릭

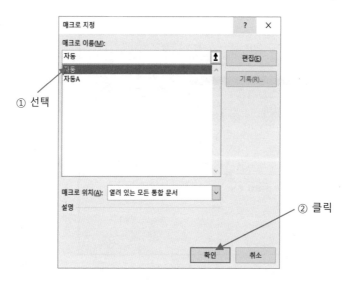

매크로 지정 창에서 실행할 매크로를 선택하고 **[확인]** 단추 클릭

D) 사용자 정의 폼(UserForm) 활용

엑셀 파일에 사용자 정의 폼 개체를 추가한 후, 폼에 작성된 실행 단추로 매크로를 실행할 수 있습니다.

  ✓ **폼 개체 추가 > 실행 단추 작성 > 실행 단추 클릭**

【폼 추가 방법】

VB 편집기의 메뉴 바에서 [삽입] > [사용자 정의 폼]을 클릭하면 아래와 같은 사용자 정의 폼(UserForm)이 추가되며 이 폼을 작성하여 명령문을 연결하면 매크로를 실행할 수 있습니다. (Part II. Chapter 9. 사용자 정의 폼 참조)

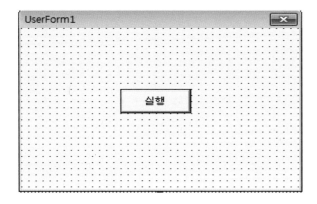

Chapter 3. 모듈, 폼

모듈(Module) 이나 사용자 정의 **폼** (UserForm)은 엑셀 통합 문서를 구성하는 개체로 모듈의 경우 매크로를 작성하는 데 필수적인 개체입니다.

✓ **모듈** : 매크로 코드(프로시저)를 작성할 수 있는 개체

✓ **사용자 정의 폼** : 창 (메뉴 화면)을 작성할 수 있는 개체

모듈과 폼에 대한 세부 내용은 Part II.에서 자세히 학습하겠습니다.

3-1. 통합 문서의 구성

1) 매크로가 포함된 통합 문서의 구성

매크로가 포함된 통합문서는 워크시트, 폼, 모듈 등으로 구성되어 있으며 개략적인 구성도는 아래와 같습니다.

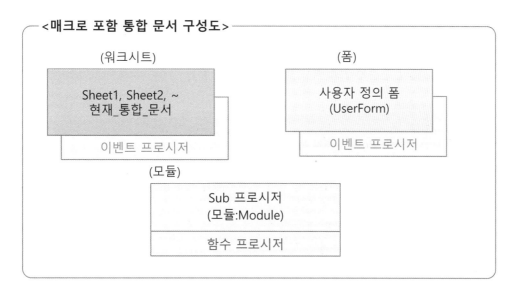

A) 워크시트 개체

엑셀 문서를 구성하는 기본적인 개체로 시트 개체와 파일 개체로 구성됩니다.

- 시트 개체 : Sheets1, Sheets2,~~
- 파일 개체 : 현재_통합_문서(엑셀 파일)

※ 이벤트 프로시저 : 개체를 조작할 때 실행되는 매크로를 이벤트 프로시저라 하며 필요
에 따라 시트 개체를 더블 클릭하면 코드 창에서 해당 개체의 이벤트
프로시저를 작성할 수 있습니다.

B) 폼(UserForm) 개체

매크로에 사용할 메뉴 화면(창)을 작성할 수 있는 개체로 프로젝트 탐색기 창에서 폼 개
체를 삽입한 후, 작성합니다

- 사용자 정의 폼 : 추가한 폼 개체에 도구 상자의 컨트롤을 추가하여 작성

※ 이벤트 프로시저 : 폼 및 각 컨트롤 별 이벤트 프로시저를 작성

C) 모듈(Module) 개체

매크로 코드를 작성할 수 있는 개체로 프로젝트 탐색기 창에서 모듈 개체를 삽입한 후,
코드 창에서 여러 가지 Sub 프로시저를 작성할 수 있습니다.

- Sub 프로시저 : 일반적 매크로 코드를 작성

※ 함수 프로시저 : 모듈 개체에서 필요에 따라 함수 프로시저를 작성한 후 사용자 정의 함
수를 활용할 수 있습니다.

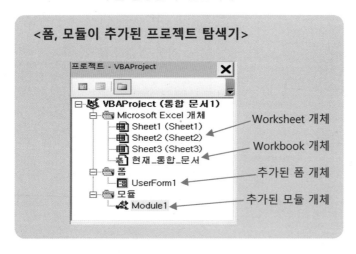

<폼, 모듈이 추가된 프로젝트 탐색기>

3-2. 모듈 [프로시저의 집합]

모듈이라는 용어는 같은 특성을 갖는 하나의 집합체라는 의미가 있습니다.
엑셀의 모듈 개체는 여러 개의 프로시저를 작성할 수 있는 프로시저의 집합체입니다. 여러 개의 프로시저를 작성할 경우 프로시저 특성별로 구분하여 여러 개의 모듈로 작성할 수 있습니다.

1) 모듈의 추가 및 편집

A) 모듈 추가

모듈 추가는 VB 편집기에서 메뉴 바의 **[삽입]** > **[모듈]**을 클릭하면 모듈이 추가됩니다.
모듈을 추가하면 Module1, Module2, ~~ 형식으로 모듈이 추가되며 속성 창에서 모듈 이름을 수정할 수 있습니다.

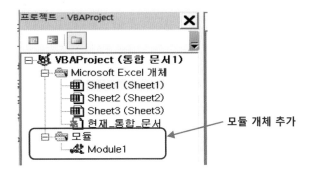

B) 모듈 편집

모듈의 편집은 탐색기 창에서 해당 Module을 더블 클릭하여 오른쪽 코드 창에서 매크로프로시저를 작성, 편집할 수 있습니다.
또한, 각 Module에서 여러 개의 프로시저를 작성할 수 있습니다.

2) 모듈, 프로시저의 구성

각 Module에서 여러 개의 프로시저를 작성할 수 있으며 아래 그림은 여러 개의 프로시
저를 작성하였을 때 Module별 프로시저 구성도입니다.

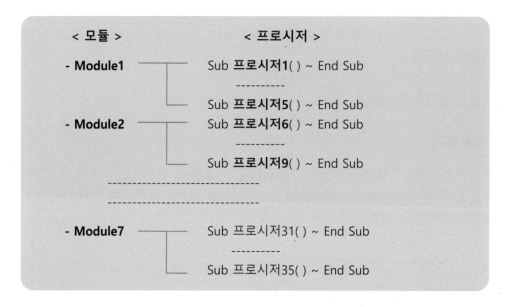

3) 다중 프로시저

프로시저 내에 프로시저가 존재 하도록 프로시저를 구성할 수 있습니다. 즉, 한 개의 프로시저 내에서 다른 프로시저를 실행하는 코드를 추가할 수 있으며, 이를 2중 프로시저라 합니다.

이 기능을 활용하면 복잡한 매크로 프로시저를 단순화하여 작성할 수 있습니다.

예) 프로시저를 아래와 같이 작성할 경우

```
Sub 프로시저1( )
    -----VBA 코드------
    Call 프로시저5              'Call은 생략 가능
       ---VBA 코드-----
    프로시저9
       ---VBA 코드----
End Sub
Sub 프로시저5( )               '서브 프로시저
    -----VBA 코드------
End Sub
Sub 프로시저9( )
    -----VBA 코드------
End Sub
```

☞ '프로시저1'을 실행하면 자체 코드를 실행하면서 '프로시저5'와 '프로시저9'를 차례로 실행한 후 종료됩니다.

4) 프로시저 종류

프로시저 종류는 가장 일반적으로 사용되는 Sub 프로시저가 있으며 그 외 Function (함수) 프로시저와 Property 프로시저가 있습니다.

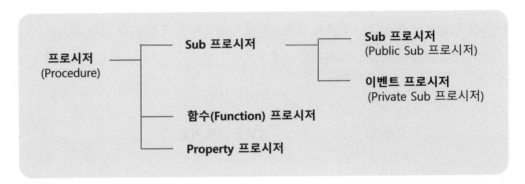

A) Sub 프로시저

Sub 프로시저는 가장 일반적으로 사용하는 프로시저이며 대부분의 실행 매크로가 Sub 프로시저입니다.

<Sub 프로시저 구조>

```
[Public] or Private Sub 프로시저 이름([매개변수])
    VBA Code
    -----
End Sub
```

※ **[ ] 표 활용 : 생략 가능한 명령문**
이후에 명령문의 형식을 표현할 때 생략이 가능한 코드는 **[ ]** 표 내에 표현 합니다.

✓ **Public Sub 프로시저** : 'Public'은 생략 가능

대부분의 프로시저가 Public Sub 프로시저이며 Public이 없는 Sub 프로시저는 전부 Public Sub 프로시저입니다.

✓ **Private Sub 프로시저 (이벤트 프로시저)**

이벤트란 워크시트 등 개체를 조작하는 행위를 말합니다. 이벤트 프로시저는 이러한 이벤트가 발생할 때 자동으로 실행되는 프로시저입니다.

B) 함수(Function) 프로시저 : 사용자 정의 함수에 주로 사용

함수 프로시저는 실행 결과를 반환하는 특징이 있습니다,
따라서, 엑셀 함수에서 지원하지 않으면서 사용자가 자주 사용하는 계산식을 사용자 정의 함수로 만들어 사용할 수 있는 프로시저입니다.

C) Property 프로시저

이 프로시저는 Visual Basic에서 전문적으로 프로그램을 작성하는 프로그래머가 사용자 속성을 만들고 다룰 수 있는 프로시저입니다.

3-3. 사용자 정의 폼 (UserForm)

사용자 정의 **폼**(UserForm)은 창(윈도우)을 디자인할 수 있는 기능으로 매크로 프로그램
에서 메뉴 화면을 작성할 때 주로 사용합니다.

폼을 작성하는 방법은 폼 개체를 생성하면 표시되는 도구 상자를 활용하여 다양한 컨트
롤을 폼에 삽입하여 작성합니다.

(폼 개체에 대한 세부내용은 Part II. Chapter 9. 사용자 정의 폼 참조)

1) 사용자 정의 폼 생성

- 탐색기 창에서 메뉴 바의 **[삽입]** > **[사용자 정의 폼]**을 클릭하면
- 탐색기 창에 폼(UserForm) 개체가 추가되고 오른쪽 코드 창에 편집할 폼(UserForm)이
  생성됩니다.

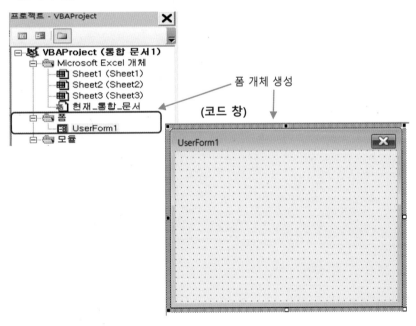

2) 폼(UserForm) 작성

사용자 정의 폼이 생성되면 옆에 도구 상자가 표시되며 도구 상자에서 여러 가지 컨트롤을 폼에 추가하여 폼을 작성, 편집하며 사용자가 원하는 형식의 메뉴 화면을 작성할 수 있습니다.

※ 도구 상자가 화면에 표시되지 않을 경우 : [보기] > [도구 상자] 클릭

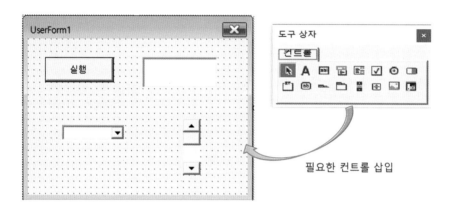

필요한 컨트롤 삽입

Chapter 4. 개체, 명령문

엑셀 매크로에 사용되는 명령문은 워크시트, 셀 등 개체를 편집하는 개체 명령문, 연산자, 각종 함수, 조건문, 순환문 등이 있습니다.

Part II. 명령문에서 세부적으로 학습할 예정이므로 이 장에서는 개체와 각종 명령문에 대한 종류를 알아보겠습니다.

- ✓ **개체 명령문** : 개체 (Workbooks, Worksheets, Cells 등)를 편집하는 명령문
- ✓ **연산자** : 더하기, 빼기 등 각종 연산을 위한 도구
- ✓ **함수** : 문자열, 숫자 등을 처리하는 각종 함수
- ✓ **조건문** : 조건에 따라 다른 처리를 하는 명령문
- ✓ **순환문** : 반복적으로 명령을 수행하는 순환문

4-1. 엑셀의 개체

엑셀Excel)을 구성하는 모든 구성 요소를 개체라 합니다.
통합문서(Workbooks), 워크시트(Worksheets), 셀(Cells), Chart, 도형, 모듈(Module), 폼
(UserForm) 등이 개체입니다.

또한, 개체들의 모임을 컬렉션(Collection)이라 합니다.

1) 개체의 계층

엑셀 개체는 Workbooks(파일) > Worksheets(시트) > Cells or Range(셀)와 같이 계층으로 구성되어 있으며, 각 개체는 각각 하위 개체를 포함하고 있습니다.

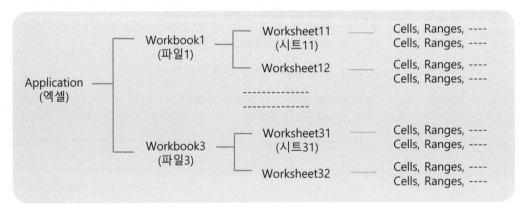

2) 개체의 표시 방법

개체의 표시는 계층순으로 마침표(.)로 구분하여 표시합니다.

엑셀(Application).파일.시트.셀 주소(Cells or Range)

┌─ <예문> ─────────────────────────────────
Application.Workbooks("Book1").Worksheets("Sheet1").Range("A1")
                    'Book1.xlsx' 파일의 'Sheet1'의 [A1] 셀

Application.Workbooks("Book1").Worksheets("Sheet1")
                    'Book1.xlsx' 파일의 'Sheet1' 시트

3) 상위 개체의 생략

개체를 표시할 때 상위 개체가 명확할 때는 상위 개체를 생략하여 표시할 수 있습니다.

예를 들어, 아래 예문과 같이 'Book1.xlsx' 파일의 워크시트 'Sheet1'이 이전 코드에 인용되어 활성화되어 있는 경우 상위 개체를 생략하여 하부 개체(파일, 시트, 셀 등)를 표시할 수 있습니다.

```
┌─<예문>──────────────────────────────────────────┐
│ Application.Workbooks("Book1").Worksheets("Sheet1").Range("A1")    │
│    = Worksheets("Sheet1").Range("A1")                 │
│    = Range("A1")                             │
│                  '파일 'Book1.xlsx'가 열려있고 'Sheet1' 시트가 활성화된 있는 경우, │
│                  상위 개체를 생략하여 표시할 수 있습니다.          │
│                                           │
│ Application.Workbooks("Book1").Worksheets("Sheet1")          │
│    = Workbooks("Book1").Worksheets("Sheet1")            │
│    = Worksheets("Sheet1")                        │
└─────────────────────────────────────────────────┘
```

4) 개체의 속성(Property)과 메서드(Method)

개체를 편집하는 명령문을 매크로에 사용하려면 개체의 **속성**(특성)과 **메서드**(방법)의 이해가 필요합니다.

개체 명령문은 개체의 속성을 정의 또는 변경하는 <u>개체.속성</u> 명령문과 메서드를 사용하여 개체를 편집하는 <u>개체.메서드</u> 명령문이 있습니다.

A) 속성

개체의 고유 특성이라 할 수 있으며 모든 개체는 각각의 속성을 가지고 있습니다.

예를 들면, 한 개의 셀(Cell)은 글꼴, 크기, 색상 등과 같은 속성을 가지고 있습니다.

- Workbooks 개체 속성 예) 파일 이름(Name), 디렉토리(Path) 등
- Worksheets 개체 속성 예) Sheet 이름, Sheets 수 등
- Range 개체 속성 예) 글꼴, 글자 크기, 바탕색 등

B) 메서드

복사, 이동, 지우기, 파일 열기/닫기 등 개체를 편집하는 방법을 메서드라 합니다.

- Range 개체 메서드 예) Copy (복사)

4-2. 개체 명령문

엑셀 매크로 프로시저를 작성할 때 엑셀 개체를 편집하는 개체 명령문이 많이 사용됩니다. 개체 명령문은 Workbooks(파일), Worksheets(시트), Cells(Range) 등과 같은 개체의 속성을 변경하거나 메서드를 사용하여 개체를 편집하는 명령문입니다.

<개체 명령문 종류>

✓ Workbooks 개체 (파일 개체) 명령문
✓ WorkSheets 개체 (시트 개체) 명령문
✓ Range 개체 (셀, 범위 개체) 명령문

1) Workbooks 개체 명령문 ☞ 세부내용 : Part II – Chapter 2

Workbooks 개체(엑셀 파일)을 편집, 조작하는 명령문으로 다음 종류가 있습니다.

➢ **Workbooks 개체.속성 명령문**

- 파일 이름(Name), 경로(Path) 등의 속성을 조회하는 명령문

➢ **Workbooks 개체.메서드 명령문**

- 파일 열기(Open), 새로 만들기(Add), 저장(Save) 등의 메서드를 사용하여 파일을 조작, 편집하는 명령문

```
 ┌──<예문>─────────────────────────────────────────────
 │ SA = ActiveWorkbook.Name        '속성 명령문 :
 │                                   SA 변수에 활성화된 파일의 이름 할당
 │
 │ Workbooks(1).Close              '메서드 명령문 :
 │                                   열려 있는 파일 중 첫 번째 열린(1) 파일 닫기(Close)
 └────────────────────────────────────────────────────
```

2) Worksheets 개체 명령문 ☞ 세부내용 : Part II – Chapter 3

Workbooks의 하부 개체인 Worksheets(시트) 개체를 편집, 조작하는 명령문입니다.

> **Worksheets 개체.속성** 명령문

- 워크시트 개체의 이름(Name), 내용(Next, Previous), 보이기(Visible)등의 속성을 조회하거나 변경하는 명령문

> **Worksheets 개체.메서드** 명령문

- 워크시트 개체를 추가(Add), 활성화(Activate), 복사(Copy), 이동(Move) 등의 메서드를 사용하여 시트를 편집하는 명령문

```
─<예문>─
Worksheets(1).Name = "시트1"        '속성 명령문
                                   '가장 왼쪽(1) 워크시트 이름을 '시트1'로 변경.
```

3) Range 개체 명령문 ☞ 세부내용 : Part II – Chapter 4

엑셀의 가장 하부 개체인 Range(셀)를 편집, 조작하는 명령문입니다.

> **Range 개체.속성** 명령문

- Range 개체의 값(Value), 주소(Address), 수식(Formula), 글꼴(Font) 등의 속성을 조회하거나 변경하는 명령문

> **Range 개체.메서드** 명령문

- 선택(Select), 활성화(Activate), 복사(Copy), 삽입(Insert), 붙여넣기(Paste)등의 메서드를 사용하여 셀을 조작, 편집하는 명령문

```
─<예문>─
Range("A1").Value = 100                    '[A1] 셀에 숫자 100 입력
```

4-3. VBA 함수, 명령문

엑셀 매크로 프로시저는 개체 명령문 외에 연산자, 함수, 조건문, 순환문 등의 명령문을 사용합니다. 명령문의 종류에 대해 간단히 알아보겠습니다.

1) 연산자, 함수 ☞ 세부내용 : Part II – Chapter 5

계산을 위한 부호 (연산자)와 함수는 다음 종류가 있습니다.

A) 연산자 : 연산에 사용되는 계산 부호

- ✓ **산술 연산자** : 가장 기본적인 계산 부호
  + (더하기), - (빼기), * (곱하기), / (나누기), ^ (거듭 제곱) 등

- ✓ **비교 연산자** : 두 개의 변수를 비교하는 논리 연산자
  < (보다 작다), > (보다 크다), = (같다), <> (같지 않다) 등

- ✓ **논리 연산자** : 논리적인 작업을 하는 연산자
  And (논리곱), Or (논리합), Not (식의 논리적 부정) 등

B) 함수 : 데이터(문자, 숫자, 날짜 등)를 효율적으로 처리하는 명령문

- ✓ **대화 상자** : MsgBox, InputBox 등

- ✓ **문자 처리 함수** : 문자열 자르기 등 문자를 편집하는 함수
  Left(왼쪽 취하기), Right,(오른쪽 취하기) Mid(중간 취하기), Trim(자르기), Str(문자화), 대소문자 변환(Ucase, Lcase)등

- ✓ **숫자 처리 함수** : 숫자를 편집하는 함수
  Val(숫자화), Int/Fix (정수 전환), Abs(절대값). Round(반올림), Rnd (난수), Sqr (제곱근) 등

- ✓ **기타 함수** : 날짜 처리 함수 등
  Date(오늘 날짜), Formats(표시 형식), Error 처리 함수 등

- ✓ **경로 함수** : 경로를 편집하는 함수
  Dir(디렉토리), ChDir, ChDrive Kill, RmDir 등

2) 조건문, 순환문 ☞ 세부 내용 : Part II – Chapter 7

프로그램을 제어하는 명령문으로 조건문과 순환문 등이 있습니다.

A) 조건문의 종류 : 조건을 판단하여 처리하는 명령문

- ✓ If ~ End If 조건문   : 단순 조건문, 2중 조건문 등
- ✓ IIF 문   : 단순 조건문의 축약형
- ✓ Switch 문   : 2중 조건문의 축약형
- ✓ Select Case 문   : 조건 선택형 처리문

B) 순환문의 종류 : 조건이 맞으면 반복해서 처리하는 명령문

- ✓ For ~ Next 순환문   : 일반 순환문
- ✓ For Each ~ Next 순환문   : 엑셀 개체 순환문
- ✓ Do ~ Loop 순환문 (While, Until)   : 조건 만족 순환문

C) 분기문 종류 : 프로시저를 진행하면서 특정한 위치로 이동(분기)시켜 진행

- ✓ GoTo   : 지정된 행으로 분기
- ✓ GoSub ~ Return   : 실행 후 분기한 행으로 반환
- ✓ Exit For   : For ~ Next 순환문 종료
- ✓ Exit Do   : Do ~ Loop 순환문 종료
- ✓ Exit Sub   : Sub 문(프로시저) 종료

엑셀 매크로
명령문

매크로 프로그래밍을 잘 하려면 매크로 명령문의 각 개념을 잘 이해하고 매크로 코드 작성을 많이 해 봐야 합니다. 이 명령문 Part는 각종 명령문을 쉽게 이해할 수 있도록 가능한 예문을 많이 제시하여 사용자의 프로시저 작성에 도움이 되도록 하였습니다.

여기에 소개하는 Part II. 명령문 부문은 처음부터 완전히 이해하기는 어렵습니다. 특히 Chapter 1에 소개하는 변수 파트는 매크로를 처음 학습하는 사용자의 경우 더욱 이해가어렵습니다. 처음 학습할 때는 각 Chapter에 소개하는 명령문의 개념만 우선 파악하면서 전체 명령문을 학습하기를 권장합니다. 그렇게 하여 두 번째 학습할 때는 훨씬 더 이해하기가 쉬울 것으로 생각됩니다.

이 명령문 Part를 학습한 후 Part III. 프로그래밍을 학습하거나 사용자의 업무용 프로시저를 작성할 때 사전을 활용하듯이 이 명령문 Part를 활용하면 프로시저 작성에 도움이 되리라 생각됩니다.

〈이 Part에서 학습하는 내용〉

1. 변수, 상수

2. Workbooks 명령문

3. Worksheets 명령문

4. Range 명령문

5. Application 명령문

6. 연산자, 함수

7. 조건문, 순환문

8. 특수 프로시저(함수, 이벤트)

9. 사용자 정의 폼

Chapter 1. 변수, 상수

컴퓨터 프로그램에서 변수란,

자료를 효율적, 논리적으로 사용하기 위해 메모리 영역에 변하는 값을 넣는 공간을 사용합니다. 이와 같이 변하는 값을 임시로 저장하기 위해 사용하는 공간에 붙이는 이름을 변수(Variable)라 합니다.

또한, 변수가 고정된 값일 경우는 상수(Constant)라고 합니다.

【 변수, 상수의 종류 】

(1) 변수 : 메모리 영역에 변하는 값을 저장하여 프로그램에서 필요할 때마다 변수를 사용하며 변수는 다음 종류가 있습니다.

- 변수   : 데이터 형식이 숫자형, 문자형, 날짜형, 논리형 등의 일반적인 변수
- 개체 변수 : 엑셀 파일, 워크시트, 셀(범위) 등의 개체를 정의한 변수
- 배열 변수 : 비슷한 성격의 변수들의 집합

(2) 상수 : 변하지 않는 고정된 값(숫자, 문자)을 메모리 영역에 저장하여 프로그램에서 필요할 때마다 사용하는 값입니다.

【 변수, 상수의 사용 방법 】

변수를 사용하려면 먼저 변수를 **선언**하고 **정의**한 후 **사용**할 수 있습니다.

① **변수(or 상수) 선언** (생략 가능)
② **변수(or 상수) 정의**
③ **변수 사용**

엑셀 데이터는 항상 변경되고 추가되기 때문에 매크로 프로그램을 작성할 때 거의 필수적으로 변수를 사용하여 코드를 작성합니다.

1-1. 변수 [Variable]

1) 변수 선언 및 정의

변수 선언은 변수를 사용하겠다는 의사를 밝히는 작업이며 필수 사항은 아닙니다. 간단한 프로시저의 경우 변수 선언을 하지 않고 변수를 사용할 수 있습니다.

그러나 복잡한 프로시저는 오류를 방지하고 실행 속도를 향상하고 사용자의 실수를 방지하기 위해서 변수 선언을 하는 것이 좋습니다.

A) 변수 선언의 명령문 형식

변수 선언은 Dim , Public 등의 명령문을 사용합니다.

> **Dim 변수 이름1** [As 데이터 형식], **변수 이름2** [As 데이터 형식]

> **Public 변수 이름1** [As 데이터 형식], **변수 이름2** [As 데이터 형식]

※ [ ]안의 내용은 생략 가능

B) 변수의 정의, 형식

변수를 선언한 후에는 다음 방법으로 변수를 정의하고 사용합니다.

> **변수 이름1 = "변수 내용1"**   : 변수 선언 후 '변수 이름1' 정의

> **변수 이름2 = "변수 내용2"**   : '변수 이름2' 정의

```
<예문>
Dim a As Integer, b As Long        '변수 a, b 선언
a = 20                             '변수(상수) a 정의
b = a * n                          '변수 b 정의
```

2) 변수의 데이터 형식

변수를 선언할 때 데이터 형식을 지정하여 선언하는 것이 좋습니다.
데이터 형식을 지정하지 않으면 Variant 형식(가변형)이 자동 지정되며 16 Byte 메모리
공간을 차지하게 되어 속도 저하의 원인이 됩니다.

【 변수의 데이터 형식 】

구분	데이터 형식	메모리 크기	값 범위
숫자	Integer(정수형)	2 byte	-32,768 ~ 32,767
	Long(정수형)	4 byte	-2,147,483,648 ~ 2,147,483,657
	Single(실수형)	4 byte	약 -3.4E38 ~ 3.4E38 수치 정밀도 7자리
	Double(실수형)	8 byte	약 -1.8E308 ~ 3.4E308 수치 정밀도 15자리
	Currency(통화형)	8 byte	약 -9.2E14 ~ 9.2E14
날짜	Date(날짜형)	8 byte	1900. 1. 1 ~ 9999.12.31
논리	Boolean(논리형)	2 byte	True (참) 또는 False(거짓)
텍스트	String(문자열)	1 byte/1자	0 ~ 약 2조
공통	Variant(가변형)	>16 byte	

> ※ 정수 : 소수점이 없는 숫자 (1, 2, -10, 0 등)
> 실수 : 소수점이 있는 숫자 (1.23456 등)

ⓐ **정수형**(Integer, Long) : 정수만 사용이 가능한 변수이며, 32,000 이상의 긴 정수를 사용할 경우 Long형을 사용해야 합니다. (소수점이 있는 숫자, 문자열은 사용 불가)

ⓑ **실수형**(Single, Double) : 정수와 소수점이 있는 숫자 사용이 가능하며 문자열은 사용이 불가합니다.

ⓒ **날짜형**(Date) : 날짜 및 시간 데이터 형식입니다.

ⓓ **Boolean형**(논리형) : 결과 값이 True(참) 또는 False(거짓)인 데이터 형식입니다.

ⓔ **문자열**(String) : 문자열만 사용할 수 있는 데이터 형식입니다.

ⓕ **Variant**(가변형) : 변수의 데이터 형식을 선언하지 않으면 자동적으로 Variant 형으로 인식됩니다.

3) 변수 이름 설정

변수 이름은 한글, 영문, 밑줄(_) 등을 사용할 수 있으며 특수 문자는 사용이 불가합니다.

변수 이름을 설정할 때는 변수의 데이터 형식에 따라 구분하기 쉽도록 작성자의 취향에 따라 접두어를 사용하면 편리합니다.

　　예) stAA : 문자열

※ 이 책에서는 영문, 한글을 혼용하여 변수의 특징에 맞는 변수 이름을 사용하며, 변수가 문자일 경우는 '한글' or '영문 대문자&한글'을 사용하고 숫자일 경우 가능한 '한글&영문 소문자'를 사용합니다. (예 : 변수A, 변수b)

【 변수 선언 시 변수의 초기값 】

변수를 선언하면 변수의 데이터 형식에 따라 초기값이 다음과 같이 할당됩니다.

- 숫자(String, Long, Single, Double, Currency) : 0

- 날짜(Date) : 0 (1900.1.1. 00:00)

- 논리(Boolean) : False

- 문자열(String) : 빈 문자열("")

- 가변형(Variant) : Empty (변수의 값이 할당되지 않은 상태)

- 개체 변수(Object Variable) : Nothing

4) 변수의 사용 영역

일반적으로 변수를 선언하면 기본적으로 변수를 선언한 프로시저(Sub 문) 내에서만 변수를 사용할 수 있으며 프로시저가 끝나면 메모리에 할당된 내용이 사라집니다.

그러나 경우에 따라서는 다른 프로시저나 모듈에서 공통으로 사용할 변수도 있기 때문에 사용할 영역에 따라 아래 방법으로 변수를 선언합니다.

선언문	선언 위치	사용 영역
Dim, Private	프로시저 내	단일 프로시저
	모듈 시작 상단	모듈 내 모든 프로시저
Public(전역 변수)	모듈 시작 상단	파일의 모든 모듈
Static(정적 변수)	프로시저 내	단일 프로시저

✓ **Public(전역 변수)** : 파일 내에서 모든 모듈의 프로시저에 공통으로 사용할 수 있는 변수로 프로시저 시작 전에 변수를 선언

✓ **Static(정적 변수)** : 프로시저 실행이 완료되어도 메모리에서 제거되지 않고 계속 유지되는 변수(파일을 종료하면 제거)

【 변수 사용 가능 영역 】

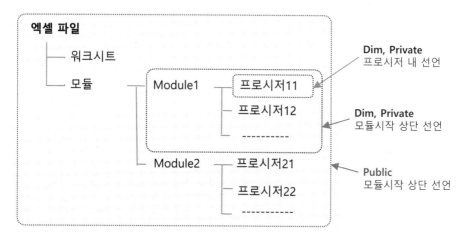

A) 변수 선언 요구 옵션

변수 선언을 필수 사항으로 하려면 VB 편집기의 옵션 설정에서 [변수 선언 요구]를 설정(체크)하여야 합니다.

【 설정 방법 】

VB편집기 메뉴 바의 [도구] > [옵션] > [편집기] > **[변수 선언 요구]** 선택

변수 선언 요구가 설정되면 코드 창의 상단에 <u>Option Explicit</u>가 생성되며 그 아래에 변수선언을 할 수 있습니다. 이 경우 변수 선언이 필수가 되므로 모든 변수는 반드시 변수를 선언한 후 사용하여야 합니다.

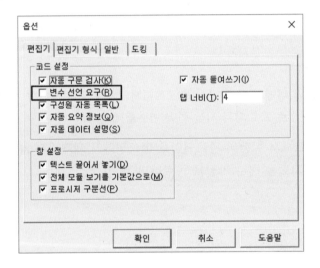

([변수 선언 요구] 옵션이 설정된 경우 코드 창)

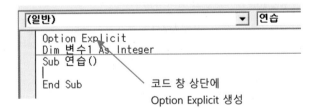

B) 전역 변수 선언 방법 : Public문 사용

VB 편집기 옵션의 [변수 선언 요구] 설정 여부와 상관없이 변수를 전역 변수로 사용하려면 반드시 모듈의 프로시저 시작 전에 변수를 선언하여야 합니다.

(변수 선언 예)

```
(일반)                              ▼  연습
    Public 변수1 As Integer
    Dim 변수2 As Integer
    Sub 연습()
        Dim 변수3 As Integer
    |
                                    ※ '변수 선언 요구'를 설정하지 않은 예
    End Sub                            (상단에 'Option Explicit' 없음)
```

- **변수1** : 프로시저 상단에 변수 선언

    ☞ 전역 변수로 사용 (파일 내의 모든 프로시저에 사용)

- **변수2** : 프로시저 상단에 변수 선언

    ☞ Module 내의 모든 프로시저에 사용

- **변수3** : 프로시저 내에 변수 선언

    ☞ '연습' 프로시저 내에서 만 사용 가능

1-2. 상수 (Constant)

1) 상수 선언

상수는 변수와는 달리 변하지 않는 값을 메모리 영역에 저장하여 사용하는 방법입니다.
프로시저에서 자주 사용하는 숫자 또는 문자열을 상수 선언하여 사용합니다.

2) 명령문 형식

상수 선언은 Const 문을 사용합니다.
  (Dim, Public 문으로 변수 선언을 하고 상수로 사용할 수도 있음)
상수 선언은 변수 선언과 달리 상수 선언과 동시에 상수 값을 지정하여 메모리 영역에 저장합니다.

> **Const 상수 이름 [As 데이터 형식] = 상수**   : 변수 선언 + 정의

┌─ <예문> ───

Const aa As Integer = 1234
                          '상수 aa를 선언하고 그 값을 '1234'로 하여 메모리에 저장

Const ID As String = "Ha0705", PW As String = "ha7333"**
                          '상수 ID와 PW를 선언하고 그 값을 각각 메모리에 저장
└──

1-3. 개체 변수 (Object Variable)

1) 개체 변수

Workbooks, Worksheets, Range와 같은 개체를 변수로 지정하여 메모리 영역에 저장하여 사용할 때 이를 개체 변수라 합니다.

프로시저 작성시에 자주 사용하는 개체를 변수로 정의하여 사용하면 보다 더 효과적으로 프로시저 코드를 작성할 수 있습니다.

2) 명령문 형식

개체 변수의 선언은 Dim , Public 등의 문을 사용하고 변수를 정의할 때는 Set 문을 사용합니다.

Dim 개체 변수 이름 [As 개체]   '변수 선언 (생략 가능)

Set 개체 변수 이름 = 내용   '변수 정의

- 개체 변수 정의 (Set 문 사용 필수)

  개체 변수는 반드시 **Set** 문을 사용하여 변수를 정의하여야 합니다.

<예문>

Dim 셀A As Range   '개체 변수 '셀A' 선언

Set 셀A = Worksheets("시트1").Range("D3:D5")

                  '셀A' 변수에 워크시트 '시트1'의 [D3:D5] 범위 할당

Set 시트B = Workbooks("연습").Worksheets("시트1")

                  '개체 변수 '시트B' 정의

시트B.Range("A2:B3").Value = 5   "시트B' 개체 변수를 셀 개체 명령문에 사용

1-4. 배열 변수 [Array Variable]

1) 배열 (Array)

배열은 변수의 확장된 형태로 비슷한 성격을 가진 여러 개의 변수를 처리할 때 사용할 수 있는 변수의 집합입니다.

배열 변수는 여러 개의 변수를 각각 선언하지 않고 하나의 배열 변수로 선언하여 효과적으로 프로시저를 작성할 수 있습니다.

2) 명령문 형식

> **Dim 변수 이름(n) [As 데이터 형식]**   '배열 변수 선언 (필수)
> or **Dim 변수 이름(1 to n) [As 데이터 형식]**
>
> **변수 이름 = 내용**   '변수 정의

- 배열 변수의 개수 : 배열 변수의 인덱스 번호 n은 기본적으로 0부터 시작하며 배열 변수의 개수는 n + 1개입니다.

☞ 1부터 시작하려면 변수 이름(1 to n) 형식으로 변수 선언 필요

```
─<예문>─
Dim  aa(1) As Integer          '정수 배열 변수 aa 선언
aa(0) = n * 3                  'aa(0) 변수 정의 : aa(0)변수에 n * 3 할당
aa(1) = m * 2 + 2             'aa(1) 변수 정의 : aa(1) 변수에 값 m * 2 + 2 할당
```

※ **Array 함수** : 여러 개의 값을 배열에 할당(6-6. 배열 함수 참조)

> **배열 = Array(배열값)**   : 배열값 → 배열 변수에 할당할 값

```
─<예문>─
SA = Array("월", "화", "수",)        '배열 변수 SA 정의
                                  '의미 : 변수 SA(0) = 월, SA(1) = 화, SA(2) = 수 할당
```

<아래 예문은 Chapter7의 For~Next 순환문 등을 학습한 후 참조하세요>

```
Sub 배열변수1( )                    214_01
    Dim 배열(4) As String              '1차원 배열 변수 '배열' 선언
    Dim n As Integer                  'n 변수 선언 (n의 초기값 = 0)
①   For i = 1 to 5
②       배열(n) = Cells(i + 1, 1).Value
        n = n + 1                     'n 변수 누적
    Next i                            '순환
    Range("A7") = "변수개수: " & n     '[A7]셀에 n 변수의 결과 값 기록
③   Range("A8:E8") = 배열
End Sub
```

① For ~ Next 순환문 : Chapter 7-3 참조
   - 변수 i가 1부터 5까지 1씩 증가하면서 순환

② 순환할 때마다 차례로 Cells(i + 1, 1) 셀의 값을 '배열(n)' 변수에 할당
   예) i = 1일 때 : 배열(1) = Cells(2, 1).Value ☞ [A2] 셀의 값 할당

③ [A8:E8]범위에 배열 변수 '배열' 기록 (기록된 내용 : 아래 실행 결과 참조)

《실행 결과》

	A	B	C	D	E
1	이름	점수			
2	김광형	63			
3	이기현	75		← 소스 데이터	
4	서래한	98			
5	김봉표	76			
6	목상택	78			
7	변수개수: 5				
8	김광형	이기현	서래한	김봉표	목상택

기록된 내용
(실행 결과)

- '배열' 변수에 할당된 내용
  배열(0) = 김광형, 배열(1) = 이기현, ~~~~, 배열(4) = 목상택

3) 2차원 배열 변수

앞에서 학습한 배열 변수는 1차원 배열 변수(인덱스 번호 1개)이며, 인덱스 번호가 2개인 경우는 2차원 배열 변수라 합니다.

　(엑셀은 행과 열을 이용한 2차원 배열 사용이 편리)

> **Dim 변수 이름**(m, n) [As 데이터 형식]

> **Dim 변수 이름**(1 to m, 1 to n) [As 데이터 형식]

<예문>

Dim aa(2, 4) As Integer　　　　'정수형의 2차원 배열 변수 aa 선언

　　☞ 변수 형태　　　aa(0,0)　　aa(0,1)　　aa(0,2)　　aa(0.,3)　　aa(0,4)

　　　　　　　　　　　aa(1,0)　　aa(1,1)　　aa(1,2)　　aa(1,3)　　aa(1,4)

　　　　　　　　　　　aa(2,0)　　aa(2,1)　　aa(2,2)　　aa(2,3)　　aa(2,4)

```
                <아래 예문은 Chapter 7. 순환문을 학습한 후 참조 하세요.>
     Sub 배열변수2( )         214_02
①     Dim 배열2(1 To 3, 1 To 5)          '2차원 배열 변수 '배열2' 선언
       For m = 1 To 3                     'For ~ Next 순환문
        For n = 1 To 5
②        배열2(m, n) = Int(Rnd * 100)      ''배열2' 변수에 값 할당
         Cells(m, n) = 배열2(m, n)         'Cells(m,n)셀에 '배열2' 기록
        Next n
       Next m
     End Sub
```

① 2차원 배열 변수 '배열2' 변수의 개수는 15개 (3 x 5)

② 각 변수에는 난수(Rnd : 0~1사이 임의의 수) x 100에서 정수만 취하여 변수에 할당하고 그 변수를 15개의 셀에 기록

　　《실행 결과 예》

	A	B	C	D	E
1	70	53	57	28	30
2	77	1	76	81	70
3	4	41	86	79	37

【 배열 변수 참고 사항 】

(1) 셀에 1차원 배열 변수의 기록

1차원 배열 변수를 셀에 기록할 때는 가로 방향으로 기록해야 정상적인 출력이 가능하며 세로 방향으로 기록(예2)하면 가로 방향 기준으로 배열 변수가 기록됩니다.

예1) Range("A1:D1") = Array("월", 화", "수", "목")
   (Array 함수 : Chapter 6-6 배열 함수 참조)

(결과)

예2) Range("A1:B3") = Array("월", "화", "수", "목")

(결과)

(2) 다차원 배열

엑셀의 VBA에서 다차원 배열은 60차원까지 사용할 수 있습니다.

4) 동적 배열 변수

배열 변수를 선언할 때 변수의 개수를 지정하고 선언하지만, 동적 배열 변수는 개수를 지정하지 않고 변수를 선언합니다.

> ### ➤ Dim 변수 이름( ) As 데이터 형식   '( ) 내 공백

동적 배열 변수는 실행 중 필요에 따라 ReDim 문을 사용하여 배열의 개수를 조정하여 변수를 재선언합니다.
ReDim 문을 사용하여 변수를 재선언하는 경우, 반드시 이전에 Dim 문으로 변수 선언을 한 후 ReDim 문으로 재선언합니다.

> ### ➤ ReDim [Preserve] 변수 이름(n)

ReDim 문을 사용하여 동적 배열의 개수를 조정할 수 있으며, 이 경우 이전에 저장된 배열 변수의 값은 삭제되지만 Preserve 문을 사용하여 유지할 수도 있습니다.

- **Preserve** : 이전에 저장된 변수의 값을 삭제하지 않고 유지하려면 Preserve 키워드를 사용합니다. 배열의 개수를 변경할 때 다차원 배열의 경우 마지막 차원의 배열(2차원일 경우 2차원)의 개수만 변경할 수 있습니다.

<예문>

Dim AA( ) As Variant   '개수가 없는 동적 배열 변수 AA 선언

ReDim AA(5)   '배열 변수 'AA(5)' 재 선언 : 배열의 개수 6개(0~5)

<예문2>

Dim AA( ) As Variant   '동적 배열 변수 AA 선언

Redim AA(4, 5)   '2차원 배열 변수 'AA(4, 5)' 재선언

Redim Preserve AA(4, 8)   '배열 변수 'AA(4, 8)' 재선언
                                        (마지막 2차원 배열 변수의 개수만 조정 : 5 → 8)

<아래 예문은 Part II. 명령문을 학습한 후 참조하세요> (Do While Loop 문, Offset 문 등)

```
Sub 동적배열( )              214_03
    Dim 동적( ) As String,           '동적 배열 변수 '동적' 선언
    Dim n as Integer
①   Do While Range("A2").Offset(n) <> ""
②       ReDim Preserve 동적(n)
③       동적(n) = Range("A2").Offset(n).Value
        n = n + 1                   '미정의 변수 개수 n 카운트
    Loop                            '순환
    Range("C1") = "변수개수: " & n    'n 변수의 결과 값을 [C1]셀에 기록
    Range("C2") = Join(동적, "/")    '"/"로 연결한 '동적' 변수들을 [C2]셀에 기록
End Sub
```

① Do While ~ Loop 순환문 : Chapter 7-5 참조
   - [A2]셀의 아래쪽으로 n행의 셀(Offset(n))의 값이 빈 문자열("")일 때까지 순환

② '동적(n)' 배열 변수 재선언 : 이전에 저장된 변수의 내용은 유지(Preserve)

③ [A2]셀에서 아래쪽으로 순환하면서 n행의 셀 값을 차례로 동적 배열 변수 '동적(n)'에 할당

《실행 결과》

	A	B	C	D	E	F
1	이름	점수	변수개수: 5			
2	김광형	63	김광형/이기현/서래한/김봉표/목상택			
3	이기현	75				
4	서래한	98				
5	김봉표	76				
6	목상택	78				
7						

기록된 내용
(실행 결과)

← 소스 데이터

- 변수에 할당된 내용

   동적(0) = 김광형, 동적(1) = 이기현, ~~~, 동적(4) = 목상택

※ 앞의 예문(214_02 배열 변수2)에 사용한 '배열' 변수와 다른 점은
 - 배열 변수 '배열' : 변수의 개수를 미리 5개로 정의(배열(4))하고 '배열' 변수에 차례로 할당
 - 동적 배열 변수 '동적' : 변수의 개수를 지정하지 않고 이전 변수는 유지(Preserve)하면서 변수
               를 재선언(ReDim)하고 '동적' 변수를 추가하여 값 할당

```
        <2차원 동적 배열 변수 예문>

    Sub 동적배열2( )                  214_04

      Dim 동적2( )                                '동적 배열 변수 '동적2' 선언
      Dim n As Integer
      Do While Range("A2").Offset(n) <> ""
①       ReDim Preserve 동적2(1, n)
②       동적2(0, n) = [A2].Offset(n).Value
        동적2(1, n) = [A2].Offset(n, 1).Value
        n = n + 1
      Loop
③     [A8:E9] = 동적2
    End Sub
```

① 2차원 동적 배열 변수 '동적2' 재선언(이전에 저장된 변수의 내용은 유지)
  - 1차원 개수는 2개 고정(1, n), 2차원 개수는 n+1개(마지막 차원의 개수만 변경 가능)

② 동적 배열 변수 '동적2' 정의(아래쪽으로 순환하면서 계속 변수 추가)
  - '동적2(0, n)' 변수 정의 : [A]열의 셀 값(Offset(n).Value)
  - '동적2(1, n)' 변수 정의 : [B]열의 셀 값(Offset(n, 1).Value)

③ [A8:E9] 범위에 동적 배열 변수 '동적2' 기록(행, 열 바뀜)

《실행 결과》

	A	B	C	D	E
1	이름	점수			
2	김광형	63			
3	이기현	75		← 소스 데이터	
4	서래한	98			
5	김봉표	76			
6	목상택	78			
7					기록된 내용
8	김광형	이기현	서래한	김봉표	목상택 (실행 결과)
9	63	75	98	76	78
10					

  - 변수에 할당된 내용
    . 동적2(0, 0) = 김광형, 동적2(0, 1) = 이기현, ~~~, 동적2(0, 4) = 목상택
    . 동적2(1, 0) = 63, 동적2(1, 1) = 75, ~~~, 동적2(1, 4) = 78

※ 배열 변수의 변수 선언

일반적으로 변수 선언은 생략이 가능하지만 배열 변수, 동적 배열 변수는 반드시 변수를 선언하여야 합니다.

다만, Array 문 등 배열 함수를 사용한 배열 변수는 변수 선언을 생략할 수 있습니다.
(Array 배열 변수를 변수 선언할 때는 변수 형식을 Variant로 선언 필요)

┌─ <예문> ─────────────────────────────────────┐

```
Sub 배열변수1()
    Dim 배열1(4) As String              '배열 변수 선언 (생략 불가)
    For i = 1 To 5
      배열1(n) = Cells(i + 1, 1)
      n = n + 1
    Next
    ------
End Sub
```

┌─ <예문2> ─────────────────────────────────────┐

```
Sub 배열변수2()
    Dim 배열2 As Variant                 '배열 변수 선언 (생략 가능)
    배열2 = Array("월", "화", "수", "목", "금")  '배열 함수
    --------
End Sub
```

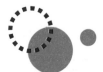

Chapter 2. Workbooks 명령문

Workbooks 명령문은 엑셀의 Workbooks(파일) 개체를 편집하는 명령문입니다.

Workbooks 명령문은 파일 개체의 이름(Name) 등을 조회하는 속성 명령문과 파일 개체를 복사(Copy), 저장(Save) 등을 하는 메서드 명령문이 있습니다.

【 Workbooks 개체의 종류 】

    ✓ Workbooks   : 파일의 컬렉션(파일들)

    ✓ ActiveWorkbook   : 열려있는 파일 중 활성화된 파일(화면에 보이는 파일)

    ✓ ThisWorkbook   : 코드가 실행중인 파일

<Workbooks 개체 표시 방법 예문>

Workbooks("파일1.xlsx")   '파일 이름 지정 방법 : " "표로 인용하여 표시

Workbooks(1)   '열린 파일 중 가장 먼저 열린(1) 파일
                            (파일의 열린(Open) 순서를 지정하여 표시)

    <아래 개체는 파일 이름 지정 없이 사용>

ActiveWorkbook   '현재 활성화된 파일

ThisWorkbook   '코드가 실행중인 파일

2-1. Workbooks 개체.속성 명령문

파일(Workbooks) 개체의 **속성**을 조회하는 명령문입니다.

- 파일 이름 조회
- 파일의 저장 경로 조회 등

<명령문 형식>

> **변수 = Workbooks 개체.속성**

<Workbooks 개체.속성 명령문 종류>

✓ Name   : 파일 개체의 이름을 조회할 때 사용
✓ Path   : 파일 개체의 저장된 경로
✓ FullName   : 파일 개체의 저장된 경로가 포함된 파일 이름

1) **Name** 속성 : 파일(Workbooks) 개체의 이름을 조회하는 명령문

(사용 예)   - Workbooks(1).Name
               - ActiveWorkbook.Name
               - ThisWorkbook.Name

<예문>

```
SB = Workbooks(1).Name
                    '열려있는 파일 중 가장 먼저(1) 열린 파일의 이름을 SB 변수에 할당

If ActiveWorkbook.Name = "연습.xlsx" then
                    '활성화된 파일의 이름이 '연습.xlsx'이면 다음 코드 진행
```

---

2) **Path** 속성 : 파일 개체의 저장된 경로 조회

(사용 예) - Workbooks("연습.xlsx").Path
- ActiveWorkbook.Path
- ThisWorkbook.Path

―<예문>―

경로 = Workbooks(1).Path
'열려있는 파일 중 가장 먼저(1) 열린 파일의 저장된 경로를 '경로' 변수에 할당

Workbooks(1).Sheets("연습1").Range("B1").Value = 경로
'연습1' 시트의 [B1]셀에 '경로' 변수 값 기록

(실행 예)

▲	A	B	C
1		D:₩매크로₩연습	
2			

3) **FullName** 속성 : 파일 개체의 경로가 포함된 파일 이름 조회

(사용 예) - Workbooks(1).FullName
- ActiveWorkbook.FullName
- ThisWorkbook.FullName

―<예문>―

SB = Workbooks("연습.xlsx").FullName
'열려있는 파일 '연습.xlsx'의 저장된 경로를 포함한 파일 이름을 SB 변수에 할당
Range("B2") = SB   'SB 변수를 [B2] 셀에 기록 (아래 그림 참조)

(실행 예)

▲	A	B	C	D
1				
2		D:₩매크로₩연습₩연습.xlsx		
3				

2-2. Workbooks 개체.메서드 명령문

메서드 명령어를 사용하여 파일 개체를 조작하는 명령문이며 다음과 같은 작업을 할 수 있습니다.

- 파일 열기, 저장하기, 닫기
- 새 파일 만들기
- 열려있는 파일 수 조회하기 등

<명령문 형식>

> **Workbooks 개체.메서드**　　or
>
> **Workbooks 개체.메서드 매개변수:= 값**　　or
>
> **변수 = Workbooks 개체.메서드**

<Workbooks 개체.메서드 명령문 종류>

- ✓ Open　　　　　　 : 파일(개체) 열기
- ✓ Activate　　　　　 : 파일을 활성화
- ✓ Add　　　　　　　: 새로운 파일 만들기 (새로 만들기)
- ✓ Count　　　　　　 : 열려있는 파일의 수
- ✓ Save　　　　　　　: 파일을 저장
- ✓ Saved　　　　　　 : 저장되었는지 여부 판단
- ✓ SaveAs　　　　　 : 파일을 다른 이름으로 저장
- ✓ SaveCopyAs　　　: 열려있는 파일의 복사본을 다른 이름으로 저장
   　　　　　　　　　　　 (원 파일은 계속 열려있음)
- ✓ Close　　　　　　 : 열려있는 파일 닫기
- ✓ Protect/UnProtect : 문서 보호/해제

1) **Open** 메서드 : 파일(개체)을 열기

> ➢ **Workbooks 개체.Open 매개변수: = "파일이름"**

✓ **매개변수 : Filename** 사용 (필수)

―<예문>―
Workbooks.Open Filename:= "D:₩매크로₩연습.xlsx"   "연습.xlsx' 파일 열기

경로 = ActiveWorkbook.Path & "₩"   '변수 '경로'에 활성화된 파일의 경로 할당
검색파일 = 경로 & "연습.xlsx"
 Workbooks.Open Filename:= 검색파일   '활성화된 파일의 경로에 있는 '연습.xlsx' 파일 열기

2) **Activate** 메서드 : 열려 있는 파일을 활성화

―<예문>―
Workbooks(1).Activate   '열려 있는 파일 중 가장 먼저 열린 (1번) 파일 활성화

Workbooks("연습.xlsx").Activate   '열려 있는 파일 중 '연습.xlsx' 활성화

3) **Add** 메서드 : 파일을 새로 만들기

―<예문>―
Workbooks.Add   '파일을 새로 만들기 한 후
경로 = ThisWorkbook.Path & "₩"
ActiveWorkbook.SaveAs Filename:=경로 & "연습2.xlsx"
                      '경로'에 '연습2.xlsx' 이름으로 저장

4) **Count** 메서드 : 열려있는 파일의 개수

―<예문>―
n = Workbooks.Count   'n 변수에 열려 있는 파일의 개수 할당

If Workbooks.Count >= 3 Then   '열려있는 파일의 수가 3개 이상이면 다음 코드 진행

5) Save 메서드 : 열려 있는 파일 개체를 저장

(파일 이름을 변경하지 않고 저장)

```
<예문>
Workbooks(2).Save                    '2번째 열린 파일 저장
Workbooks("연습.xlsx").Save           "연습.xlsx' 파일 저장
ActiveWorkbook.Save                  '현재 활성화된 파일 저장
ThisWorkbook.Save                    '코드가 실행중인 파일 저장
```

6) Saved 메서드 : 열려 있는 파일 개체가 저장되었는지 여부 판단

(반환 값 : True = 저장됨, False = 저장 안됨)

```
<예문>
SA = ThisWorkbook.Saved              '현재(코드가 있는) 파일의 저장 여부를 SA 변수에 할당
If SA = False then                   '파일이 저장되지 않았다면
    ThisWorkbook.Save                '파일 저장
If ActiveWorkbook.Saved then         '현재 활성화된 파일이 저장된 경우 다음 코드 진행
```

7) SaveAs 메서드 : 열려 있는 파일을 다른 이름으로 저장

> **Workbooks 개체.SaveAs 매개변수: = "파일 이름"**

✓ **매개변수 : Filename** 사용 (필수)

```
<예문>
ActiveWorkbook.SaveAs Filename:= "D:₩매크로₩연습1.xlsx"
                                     '활성화된 파일을 '연습1.xlsx' 이름으로 저장

Workbooks.Add                        '새 파일 만들기
경로 = ActiveWorkbook.Path & "₩"      '활성화된 파일의 경로를 경로' 변수에 할당
Workbooks(1).SaveAs Filename:= 경로 & "연습2.xlsx"
                                     "경로' 경로에 '연습2.xlsx' 파일 이름으로 저장
```

8) SaveCopyAs 메서드 : 열려 있는 파일 개체를 복사본을 만들어 다른 이름으로 저장
(원 파일은 계속 열려 있음)

> ➢ **Workbooks 개체.SaveCopyAs 매개변수: = "파일 이름"**

✓ **매개변수 : Filename** 사용 (필수)

<예문>

ActiveWorkbook.SaveCopyAs Filename:= "D:\매크로\연습2.xlsx"
'활성화된 파일을 복사본을 만들어 '연습2.xlsx' 이름으로 저장

Workbooks(1).SaveCopyAs Filename:= 경로 & "연습3.xlsx"
'1번 파일을 '경로'에 '연습3.xlsx' 이름으로 저장

---

9) Close 메서드 : 열려있는 파일 개체 닫기

> ➢ **Workbooks 개체.Close [매개변수: = True (False)]**

✓ **매개변수 : SaveChanges** 사용 (생략 가능)
(저장할지 여부를 True 또는 False로 표시)

- True : 저장하고 닫기
- False : 저장하지 않고 닫기

<예문>

Workbooks.Close	'열려 있는 파일 전부 닫기
Workbooks(2).Close	'열려 있는 파일 중 2번째 열린 파일 닫기
Workbooks("연습.xlsx").Close	''연습.xlsx' 파일 닫기
ActiveWorkbook.Close	'활성화된 파일 닫기
ThisWorkbook.Close	'코드가 실행 중인 파일 닫기
Workbooks("연습.xlsx").Close **SaveChanges**:= True	'연습.xlsx' 파일을 저장 후 닫기

※ 파일을 저장하지 않고 닫으면 코드 실행 중에 아래 메시지 창이 표시됩니다. 이 창이
  표시되지 않게 하려면 아래 명령문 중 1개를 추가하여 사용할 수 있습니다.
    (파일은 저장 되지 않음)

    - Workbooks 개체.Close SaveChanges:= False
    - Workbooks 개체.Saved = True

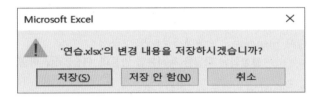

10) Protect, UnProtect 메서드 : 문서를 보호하거나 보호를 해제할 때 사용

  ➤ **Workbooks 개체.Protect 매개변수:= 내용**

  ✓ **매개변수 : Password, Structure, Windows** 사용
    - Password : (생략 가능) 대소문자 구분하여 암호 설정
    - Structure : (생략 시 False) True 지정 시 구조를 보호하여 시트 삽입, 삭제, 이동, 복사
               등 구조 변경이 불가
    - Windows : (생략 시 False) True 지정 시 창의 크기 변경 불가

  ➤ **Workbooks 개체.UnProtect Password:= 내용**

  ✓ **Password 매개변수** : (생략 가능) 암호가 설정된 문서는 필수 입력

```
─<예문>─
ActiveWorkbook.Protect Password:= "1234", Structure:= True
                        '활성화된 파일을 암호 = '1234'로 보호, 구조 변경 불가

ActiveWorkbook.UnProtect Password:= "1234"
                        '보호된 파일을 암호 = '1234'로 보호 해제
```

Chapter 3. Worksheets 명령문

Worksheets 명령문은 엑셀 파일의 워크시트(Worksheet) 개체를 편집하는 명령문입니다.
Worksheets 개체의 속성을 정의 또는 변경하거나 메서드(복사, 이동 등) 명령어를 사용하
여 워크시트를 편집하는 명령문입니다.

【 Worksheets 개체의 종류 】

- ✓ Worksheets   : 파일의 워크시트 개체
- ✓ ActiveSheet   : 활성화된 워크시트 개체
- ✓ Sheets   : Worksheets와 같은 기능

<Worksheets 개체 표시방법 예문>

Worksheets("시트1") or Sheets("시트1")
                      '워크시트 이름을 " "표로 인용하여 표시

WorkSheets(1)   '워크시트 순서를 지정하여 표시
 or Sheets(1)   (1)은 워크시트중 가장 왼쪽 시트를 의미

 ActiveSheet   '현재 활성화된 워크시트

Worksheets(Array("시트1", "시트3")) or Worksheets(Array(1,3))
                    '여러 개의 시트를 지정할 때 배열 함수 Array를 사용하여 표시

3-1. Worksheets 개체.속성 명령문

Worksheets 개체의 속성을 조회, 변경하는 명령문으로 다음 작업을 할 수 있습니다.

- 워크시트 이름 조회, 변경
- 워크시트 내용 조회
- 워크시트 숨기기 등

<명령문 형식>

> **Worksheets 개체.속성**   or
> **Worksheets 개체.속성 = 새 값**   or
> **변수 = Worksheets 개체.속성**

<Worksheets 개체.속성 명령문 종류>

✓	Name	: Worksheet 개체의 이름을 변경하거나 조회
✓	Next	: 시트 개체의 다음 Sheet(개체 특성)
✓	Previous	: 시트 개체의 이전 Sheet(개체 특성)
✓	Index	: 시트 개체의 순서를 조회
✓	Visible	: 시트 개체를 숨기거나 보이기

※ 개체 특성이 있는 속성(Next, Previous)

이 속성은 개체로 사용할 수 있으며 뒤에 속성 또는 메서드 명령문을 다시 배치할 수 있습니다.

<예문>

Worksheets(3).Previous.Name = "시트1"

ActiveSheet.Next.Select

---

1) **Name** 속성 : 워크시트 개체의 이름을 변경하거나 조회

(사용 예) - Workhseets(1).Name
- ActiveSheet.Name
- Sheets("시트").Name

─<예문>─────────────────────────────────

SA = Worksheets(1).Name or SA = Sheets(1).Name
                        '가장 왼쪽(1) 시트 이름을 SA 변수에 할당

SB = ActiveSheet.Name   '활성화된 시트 이름을 SB 변수에 할당
If **SB** = "연습" Then   'SB 변수가 '연습'이면 다음 코드 진행

Worksheets(1).Name = "시트1"   '가장 왼쪽(1) 시트 이름을 '시트1'로 변경

Worksheets("시트1").Name = "시트2"   '시트1' 시트 이름을 '시트2'로 변경

──

2) **Next, Previous** 속성 : 워크시트 개체의 다음 또는 이전 시트 (개체 특성)

(사용 예) - Worksheets(1).Next
- ActiveSheet.Previous
- Sheets(1).Next

─<예문>─────────────────────────────────

Worksheets(1).Next.Name = "시트2"   '1번 시트의 다음 시트 이름을 '시트2'로 변경

ActiveSheet.Previous.Select   '활성화된 워크시트 앞 시트 선택

──

3) **Index** 속성 : 워크시트 개체의 탭 번호를 표시

(시트 탭 번호 : 가장 왼쪽 시트부터 1번, 2번, ~~~)

(사용 예) - Worksheets("시트").Index
- ActiveSheet.Index

─<예문>─────────────────────────────────

ss = Worksheets("시트").Index   "시트' 시트의 시트 탭 번호를 ss 변수에 할당

Range("A1") = ActiveSheet.Index   '[A1]셀에 활성화된 시트 탭 번호 기록

──

4) Visible 속성 : 워크시트 개체를 숨기거나 숨긴 시트를 다시 보이기

> **Worksheets 개체.Visible = True** (False)

- False : 숨기기,   True : 보이기

(사용 예) - Worksheets(1).Visible
  - ActiveSheet.Visible
  - Sheets(1).Visible

┌─<예문>──────────────────────────────────────┐
Worksheets(1).Visible = False   '가장 왼쪽(1) 워크시트 숨기기

Sheets("시트").Visible = True   '숨겨진 워크시트 '시트' 다시 보이기
└──┘

3-2. Worksheets 개체.메서드 명령문

메서드 명령어를 사용하여 Worksheets 개체를 편집, 조작하는 명령문으로 아래 작업을 할 수 있습니다.

- 워크시트 선택/활성화
- 워크시트 추가/복사/이동/삭제
- 워크시트 개수 조회 등

<명령문 형식>

> **Worksheets 개체.메서드**   or
>
> **Worksheets 개체.메서드 매개변수:= 값**   or
>
> **변수 = Worksheets 개체.메서드**

<Worksheets 개체.메서드 명령문 종류>

✓ Activate	: 워크시트 개체를 활성화
✓ Select	: 워크시트 개체를 선택
✓ Count	: 파일의 워크시트의 수
✓ Delete	: 워크시트 개체를 삭제
✓ Add	: 새로운 워크시트를 추가
✓ Copy	: 워크시트를 복사하여 추가
✓ Move	: 워크시트를 이동
✓ Protect, Unprotect	: 워크시트를 보호, 해제
✓ PrintPreview	: 워크시트의 프린트 미리 보기
✓ PrintOut	: 워크시트를 프린트

1) **Activate** 메서드 : 활성화된 파일의 워크시트 개체를 활성화

<예문>

Worksheet(1).Activate	'현재 작업 중인 파일의 1번 시트 활성화
Sheets("시트1").Activate	''시트1' 시트 활성화

2) **Select** 메서드 : 활성화된 파일의 워크시트 개체를 선택

※ **Activate와 Select의 차이점**

- 1개의 시트를 Select할 경우 : Activate = Select
- 여러 개의 시트를 Select할 경우 : Activate = Select의 1번째 시트

<예문>

Worksheets(4).Select	'4번째 시트 선택
Workbooks("연습").Sheets("시트1").Select	'활성화된 연습' 파일의 '시트1' 시트 선택
	('연습' 파일이 활성화된 파일이 아니면 오류 발생)
Sheets(Array(1, "연습")).Select	'1번째 시트와 '연습' 시트 선택

3) **Count** 메서드 : 지정 파일의 워크시트의 수

<예문>

```
n = Worksheets.Count           '변수 n에 작업 중인 파일의 워크시트 개수 할당
Sheets(Sheets.Count).Select    '활성화된 파일의 마지막 시트 선택

If Worksheets.Count <= 5 Then  '워크시트 수가 5개 이하이면
    Worksheets.Add Count:=5 - Worksheets.Count   '차이 수 만큼 워크시트 추가
End If
```

4) **Delete** 메서드 : 워크시트 개체를 삭제

<예문>

Worksheets(4).Delete	'4번 시트 삭제
ActiveSheet.Delete	'활성화된 시트 삭제
Sheets(Array(2, "연습")).Delete	'2번 시트와 '연습' 시트 삭제

5) **Add** 메서드 : 파일 개체에 워크시트 추가

> **Worksheets 개체.Add [매개변수: = 지정 시트 (or 시트 수)]**

✓ **매개변수 : Before , After, Count**
- Before   : 지정 시트 앞에 시트 추가
- After   : 지정 시트 뒤에 시트 추가
- Count   : 현재 시트 앞에 지정하는 수 만큼 시트 추가

< 예문 >

Worksheets.Add   '워크시트 추가 (추가 위치는 활성화된 시트 앞에 추가)

ActiveWorkbooks.Sheets.Add.Name = "시트3"   "'시트3' 이름으로 워크시트 추가

Workbooks("연습.xlsx").Sheets.Add Before:= Sheets("시트3")
                        '열려 있는 '연습.xlsx' 파일의 '시트3' 시트 앞에 새로운 워크시트 추가

Worksheets.Add After:= Sheets(2)   '2번 시트 뒤에 새 시트 추가

Worksheets.Add After:= Sheets(Sheets.Count)   '마지막 시트 뒤에 새 시트 추가

Worksheets.Add Count:= 3   '작업 중인 시트 앞에 시트 3개 추가

---

6) **Copy** 메서드 : 워크시트 개체를 복사

> **Worksheets 개체.Copy 매개변수: = 지정 시트**

✓ **매개변수 : Before , After**
- Before   : 지정 시트 <u>앞에</u> 워크시트 개체 복사본 만들기
- After   : 지정 시트 <u>뒤에</u> 워크시트 개체 복사본 만들기

< 예문 >

Worksheets("시트1").Copy Before:=Sheets("시트2")
            "'시트2' 시트 앞에 '시트1' 시트 복사본 만들기

Worksheets(Array("시트1", "시트2")).Copy After:= Workbooks("연습.xlsx").Sheets("연습")
                '시트 집단 ('시트1', '시트2')을 '연습.xlsx' 파일의 '연습'시트 다음에 복사본 만들기

---

7) Move 메서드 : 워크시트 개체를 이동

> **Worksheets 개체.Move 매개변수: = 지정 시트**

✓ **매개변수 : Before , After**
- Before   : 지정 시트 앞에 워크시트 개체 이동
- After   : 지정 시트 뒤에 워크시트 개체 이동

─<예문>─────────────────────────────────────

Worksheets("시트1").Move Before:=Sheets(3)
                            '시트1' 시트를 3번 시트 앞으로 이동

Worksheets(Array(1, "시트2")).Move After:= Sheets("연습")
                            '1번 시트와 '시트2'를 '연습' 시트 다음으로 이동

───

8) Protect, UnProtect 메서드 : 시트를 보호하거나 보호를 해제

> **WorkSheet 개체.Protect [매개변수]**

✓ **매개변수(암호) : Password, Structure, Windows**
- Password : (생략 가능) 대소문자 구분하여 암호 설정
- Structure : (생략하면 False) True 지정 시 구조를 보호하여 시트 삽입, 삭제, 이동, 복사
  등 구조 변경이 불가
- Windows : (생략하면 False) True 지정하면 창의 크기 변경 불가

> **Workbooks 개체.UnProtect [매개변수]**

✓ **매개변수(암호) : Password**
- Password : (생략 가능) 암호가 설정된 보호 문서는 필수 입력

─<예문>─────────────────────────────────────

Activesheet.Protect Password:= "7777", Structure:= True
                            '활성화된 파일 보호 암호 = "7777", 구조 변경 불가

Activesheet.UnProtect Password:= "7777"
                            '보호된 파일을 암호 = "7777"로 보호 해제

───

9) **PrintPreview** 메서드 : 인쇄 미리 보기

> ➤ **Worksheets 개체.PrintPreview[(옵션)]**

✓ **옵션 : True or False**
- True : 기본값 (생략 가능)
- False : 페이지 설정, 여백 조정 등 옵션 설정이 불가

┌─<예문>───┐
ActiveSheet.PrintPreview　　　　　　　　'활성화된 시트 인쇄 미리 보기

Worksheets("연습").PrintPreview(False)　　　'미리 보기 (옵션 설정 불가)
└──┘

10) **PrintOut** 메서드 : 워크시트 인쇄

> ➤ **Worksheets 개체.PrintOut [매개변수:= 수]**

✓ **매개변수 : From, To, Copies**
- From : 인쇄 시작 페이지 지정 (생략 시 1페이지)
- To : 인쇄 마지막 페이지 지정 (생략 시 끝 페이지)
- Copies : 인쇄 매수 지정 (생략 시 1부)

┌─<예문>───┐
ActiveSheet.PrintOut　　　　　　　　　　'활성화된 시트 인쇄 (전체 1부)

ActiveSheet.PrintOut From:=5, To:=6, Copies:=2　　'활성화된 시트 5~6 페이지 각 2부 인쇄
└──┘

Chapter 4. Range 명령문

Range 명령문은 워크시트의 Range 개체(셀 또는 범위)를 편집하는 명령문입니다.

Range 개체의 속성을 정의 또는 변경하거나 메서드 명령어를 사용하여 Range 개체를 편집(복사, 이동 등)하는 명령문입니다.

【 Range 개체의 종류 】

- ✓ Range : 한 개의 셀 또는 범위를 지정하는 개체
- ✓ Cells : 셀을 지정하는 개체
- ✓ ActiveCell : 활성화된 셀 개체
- ✓ Selection : 선택된 영역 (개체 특성이 있는 속성)
- ✓ Columns : 열을 지정하는 개체
- ✓ Rows : 행을 지정하는 개체
- ✓ Union : 떨어진 범위를 지정하는 개체

【 Range 개체의 표시 방법 】

- ✓ **Range** : Range("A1:C5") 형식으로 표시하며 " "표시 안에 셀 주소 입력

  ☞ **[ ]표로 단순화** 가능 : Range 및 " " 생략
  (예) Range("A1:C7") → **[A1:C7]**

- ✓ **Cells** : Cells(행 번호, 열 번호) 형식으로 표시

  ☞ **행 번호** : 행 번호 숫자 입력
  열 번호 : 열 번호 숫자 또는 열 번호 알파벳 입력 가능
  1 = "A", 2 = "B", 3 = "C", 4 = "D", ...
  (예) Cells(3, 4) → **Cells(3, "D")**

```
┌─ <Range 개체 표시방법 예문> ─────────────────────────────────────────┐
│                                                                      │
│  Range("B2:H7")  or  [B2:H7]          '[B2:H7]셀 범위의 모든 셀        │
│                                                                      │
│  Range("B2:B7", "H2:H7")              '[B2:B7]~[H2:H7]내의 모든 셀 (= [B2:H7]) │
│                                                                      │
│  Cells(2, 3)  or  Cells(2, "C")       '2행 3열의 셀 = Range("C2")      │
│                                                                      │
│  Cells(3)                             '기준 셀[A1]에서 3번째 셀 (= [C1]) │
│                                                                      │
│  Range("B2:H7").Cells                 '[B2:H7] 범위의 모든 셀          │
│                                                                      │
│  [B2:C7].Cells(5)                     '[B2:C7] 범위에서 5번째 셀 (= [B4]) │
│                                                                      │
│  Range(Cells(2,1), Cells(5,7))        'Cells(2,1)과 Cells(5,7)의 범위 (= [A2:G5]) │
│                                                                      │
│  ActiveCell                           '활성화된 셀                    │
│                                                                      │
│  Selection                            '선택된 셀                      │
│                                                                      │
│  Columns("B:D")  or  [B:D]            '[B:D]열 전체                    │
│                                                                      │
│  Rows("3:5")  or  [3:5]               '[3:5]행 전체                    │
│                                                                      │
│  Range("B2:B7, H2:H7")                '[B2:B7]범위의 셀과 [H2:H7] 범위의 셀 │
│      or  [B2:B7, H2:H7]                                               │
│                                                                      │
│  Union(Range("B2:B7"), Range("H2:H7"))  '상동 = Range("B2:B7, H2:H7")  │
│                                                                      │
└──────────────────────────────────────────────────────────────────────┘
```

※ ActiveCell 과 Selection의 차이점

✓ **ActiveCell** : 현재 활성화된 1개의 셀

    ☞ 여러 개의 셀이 선택된 경우 : 선택 영역의 첫 번째 셀

        (선택된 영역의 왼쪽 상단의 셀이 ActiveCell)

✓ **Selection** : 선택 영역 전체

```
┌─ <예문> ───────────────────────────────────────────────┐
│                                                        │
│  [B2:H7].Select               '[B2:H7] 범위 선택         │
│                                                        │
│  ActiveCell.Value = 10        '[B2]셀에 값 10 기록       │
│                                                        │
│  Selection.Value = 10         '[B2:H7]셀에 값 10 기록    │
│                                                        │
└────────────────────────────────────────────────────────┘
```

4-1. Range 개체.속성 명령문

Range 개체(범위, 셀)의 속성을 조회, 정의, 변경하는 명령문으로 다음 작업을 할 수 있습니다.

- Range 개체의 값, 주소 등을 조회하거나 변경
- Range 개체의 수식을 정의
- Range 개체의 글꼴, 배경색, 테두리선 설정 등

<명령문 형식>

> ➤ **Range 개체.속성**   or
>
> ➤ **Range 개체.속성 = 새 값**   or
>
> ➤ **변수 = Range 개체.속성**

<Range 개체.속성 명령문 종류>

✓ Value	: Range 개체의 값 (생략 가능)
✓ Address	: Range 개체의 주소
✓ ActiveCell	: 현재 활성화된 셀 (개체 특성)
✓ Offset(행,열)	: Range 개체에서 행, 열만큼 이동한 셀 또는 범위
✓ UsdedRange	: 현재 워크시트에서 사용된 영역(개체 특성)
✓ CurrentRegion	: Range 개체가 포함된 데이터 영역(개체 특성)
✓ Next, Previous	: Range 개체의 다음(右) 또는 이전(左) 셀
✓ Selection	: 선택된 영역 (개체 특성)
✓ Formula	: Range 개체의 A1형식의 수식
✓ Formula R1C1	: Range 개체의 R1C1형식의 수식
✓ NumberFormat	: 숫자의 표시 형식을 지정 형식으로 변경
✓ Font	: Range 개체의 글꼴 설정
※ 참고 : Color 속성	
✓ Interior	: Range 개체의 배경색 설정
✓ End(Direction)	: Range 개체에서 Direction 쪽으로 마지막 셀

<Range 개체.속성 명령문 종류> 계속

  ✓ Borders   : Range 개체의 테두리선의 서식 설정

  ✓ BorderAround   : Range 개체의 외곽선의 서식 설정

  ✓ Rows, Columns   : 지정한 범위의 행 전체, 열 전체 지정

  ✓ Row, Column   : Range 개체의 행 번호, 열 번호 (숫자)

  ✓ EntireRow, EntireColumn   : Range 개체의 전체 행, 전체 열

  ✓ Height, Width   : Range 개체의 전체 높이 또는 전체 폭

  ✓ RowHeight, ColumnWidth   : Range 개체의 행 높이 또는 열 폭 설정

  ✓ Resize(행,열)   : Range 개체의 크기를 재지정

  ✓ Hidden   : Range 개체의 행 또는 열 숨기기

  ✓ HorizontalAlignment, VerticalAlignment

                                          : Range 개체를 수평 맞춤 또는 수직 맞춤

  ✓ SpecialCells   : 특정한 유형의 셀 (개체 특성)

※ 개체 특성이 있는 속성

아래 속성은 개체 특성이 있어 개체로 사용할 수 있습니다.

ActiveCell, Offset, UsedRange, CurrentRegion, End, Rows, Culumns. EtireRow, Entirecolumn, Next, Previous, Selection, Resize, SpecialCells 등

1) Value 속성 : Range 개체(셀, 범위)의 값을 나타내는 명령문

(기본 속성으로 생략 가능 : 컨트롤 개체 등에서 생략이 불가한 경우도 있음)

(사용 예) - Range("셀 주소").Value

- Cells(행 번호,열 번호).Value

─〈예문〉───

Range("B3").Value = 100   '[B3]셀에 새 값 100 기록

   or Range("B3") = 100   (Value 생략)

   or [B3] = 100

Cells(3,2).Value = 100   '상동

[B3] = [B5].Value   '[B3]셀에 [B5]셀의 값 기록

   or [B3] = [B5]   ([B5]셀이 수식일 경우도 가능)

---

2) Address 속성 : Range 개체의 주소

➢ **Range 개체.Address**[(행 매개변수, 열 매개변수)]

✓ **매개변수 : True , False**

- True   : 절대 참조 (생략 가능) → 예) $A$1
- False   : 상대 참조   → 예) A1

(사용 예)

- Range 개체.Address   : Address(True, True)를 의미
- Range 개체.Address(,False) : Address(True, False)를 의미

─〈예문〉───

SA = [C3:F5].Address   '(True, True) 생략

                                  'SA 변수에 절대 주소($C$3:$F$5) 할당

Range("A3").Value = [C3:F5].Address(True, False)

                                  '[A3]셀에 셀 주소(C$3:F$5) 기록

---

3) **ActiveCell** 속성 : 현재 활성화된 셀 (개체 특성)

─< 예문 >─────────────────────────

```
Range("B9:E11").Select
ActiveCell.Value = "Test"            '범위의 첫 번째 셀[B9]에 'Test' 기록
 or  ActiveCell = "Test"             (선택 범위 중 첫 번째 셀이 ActiveCell)
```

4) **Offset** 속성 : Range 개체를 지정한 행, 열만큼 이동 (개체 특성)

> **Range 개체.Offset(행 매개변수, 열 매개변수)**

✓ **매개변수 : 정수** (행, 열 매개변수 중 1개 생략 가능)
- 행 매개변수 : 양수이면 아래쪽, 음수이면 위쪽으로 이동
- 열 매개변수 : 양수이면 오른쪽, 음수이면 왼쪽으로 이동

─< 예문 >─────────────────────────

```
Range("D3:D5").Offset(2,-1).Select    '범위 [D3:D5]를 2행 -1열 이동한 범위 선택 [C5:C7]

[D3].Offset(1) = [B2]                 '[D3]셀에서 1행 이동한 [D4]셀에 [B2]셀의 값 기록
                                       (열 매개변수 생략)

[D3].Offset(,1) = 5                   '[D3]셀에서 1열 이동한 [E4]셀에 5 기록
                                       (행 매개변수 생략)
```

─< 예문2 >─────────────────────────

```
For i = 0 to 5                        'For ~ Next 순환문
   Range("A1").Offset(i) = i * 10     '[A1] 셀에서 아래쪽으로 이동하면서 데이터 (i * 10) 기록
Next i

   <결과> [A1]셀  →   0 기록
          [A2]셀  → 10 기록
                  ----
          [A6]셀  → 50 기록
```

5) UsedRange 속성 : 워크시트 개체에서 데이터 사용 영역

(데이터가 입력된 빈 셀 포함 가로 × 세로 영역, 떨어진 영역 포함)

➤ **Worksheets 개체.UsedRange.하부 속성**

─ <예문> ─

SB = Sheets("시트1").UsedRange.Address

'SB 변수에 현재 사용된 영역이 포함된 데이터 영역의 주소 할당

☞ 데이터가 [B2:F7] 및 [G8:H9]에 기록된 경우 SB = $B$2:$H$9

ActiveSheet.UsedRange.Select

활성화된 시트에 아래와 같이 데이터가 입력되어 있을 경우
선택된 영역 ☞ 범위 [A1:E4] (떨어진 영역 포함)

	A	B	C	D	E
1	이름	점수	참고		
2	김광형	63			30
3	이기현	75			
4	서래한	98			20
5					

6) CurrentRegion 속성 : Range 개체가 포함된 데이터 영역

(데이터가 입력된 빈 셀 포함 가로 x 세로 영역, 떨어진 영역 제외)

➤ **Range 개체.CurrentRegion.하부 속성**

─ <예문> ─

SB = [D2].CurrentRegion.Address

"SB' 변수에 현재 [D2]셀이 포함된 데이터 영역의 주소 할당

☞ [B2:F7]에 데이터가 입력된 경우 SB = $B$2:$F$7

Range("C3").CurrentRegion.Select   '[A1:C4] 범위 선택 (떨어진 영역 제외)

	A	B	C	D	E
1	이름	점수	참고		
2	김광형	63			30
3	이기현	75			
4	서래한	98			20
5					

7) Next, Previous 속성 : Range 개체의 첫 번째 셀(좌상) 기준으로 오른쪽(Next) 또는
왼쪽(Previous)으로 첫 번째 셀

> ─ <예문> ──────────────────────────────────
>
> Range("B9:E11").Next.Select
>
>   '[B9:E11] 범위의 첫 번째 셀[B9] 기준으로 오른쪽 첫 번째 셀[C9] 선택

8) Selection 속성 : 선택 영역 (개체 특성)

> ─ <예문> ──────────────────────────────────
>
> Range("B9:E11").Select
>
> Selection.Value = "Test"   '[B9:E11] 범위에 값 'Test' 기록

9) Formula 속성 : Range 개체를 **'A1'** 형식의 수식으로 표현
        (다음 페이지에서 학습할 FormulaR1C1 형식과 대비되는 명령문)

> ➤ **Range 개체.Formula = 새 값**

> ➤ **변수 = Range 개체.Formula**

✓ **새 값** : 수식 또는 문자/숫자 입력 가능
     이 경우 Formula는 Value 속성과 같은 역할을 하므로 생략 가능

✓ **변수** : 셀 값이 수식일 경우 수식을 할당하고 문자/숫자일 경우는 값을 할당

> ─ <예문> ──────────────────────────────────
>
> [C3].Formula = "= Sum(C1:C2)"   '[C3]셀에 수식 기록
>   이 경우는 Formula는 Value 역할을 하므로 Formula 대신 Value로 대체 가능.
>
> **SA = Range("C3").Formula**   'SA 변수에 [C3]셀의 수식 할당
>   - [C3]셀에 수식 "= Sum(C1:C2)"이 입력되어 있는 경우
>   ☞ 변수 SA = "= Sum(C1:C2)"
>   - [C3]셀에 숫자 21이 입력되어 있는 경우
>   ☞ 변수 SA = 21 할당

10) FormulaR1C1 속성 : 행과 열 형식으로 셀 주소 표현

(Formula 형식과 유사하나 셀 주소를 행(R)과 열(C) 형식으로 표현)

> **Range 개체.FormulaR1C1= 새 값**

> **변수 = Range 개체.FormulaR1C1**

✓ **새 값** : " " 표 안에 R1C1 형식의 수식 입력

(이 경우 FormulaR1C1은 Value 속성과 같은 역할을 하기 때문에 생략 가능)

✓ **변수** : 셀 값이 수식일 경우 R1C1 형식의 수식 할당, 문자/숫자일 경우 값 할당

※ <u>**R1C1 형식**</u> : 엑셀의 셀 참조 형식은 A1 형식과 R1C1 형식이 있습니다.

- A1 형식 : 일반적인 셀 주소 표현 방식 ☞ 예) B3 셀 : B열의 3행 셀 (= [B3]셀)
- R1C1 형식 : 열과 행을 숫자로 표현 ☞ 예) R3C2 셀 : 3행 2열 셀 (= [B3]셀)

(1) R1C1 형식의 절대 참조와 상대 참조

- 절대 참조 (R1C1) : 현재 셀의 위치와 상관없이 절대 셀 주소 ☞ 예) R1C1 =$A$1
- 상대 참조 (**R[1]C[1]**) : [ ] 기호를 사용하여 현재 셀의 위치에서 상대적 위치 표현

  ☞ 예) RC   : 현재 셀(활성화된 셀)

      R[-2]C   : 현재 셀에서 -2행 (위쪽으로 2행) 떨어진 셀

      RC[3]   : 현재 셀에서 3열 (오른쪽으로 3열) 떨어진 셀

      R[3]C[-2] : 현재 셀에서 3행(아래쪽으로 3행), -2열(왼쪽으로 2열) 떨어진 셀

(2) 상대 참조 형식 활용 : 매크로를 작성할 때 R[1]C[1] 형식은 상대적 셀의 위치를 숫자로 표현하므로 수식과 같이 상대 참조 셀을 인용할 때 매우 효과적으로 입력 가능합니다.

```
 ─<예문>──────────────────────────────────────────────────────

 [C1].Value = "= R2C3"                '[C1] 셀에 수식 '=$C$2' 기록

 Range("C3").FormulaR1C1 = "= Sum(RC[-2]:RC[-1])"
                                      '[C3]셀에 수식 기록 : [C3]셀에서 -2열 셀부터 -1열 셀까지의
                                       합 수식(= Sum(A3:B3)) 기록

 [C4:C6] = "= Sum(RC[-2]:RC[-1])"    '[C4:C6]의 각 셀에 수식 기록 ([C4]셀 수식 : =Sum(A4:B4))

 SA = [C3].FormulaR1C1                'SA 변수에 [C3]셀의 R1C1 형식의 수식 할당
 [C4:C7]= SA                          '[C4:C7] 각 셀에 [C3]셀과 동일 유형의 수식 기록
```

※ 참고 : Formula, FormulaR1C1, Value 비교

다음은 위의 3가지 경우의 이해를 돕기 위한 예문입니다.

─<예문>─

워크시트 [A1:C5] 범위에 다음 데이터가 입력되어 있습니다.

	A	B	C	
1	국어	수학	합계	
2	80	70	150	← 수식 : "=Sum(A2:B2)"
3	90	90		
4	100	90		
5	70	70		

《수식 예 및 결과》

수식	결과
[C3].Value = [C2].Value	[C3]셀 값 : 150
[C3] = [C2]	상동
[C3].Formula = [C2].Formula	[C3]셀 수식: =Sum(A**2**:B**2**)
[C3].Value = [C2].Formula	상동
[C3] = [C2].Formula	상동
[C3].FormulaR1C1 = [C2].FormulaR1C1	[C3]셀 수식: =Sum(A**3**:B**3**)
[C3].Formula = [C2].FormulaR1C1	상동
[C3].Value = [C2].FormulaR1C1	상동
[C3] = [C2].FormulaR1C1	상동
[C3:C4] = [C2].FormulaR1C1	[C3]셀 수식: =Sum(A3:B3) [C4]셀 수식: =Sum(A4:B4)

※ 수식의 왼쪽 명령어(Value, Formula, FormulaR1C1)는 모두 Value 역할을 하므로 생략 가능합니다.

---

11) NumberFormat 속성 : Range 개체에 숫자의 표시 형식을 설정

> ➢ **Range 개체.NumberFormat = "표시형식"**

✓ **표시 형식**

(a) 양식 문자

0 (0일 경우 0),   **#** (0일 경우 공백),   **%** (백분율),   **.** (소수점),   **,** (천 단위 부호),

E (지수 형식),   **₩** (특수 문자 삽입)

(b) 사용 예 (1234.56)

"표시형식"	양수	음수	0
"0.0"	1234.6	-1234.6	0.0
"#,##0"	1,235	-1,235	0
"#,###"	1,235	-1,235	(공백)
"#,###;(#,###)"	1,235	(1,235)	(공백)
"#%"	123456%	-123456%	%
"0.00E+0"	1.23E+3	-1.23E+3	0.00E+0
"₩$0달러"	$1235달러	-$1235달러	$0달러

　<예문>

Range("C3").NumberFormat = "#,##0"   '[C3]셀의 표시 형식을 "#,##0"로 설정

Range("C3").NumberFormat = "#,##0.00"

[C3].NumberFormat = "0.00%"

[C3].NumberFormat = "yy-mm-dd"   '[C3]셀에 표시 형식을 날짜 형식 'yy-mm-dd'로 설정

[C3:C8].NumberFormat = "#,##0;[Blue](#,##0)"
　　　　　　　　'[C3:C8]셀의 값이 양수이면 "#,##0", 음수이면 파란색 "(#,##0)" 형식으로 설정

---

12) Font 속성 : Range 개체의 글꼴을 설정

> **Range 개체.Font.하부 속성 = 값**

✓ **하부 속성 : Name, Size 등**

- Name   : 글꼴 이름
- Size   : 글꼴 크기
- Color, ColorIndex, ThemeColor : 글자색 설정 (다음 Page 참조)
- Bold   : 굵은 문자 여부 (True : 굵게)
- Underline   : 밑줄 문자 여부 (True : 밑줄 문자)
- Italic   : 이텔릭체 여부 (True : 이텔릭체)
  * Bold, Underline, Italic의 기본값 : False

―<예문>―

Range("B3:B5").Font.Name = "맑은 고딕"   '[B3:B5] 셀의 글꼴을 '맑은 고딕'으로 설정

[B3:B5].Font.Size = 12   ''[B3:B5] 셀의 글자 크기를 12로 설정

[B3:B5].Font.Bold = True   ''[B3:B5] 셀의 글자를 굵은 문자로 설정

※ 위 예문을 With ~ End With 문으로 명령문 단순화

```
With [B3:B5].Font
   .Name = "맑은 고딕"
   .Size = 12
   .Bold = True
End With
```

※ 참고 : Color 속성 (Font, Interior, Border 속성에 사용)

(1) Color

Font 속성, Interior 속성, Border 속성의 기본 색을 설정하거나 반환합니다. RGB 기능 또는 색 상수를 사용하여 색을 설정할 수 있습니다.

(a) RGB(Red, Green, Blue)

빛의 삼원색인 적색, 녹색, 청색 3색을 혼합하여 나타내는 방식으로 각 색상별로 0~255의 숫자를 사용하여 표현합니다.

- RGB(255,0,0) : 적색
- RGB(0,255,0) : 녹색
- RGB(0,0,255) : 청색

(예문) [A4:B6].Font.Color = RGB(255,0,0) (범위의 글자 색을 적색으로 표시)

(b) 색 상수

다음의 색 상수를 사용하여 Color 속성을 설정할 수 있습니다.

- vbBlack	: 검정	- vbRed	: 적색
- vbGreen	: 녹색	- vbYellow	: 노랑
- vbBlue	: 청색	- vbWhite	: 흰색

(예문) [A4:B6].Interior.Color = vbBlue(범위의 배경색을 청색으로 표시)

(2) ThemeColor(1 ~ 12)

내장된 엑셀의 테마 색을 사용하여 색상을 설정하는 방법으로 TintAndShade 속성을 적절히 가미하여 색상을 설정합니다.

(예문) [A4:B6].Font.ThemeColor = 11 (청색)

※ ThintAndshade(밝기 속성) : 가장 어두움 -1 부터 가장 밝음 1 까지 있으며 중간 밝기는 0이므로 ThemeColor에 밝기 속성을 적절히 가미하여 사용

(색상표)

ThemeColor	1	2	3	4	5	6	7	8	9	10	11	12
TintAndShade=0.5	1	2	3	4	5	6	7	8	9	10	11	12

(3) ColorIndex(색 번호)

1~56까지 설정된 색 번호(ColorIndex)를 사용하여 색을 설정합니다.
(RGB를 적절히 사용하여 56가지 색상을 정의)

- 1 : 흑색 (R : 0, G : 0, B : 0)
- 2 : 흰색 (R : 255, G : 255, B : 255)
- 3 : 적색 (R : 255,   G : 0,   B : 0)
- 4 : 녹색 (R : 0,   G : 255,   B : 0)
- 5 : 청색 (R : 0,   G : 0,   B : 255)

※ ColorIndex 표 (1~56번)

(예문) [A4:B6].Font.ColorIndex = 28
        ([A4:B6]셀의 글자 색을 하늘색으로 표시)

※ 참고 : 채우기 없음 ☞ ColorIndex = -4142
        흰색   ☞ ColorIndex = 2

13) Interior 속성 : Range 개체의 배경색을 설정

> **Range 개체.Interior.하부 속성 = 값**

✓ **하부 속성 : Color, ColorIndex, ThemeColor**
(앞 페이지 Color 속성 참조)

─ <예문> ─

Range("D3:D5").Interior.Color = RGB(255,0,0)
                          '[D3:D5] 범위의 배경색을 적색으로 설정

[D3:D5].Interior.ColorIndex = 6
                          '[D3:D5] 범위의 배경색을 노랑색으로 설정 (Color 속성 참고)

---

14) End(방향) 속성 : Range 개체에서 '방향' 쪽으로 데이터가 있는 마지막 셀
(Ctrl + 방향키를 누르는 것과 같은 효과)

> **Range 개체.End(방향 매개변수)**

✓ **방향 매개변수 :** xlUp, xlDown 등 사용
   - xlUp   : 위쪽 방향
   - xlDown   : 아래쪽 방향
   - xlToRight   : 오른쪽 방향
   - xlToLeft   : 왼쪽 방향

─ <예문> ─

Range("C3").End(xlDown).Select
                          '[C3]셀에서 아래쪽으로 데이터가 입력된 마지막 셀 선택

n = ActiveCell.End(xlDown).Row
                          'n 변수에 활성화된 셀에서 아래쪽으로 마지막 셀의 행 번호 할당

Range("C3", Range("C3").End(xlToRight)).Select
                          '[C3]셀부터 오른쪽으로 데이터가 입력된 마지막 셀 까지 선택

---

15) Borders 속성 : Range 개체의 테두리 서식 설정

> **Range 개체.Borders[(Index)].하부 속성 = 값**

✓ **Index** 매개변수 : 서식을 설정할 테두리 지정 (생략할 경우 모든 테두리 지정)

- xlEdgeTop   : 범위의 위쪽 테두리
- xlEdgeBottom   : 범위의 아래쪽 테두리
- xlEdgeLeft   : 범위의 왼쪽 테두리
- xlEdgeRight   : 범위의 오른쪽 테두리
- xlInsideHorizontal   : 범위내의 모든 가로 선
- xlInsideVertical   : 범위내의 모든 세로 선

✓ **하부 속성** : 테두리(선)의 두께, 스타일 등 설정.

- LineStyle   : 선의 스타일 설정
  xlContinuous(실선), xlDot(점선), xlDash(파선), xlDouble(이중선),
  xlDashDot(1점 쇄선), xlDashDotDot(2 점쇄선), XILineStyleNone(선 없음)

- Weight   : 선의 두께 설정
  xlHairline(가는 파선), xlThin(보통 가는 선), xlMedium(약간 굵은 선),
  xlThick(굵은 선)

- Color, ColorInex, Theme Color : 선의 색상 설정

┌─ <예문> ───
│
│ Range("D3:D5").Borders(xlEdgeBottom).Weight = xlThick
│   '[D3:D5] 범위의 아래쪽 테두리를 굵은 선으로 설정
│
│ Range("D3:D5").Borders.ColorIndex = 6
│   '[D3:D5] 범위의 모든 선의 색을 노랑색으로 설정
│
│ [D3:D5].Borders.LineStyle = xlDashDotDot
│   '[D3:D5] 범위의 모든 선의 스타일을 2점 쇄선으로 설정
│
└──

16) BorderAround 속성(메서드) : Range 개체의 외곽선 서식을 설정

> **Range 개체.BorderAround 서식 매개변수:= 값**

✓ **서식** 매개변수(세부 내용은 Borers 속성의 하부 속성 참조)

- LineStyle   : 선의 스타일
- Weight   : 선의 두께
- Color, ColerIndex 등 : 선의 색상

```
─<예문>─
[A1:B5].BorderAround Weight:= xlThin       '[A3:B5] 범위의 외곽선을 보통 가는 선으로 설정

Range("A1:B5").BorderAround ColorIndex:= 5
                                           '[A1:B5] 범위의 외곽선의 색을 파란색으로 설정

[A1:B5].BorderArdound.LineStyle:= xlContinuous
                                           '[A1:B5] 범위의 외곽선 스타일을 실선으로 설정
```

17) Rows, Columns 속성 : 지정한 행 전체(Rows) 또는 열 전체(Columns)

```
─<예문>─
[B9:E11].Rows(2).Delete              '[B9:E11] 범위의 2행 삭제 = 범위내의 2행 [B10:E10]을 삭제
                                     (삭제 후 셀 위로 밀기 실행)

Columns("D:E").Insert   or   [D:E].Insert    '[D:E]열(열 전체) 삽입

Rows("3:4").Insert   or   [3:4].Insert      '[3:4]행 (행 전체) 삽입

n = Range("B9:E11").Columns.Count     'n 변수에 [B9:E11] 범위의 열의 수 할당 (= 4 )
```

18) Row, Column 속성 : Range 개체의 행 번호 또는 열 번호(Integer)

```
─<예문>─
m = ActiveCell.End(xlDown).Row
                            'm 변수에 현재 셀에서 아래쪽으로 마지막 셀의 행 번호 할당

n = Range("B9:E11").Column     'n 변수에 [B9:E11]범위의 열 번호 할당 ( n = 2 : 첫 번째 열)
```

19) EntireRow, EntireColumn 속성

> : Range 개체를 포함하는 전체 행 또는 전체 열(개체 특성)

```
< 예문 >

[B9:E11].EntireRow.Select              '[B9:E11]범위의 행 전체 선택 ([9:11]행 전체 선택)
  = Rows("9:11").Select

[B9:E11].EntireColumn.Delete           '[B9:E11]범위의 열 전체 삭제 ([B:E]열 전체 삭제)
  = Colums("B:E").Delete
```

20) Height, Width 속성 : Range 개체의 전체 높이(각 셀의 합) 또는 전체 폭(가로)

> ➤ **변수 = Range 개체.Height(or Width)**

※ 단위 : Height (포인트), Width(포인트)

```
< 예문 >

nn = Range("B9:E11").Width             'nn 변수에 [B9:E11] 범위 셀의 가로 너비의 합 할당
```

21) RowHeight, ColumnWidth 속성

> : Range 개체의 행의 높이, 열의 폭 크기를 설정
> (범위를 지정할 경우 각 셀의 높이 또는 폭이 동일해야 함)

> ➤ **Range 개체.RowHeight**(or ColumnWidth) **= 크기**

> ➤ **변수 = Range 개체.RowHeight**(or ColumnWidth)

※ 단위 : RowHeight (포인트), ColumnWidth (11포인트 글자 수)

```
< 예문 >

Worksheets('시트1").[B9:E11].RowHeight = 20
                              '범위의 [9~11] 행의 높이를 20 포인트로 설정

n = [B9:E11].ColumnWidth              'n 변수에 [B9:E11] 범위의 열의 폭을 할당 (폭이 동일해야 함)
```

22) Resize 속성 : Range 개체의 범위를 재지정

> **Range 개체.Resize(행 매개변수,열 매개변수)**

✓ **매개변수 :** Range 개체의 좌측 상단 셀을 기준으로 행, 열의 수 만큼 셀의 크기를 재지정 (양수만 사용)

- 행 매개변수 : 새로운 행의 크기 (생략 시 원래 크기)
- 열 매개변수 : 새로운 열의 크기

< 예문 >

[D3:D5].Resize(2,3).Select   '[D3:D5] 범위를 2행 3열 크기로 범위를 조정하여 선택 [D3:F4]

Range("D3").Resize(2,3).Select   '위와 동일한 결과 선택 [D3:F4]

[D2].Resize(3,1) = [D2].FormulaR1C1

　　　　　　　　　　　　　　　　　　'Resize된 아래쪽 셀 [D3:D4]에 [D2]와 동일 형식의 수식 기록

	A	B	C	D	
1	이름	국어	영어	합계	
2	김광형	63	95	158	
3	이기현	75	88	←	─ 수식 기록
4	서래한	98	85	←	

---

23) Hidden 속성 : 지정한 행 또는 열 전체를 숨김

> **Range 개체.Hidden = True or False**

- True : 숨기기
- False : 숨기기 취소

< 예문 >

[B9:E11].Rows.Hidden = True   '[9:11]행 숨김

Columns("C:D").Hidden = True   '[C:D]열 숨김

---

24) HorizontalAlignment, VerticalAlignment 속성

: Range 개체의 수평 맞춤 또는 수직 맞춤을 설정

> **Range 개체.HorizontalAlignment (VerticalAlignment) = 상수값**

> **변수 = Range 개체.HorizontalAlignment (VerticalAlignment)**

✓ **상수값** : 맞추기 방법 설정값

\<HorizontalAlignment\>

- xlCenter	: 가운데 맞춤
- xlDistributed	: 균등 분할
- xlJustify	: 양쪽 맞춤
- xlLeft	: 왼쪽 맞춤
- xlRight	: 오른쪽 맞춤

\<VerticalAlignment\>

- xlCenter	: 가운데 맞춤
- xlDistributed	: 균등 분할
- xlJustify	: 양쪽 맞춤
- xlTop	: 위쪽 맞춤
- xlBottom	: 아래쪽 맞춤

\<예문\>

Range("D3:D5").HorizontalAlignment = xlCenter

　　　　　　　　　　　　'[D3:D5] 범위의 맞춤 형식을 가운데 맞춤으로 설정

[D3:D5].VerticalAlignment = xlBottom '[D3:D5] 범위의 맞춤 형식을 아래쪽 맞춤으로 설정

AA = [D3].VerticalAlignment'　　　　　[D3]셀의 맞춤 형식을 AA 변수에 할당
[D4:E5].VerticalAlignment = AA　　　　[D4:E5] 범위의 맞춤 형식을 AA로 설정

　　　　　　　　　　　　　　　　→ 즉, [D4:E5] 범위의 맞춤 형식을 [D3]셀 형식으로 설정

---

25) SpecialCells 속성 : Range 개체 중에 특별한 셀 지정(개체 특성)

> ### ➤ Range 개체.SpecialCells(Type[, Value])

✓ **Type** 매개변수 : 특정한 셀 형식

- xlCellTypeBlanks   : 비어 있는 셀들
- xlCellTypeConstants   : 상수가 들어 있는 셀들
- xlCellTypeFormulas   : 수식이 들어 있는 셀들

✓ **Value** 매개변수 : 결과값 형태(생략 가능 : 생략할 경우 Type 전체)

- xlNumbers   : 숫자
- xlTextValues   : 문자
- xlLogical   : 논리값

<예문>

n = [C3:G9].SpecialCells(xlCellTypeFormulas, xlNumbers).Count
              '[C3:G9] 범위에 수식이 들어있는 셀 중에 결과가 숫자인 셀의 수를 n 변수에 할당

<예문2>

① For Each 셀 In [B2:F2].SpecialCells(xlCellTypeFormulas)
②   셀.Resize(3, 1) = 셀.FormulaR1C1
   Next

① [B2:F2] 범위의 셀 중에 수식이 들어있는 셀에 대해 차례로 한 셀씩 (For Each ~ Next 문)

② 셀의 범위를 아래쪽으로 3행 확장(Resize)하여 확장전 셀(2행)의 수식 기록

  (실행 예) [D3:D4] 범위에 [D2]의 형식의 수식이 기록되고
                [F3:F4] 범위에 [F2]의 형식의 수식이 기록됨

	A	B	C	D	E	F
1	이름	국어	영어	소계	수학	합계
2	김광형	63	95	158	63	221
3	이기현	75	88		75	
4	서래한	98	85		98	
5						

수식 기록

4-2. Range 개체.메서드 명령문

메서드 명령어를 사용하여 Range 개체를 편집하는 명령문으로 다음 작업을 할 수 있습니다.

- Range 개체를 복사, 잘라내기, 붙여넣기, 선택하여 붙여넣기
- Range 개체를 삭제, 지우기, 삽입, 이동, 찾기, 바꾸기 등

<명령문 형식>

> **Range 개체.메서드**   or
> **Range 개체.메서드 매개변수:= 값**   or
> **변수 = Range 개체.메서드**

<Range 개체.메서드 명령문 종류>

✓ Select	: Range 개체(범위, 셀) 선택
✓ Activate	: 범위(셀) 활성화
✓ Copy	: 범위(셀) 복사
✓ Cut	: 범위(셀) 잘라내기
✓ Paste	: 복사/잘라내기 한 범위(셀)를 붙여넣기
✓ PasteSpecial	: 선택하여 붙여넣기
✓ Delete	: 범위(셀) 삭제
✓ Count	: 범위(셀)의 수
✓ Insert	: 범위(셀) 삽입
✓ Merge, Unmerge	: 범위의 셀 병합, 병합 해제
✓ Clear	: 범위(셀)의 내용, 서식 등 지우기
✓ Replace	: 찾은 내용을 새로운 값으로 대체
✓ Find, FindNext	: 조건에 맞는 범위(셀) 찾기
✓ AutoFit	: 자동으로 셀 높이, 너비 맞춤
✓ AutoFill	: 자동으로 범위(셀)을 채우기
✓ Sort	: Range 개체의 데이터 정렬

1) **Select** 메서드 : 활성화 된 시트의 Range 개체 선택

┌─<예문>───┐

Range("B9:E11").Select   'B9:B11] 범위 선택

Sheets("연습").[B9:E11].Select   '활성화된 '연습' 시트의 [B9:B11] 범위 선택

└───┘

2) **Activate** 메서드 : Range 개체 활성화

┌─<예문>───┐

[B9:E11].Activate   'B9:B11] 범위를 활성화 (실제 ActiveCell은 [B9]셀 임)

Sheets("연습").[B9:E11].Activate   '활성화된 '연습' 시트의 [B9:B11] 범위 활성화

└───┘

※ 주의 : **Range 개체의 Select 와 Activate**

해당 시트를 먼저 활성화한 후 사용할 수 있는 메서드입니다.

예) Worksheet("연습").[A1].Select (or Activate)

- '연습'시트가 활성화된 경우는 위의 명령문 사용이 가능하지만 아니면 오류가
발생하므로 해당 시트를 먼저 활성화 필요

☞ 가능한 명령문 : Worksheet("연습").Activate

[A1].Select

3) **Copy** 메서드 : Range 개체를 복사[하여 붙여 넣기]

➤ **Range 개체.Copy [셀 주소]**
or **Range 개체.Copy [Destination:= 셀 주소]**

✓ **매개변수(Destination)** : 생략하면 클립보드(컴퓨터의 임시 저장 영역)에만 복사
- 셀 주소 : 복사하여 붙여넣기 할 위치의 셀(범위)

┌─<예문>───┐

Range("B9:E11").Copy   'B9:B11] 범위 내용을 클립보드에 복사

[B9:E11].Copy Destination:= Range("A14")

  or Range("B9:E11").Copy [A14]   'B9:B11] 범위의 내용을 복사하여 [A14]셀에 붙여넣기

└───┘

4) Cut 메서드 : Range 개체 잘라내기 [하여 붙여넣기]

(Copy 메서드와 동일한 방법 사용)

> **Range 개체.Cut** [셀 주소]

or **Range 개체.Cut** [Destination:= 셀 주소]

✓ **매개변수(Destination) :** 생략하면 클립보드에만 복사

- 셀 주소 : 붙여넣기 할 위치의 셀(범위)

┌─<예문>─

[B9:E11].Cut   '[B9:B11] 범위를 잘라내기 하여 클립보드에 복사

[B9:E11].Cut Destination:= [A14]

   or [B9:E11].Cut [A14]   '[B9:B11] 범위를 잘라내기 하여 [A14]셀에 붙여 넣기

---

5) Paste 메서드 : 복사 또는 잘라내기 한 셀을 붙여넣기

> <u>**Worksheet 개체.Paste**</u> [셀 주소]

or <u>**Worksheet 개체.Paste**</u> [Destination:= 셀 주소]

※ Paste 메서드는 클립보드에 저장하여 사용해야 하므로 <u>Worksheet 개체</u>의 Paste 메서드
문을 사용합니다.

┌─<예문>─

Range("B9").Copy

Range("B10:D11, B13:C14").Select

ActiveSheet.Paste   '[B9]셀을 복사하여 [B10:D11] 범위와
                                           [B13:C14] 범위에 붙여넣기

or ActiveSheet.Paste [B10:D11, B13:C14]   '위와 동일한 결과

or ActiveSheet.Paste Destination:= [B10:D11, B13:C14]

---

6) PasteSpecial 메서드 : 선택하여 붙여넣기

> **Range 개체.PasteSpecial [Paste, Operation, SkipBlanks, Transpose]**
> or **Range 개체.PasteSpecial Paste:= Paste매개변수, ~, ~, ~**

(이 명령문은 아래의 '선택하여 붙여넣기' 대화 상자를 매개변수화 한 것임)

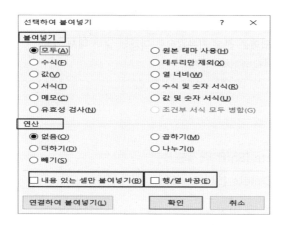

✓ **Paste 매개변수 :** 붙여넣기

   - xlPasteAll   : 모든 내용 붙여넣기(기본값)

   - xlPasteFormulas   : 수식 붙여넣기

   - xlPasteValues   : 값 붙여넣기

   - xlPasteFormats   : 서식 붙여넣기

✓ **Operation 매개변수 :** 연산

   - xlPasteSpecialOperationNone   : 연산 없이 붙여넣기(기본값)

   - xlPasteSpecialOperationAdd   : 복사한 셀 값 + 대상 셀 값

✓ **SkipBlanks 매개변수 :** 내용이 있는 셀만 붙여넣기

   - True (빈 셀 제외 후 붙여넣기), False (기존유지 : 기본값)

✓ **Transpose 매개변수 :** 행/열 바꾸기

   - True(행/열 바꾸기),   False(기존 유지 : 기본값)

```
─<예문>─
Range("B3:D10").Copy

Range("E3").PasteSpecial                              '[E3]셀에 모두 붙여넣기(기본값)

[E3].PasteSpecial xlPasteFormats                      '서식 붙여넣기

[E3].PasteSpecial xlPasteValues                       '값 붙여넣기

[E3].PasteSpecial Paste:=xlPasteAll, Operation:=xlNone, SkipBlanks:=False, Transpose:=True
            '모두 붙여넣기(xlPasteAll), 연산 않음, 내용이 있는 셀만 붙여넣기, 행/열 바꿈(True)
            (행/열 바꿈 외에는 전부 기본값으로 아래와 같이 대체 가능)
     ☞   [E3].PasteSpecial Transpose:=True
```

7) Delete 메서드 : Range 개체 삭제

> **Range 개체.Delete [Shift 매개변수]**
>   or **Range 개체.Delete [Shift:= Shift 매개변수]**

✓ **Shift 매개변수** : 삭제 후 밀기(생략하면 삭제한 개체의 모양에 따라 자동으로 밀기)
  - xlShiftUp   : 삭제 후 위로 밀기
  - xlshiftToLeft   : 사게 후 왼쪽으로 밀기

```
─<예문>─
Range("B9:E11").Delete xlShiftUp        '[B9:B11] 범위 삭제 (범위를 위로 밀기)
[B9:E11].Delete Shift:= xlShiftUp       '(상동)
[B9:E11].Delete                         '[B9:B11] 범위 삭제 (밀기는 자동 설정)
[B9:E11].Delete xlShiftToLeft           '상동 (왼쪽으로 밀기)
[B9:E11].EntireRow.Delete               '[9:11] 행 전체 삭제
```

8) Count 메서드 : Range 개체 범위의 셀의 수

```
─<예문>─
n1 = Range("B9:E11").Count                    'n1 변수에 [B9:E11]범위 셀의 수 할당.
n2 = Rows.Count                               'n2 변수에 총 행의 수 할당
m = Activesheet.UsedRange.Rows.Count          'm 변수에 활성화 시트의 사용된 셀 행의 수 할당
Cells(Rows.Count,1).End(xlup).Select '       '[A]열에 행 방향 마지막 데이터가 입력된 셀 선택
```

9) Insert 메서드 : 복사한 Range 개체 또는 지정한 Range 개체를 삽입

> **Range 개체.Insert Shift:= Shift 매개변수**

✓ **Shift 매개변수** : 개체 삽입 후 밀기 방향 (생략할 경우 자동으로 밀기)
- xlShiftDown : 개체 삽입 후 아래로 밀기
- xlshiftToRight : 오른쪽으로 밀기

─<예문>─

[B9:E11].Insert Shift:= xlShiftDown	
	'[B9:E11] 범위 삽입 (아래쪽으로 밀기)
Range("B9:E11").Insert	'[B9:E11] 범위 삽입 (밀기는 자동 설정)
[B:E].Insert	'[B:E] 열 삽입 (=Columns("B:E").Insert)
[9:11].Insert	'[9:11] 행 삽입 (=Rows("9:11").Insert)
[B9:E11].EntireRow.Insert	'[9:11] 행 전체 행 삽입 (아래쪽으로 밀기 자동 실행)
Rows(5).Copy	'[5] 행을 복사하여
[A7].Insert	'[7] 행에 삽입 (아래로 밀기 자동 실행)

10) Merge, UnMerge 메서드 : Range 개체를 병합하거나 병합 해제

> **Range 개체.Merge [매개변수]**   : Range 개체를 병합

> **Range 개체.UnMerge**   : 병합된 Range 개체의 병합 해제

✓ **매개변수**
- True : 행 단위로 병합
- False : 범위 전체 병합 (기본값 : 생략 가능)

─<예문>─

Range("B9:E11").Merge	'[B9:E11] 범위를 병합
[B9:E11].Merge True	'[B9:E11] 범위를 행 단위로 병합
	([B9:E9], [B10:E10], [B11:E11] 각 행 병합)
[B9:E11].UnMerge	'병합된 [B9:E11] 범위의 병합 해제

11) Clear 메서드 : Range 개체의 내용 또는 서식 지우기

> ※ Delete는 내용을 삭제하고 이웃 범위(셀)를 밀기 하는데 비해 Clear는 밀기 없이 지우기
> 만 하는 명령문.

- ➤ **Range 개체.Clear**   : 내용, 서식 등 모두 지우기
- ➤ **Range 개체.ClearContents**   : 내용 (값, 수식 등) 지우기
- ➤ **Range 개체.ClearFormats**   : 서식 지우기
- ➤ **Range 개체.ClearComents**   : 메모 지우기

―<예문>―
```
Range("B9:E11").Clear          '[B9:E11] 범위를 모두 지우기
[B9:E11].ClearContents         '[B9:E11] 범위의 내용 지우기
[B9:E11].ClearFormats          '[B9:E11] 범위의 서식 지우기
```

12) Replace 메서드 : Range 개체에서 지정한 데이터를 찾아 내용 바꾸기

> ➤ **Range 개체.Replace [What:=]찾을 내용, [Replacement:=]바꿀 내용**

✓ **매개변수**
- What   : 찾을 내용(생략할 수 없음)
- Replacement   : 바꿀 내용(생략할 수 없음)

―<예문>―
```
Columns("B:F").Replace What:= "홍길동", Replacement:= "길동홍"
  or Columns("B:F").Replace "홍길동", "길동홍"        "홍길동'을 찾아 전부 "길동홍"으로 변경.
```

13) Find, FindNext 메서드 : Range 개체의 범위에서 지정한 데이터 찾기(Find),
Find하여 찾은 다음 셀부터 찾기(FindNext)
(엑셀의 찾기/바꾸기 기능을 매크로 코드화)

> **Range 개체.Find(What:= 찾을 내용** [, After, LookIn, LookAt, SearchOrder,
Searchdirection, MatchCase]**)**

or **Range 개체.Find(찾을 내용)**

✓ **What 매개변수** : 찾을 내용(생략할 수 없음)

✓ **What외 매개변수** : 생략 가능
- After   : 검색 시작 셀 (생략시 범위의 좌상 셀)
- LookIn   : 찾은 데이터 유형 ☞ xlValues(값), xlFormulas(수식)
- LookAt   : 일치 옵션 ☞ xlPart(부분 일치 : 기본값), xlWhole(전체)
- SearchOrder   : 검색 옵션 ☞ xlByRows(가로 검색), xlByColumns(세로)
- SearchDirection : 검색 방향 ☞ xlNext(다음 검색), xlPrevious(이전 검색)
- MatchCase   : 대소문자 구분 ☞ True, False(해제, 기본값)

> **Range 개체.FindNext(After)**

✓ **After 매개변수** : 다시 찾기를 시작할 셀 개체(먼저 찾은 셀)
(다시 찾기는 이 After셀의 다음부터 시작)

─<예문>─

[B3:E90].Find(What:= "홍길동").Select or
[B3:E90].Find("홍길동").Select
　　　　　　　　　　'[B3:E90] 범위에서 '홍길동'을 찾아 선택
Set 셀A = Columns("B:F").Find("홍길동")
　　　　　　　　　　'[B:F]열에서 첫 번째 '홍길동'을 찾아 그 셀을 '셀A' 개체 변수에 할당
Set 셀B = Columns("B:F").FindNext(셀A)
　　　　　　　　　　'위에서 찾은 '홍길동'이 있는 셀(셀A) 다음 셀부터 검색하여 '홍길동'을
　　　　　　　　　　찾아 그셀을 '셀B' 개체 변수에 할당

---

14) AutoFit 메서드 : Range 개체의 행 높이나 열 너비를 자동으로 크기 맞추기

> **[Range 개체.]Rows(or Columns).AutoFit**

※ [Range 개체] : Rows, Columns 속성에 셀 범위가 포함되면 Range 개체 불필요

<예문>

Columns("B:F").AutoFit   '[B:F]열의 너비를 자동으로 맞춤

[B9:E11].Rows.AutoFit   '[B9,E11] 범위의 행 높이를 자동으로 맞춤

---

15) AutoFill 메서드 : Range 개체의 내용을 지정한 범위의 셀에 자동으로 채우기

> **Range 개체.AutoFill [Destination:=]매개변수[, Type]**

✓ **Destination** 매개변수 : 자동으로 채우기 하는 지정한 범위

   (Destination 범위 : 반드시 '<u>Range 개체</u>'를 포함해야 함)

✓ **Type** 매개변수 : 채우기 방법을 지정하는 상수(생략 가능)

    - xlFillDefault   : 자동 채우기(기본값)

    - xlFillcopy   : 셀 복사하기

    - xlFillSeries   : 연속 데이터 채우기

    - xlFillFormats : 서식만 채우기

    - xlFillValues   : 값 채우기

<예문>

Range("B2:B3").AutoFill Destination:= Range("<u>B2</u>:B90")

 or [B2:B3].AutoFill [<u>B2</u>:B90]   '[B2:E3] 범위의 내용을 [B2:B90] 범위에 자동으로 채우기

                           (밑줄은 지정한 Range 개체[B2:B3]를 포함해야 함)

[B2:B3].AutoFill [<u>B2</u>:B90], xlFillFormats

                       '[B2:E3] 범위의 내용을 [B2:B90] 범위에 서식만 복사하여 채우기

---

16) Sort 메서드 : 지정한 범위를 순서대로 정렬

> **Range 개체.Sort key1, order1**[, key2, order2, key3, order3,Headers]

✓ **key1, order1** 매개변수 : 첫 번째 정렬 필드와 정렬 순서 지정

 - **key1**(필수)   : 첫 번째 정렬 필드(형식 : key1:=Range개체)
 - **order1**(필수)   : 첫 번째 정렬 순서(형식 : order1:=**순서**)
 - **순서**(택1)   : xlAscending(오름 차순 : 기본값), xlDescending(내림 차순)

✓ **key2, order2, key3, order3** : 선택

 - 두 번째와 3번째 정렬 필드가 있을 경우 지정
 - 표시 형식은 key1, order1과 동일

✓ **Headers** 매개변수 (선택) : 첫 행에 머리글 정보 여부 지정(머리글은 정렬 안 함)
                (형식 : Header:=머리글 정보)

 - xlNo (기본값) : 머리글 정보 없음
 - xlYes   : 머리글 정보 있음
 - xlGuess   : 머리글이 있는지 자동으로 판단

─<예문>─

[B3].CurrentRegion.Select   [B3]셀이 포함된 데이터 범위 선택
Selection.Sort key1:=[B1], order1:=xlAscending, Headers:=xlYes
                    선택 영역 정렬 : [B1]셀 기준, 오름 차순, 머리글 정보 있음

《실행 결과 예》

	A	B	C	D
1	사번	이름	입사일자	전화번호
2	1292	강경도	2010-01-20	010-1591-4641
3	1408	공광천	2009-02-12	010-6074-2988
4	1003	구경만	2009-06-09	010-6061-3544
5	1482	권광준	2007-08-22	010-1554-4595
6	1465	궈귀굵	2005-11-16	010-2950-6241

※ 'Header:=xlYes'를 생략할 경우 : 첫 행도 포함하여 정렬

Chapter 5. Application 명령문

Application 명령문은 엑셀의 최상위 개체인 엑셀(Excel)의 각종 기능을 제어하는 명령문입니다.

이 장에서는 Application 명령문 중에서 많이 사용되는 명령문에 대해 알아보겠습니다.

【 유용한 Application 명령문 】

✓ StatusBar   : 상태 표시줄을 제어하는 명령문
✓ DisplayAlerts   : 경고 표시를 설정하는 명령문
✓ ScreenUpdating   : Display 화면의 Update 여부를 설정
✓ Quit   : 엑셀을 종료하는 명령문
✓ CutCopyMode   : 복사 후 이동 테두리 해제 명령문
✓ WorkshseetFunction   : 엑셀의 워크시트 함수를 매크로 코드에 사용할 수 있도록 하는 명령문

예) WorksheetFunction.Sum ([A1:A3])

1) Application.StatusBar : 상태 표시줄 속성 제어 명령문

프로시저를 실행할 때 시트 하단의 상태 표시줄에 프로시저의 진행 상황을 표시

> **Application.StatusBar = True** or False

> **Application.StatusBar = "메시지"**

✓ **True, False** : 기본값 = False (생략 가능)

  - True : 사용자 제어(원하는 메시지 표시 가능)

  - False : Excel 에서 제어하는 초기화 설정 상태

✓ **"메시지"** : 사용자가 원하는 정보를 "메시지"로 표시

※ 프로시저 시작 부분에 True 또는 "메시지"를 설정하였다면 프로시저 마지막 부분에 다시 False로 설정하여 초기화하여야 Excel 초기값으로 전환됩니다.

```
Sub 상태표시줄( )                      251_01
   Dim i As Long, 합 As Long
   For i = 1 to 50000                      'Chapter 7-3. For ~ Next 순환문 참조
      합 = 합 + i                          (1~50000까지 순환)
      Cells(i, 1) = i
      Cellss(i, 2) = 합
      If i Mod 500 = 0 then                'i = 500 마다
①       Application.StatusBar = i & "번 실행 중입니다."
      End If
   Next i
   Application.StatusBar = False           '종료 후 상태 표시줄 설정 초기화
End Sub
```

① 매크로 실행 중 시트 하단 상태 표시줄에 설정한 메시지가 표시됩니다.

상태표시줄
500 번 실행중 입니다.

2) Application.DisplayAlerts : 경고 창의 표시 여부를 설정하는 명령문

> **Application.DisplayAlerts = True** or False

✓ **True, False**
- True : 경고 창 표시(기본값 : 생략 가능)
- False : 경고 창이 표시되지 않음

엑셀의 시트를 삭제하거나 파일 닫기 등을 할 때 아래와 같은 경고 창이 표시됩니다.

이러한 경고 창은 프로시저를 실행할 때 프로시저 진행에 상당한 방해를 줄 수가 있기 때문에 이러한 경고 창을 표시 또는 표시되지 않도록 설정하는 명령문입니다.

※ 프로시저 시작 부분에 False로 설정한 후 프로시저 마지막 부분에서 다시 True로 설정하여 프로시저 종료 후 정상적인 경고 창이 표시 되도록 초기화 필요

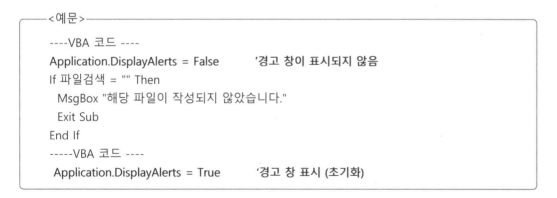

3) Application.ScreenUpdating

: 매크로가 실행되는 동안 실행되는 내용을 화면에 업데이트를 할 것인지 여부 설정

> **Application.ScreenUpdating = True** or False

✓ **True, False**

- True(기본값) : 업데이트 설정(실행되는 화면을 볼 수 있음)
- False : 업데이트 설정 해제(실행되는 화면은 볼 수 없고 실행 결과만 표시)

업데이트 설정을 해제(False)하면 매크로 실행 과정은 볼 수 없지만 속도는 빨라지며 프로시저를 종료할 때 다시 True로 설정하여 초기화 필요

```
Sub 화면업()        251_02
  Application.ScreenUpdating = False        '업데이트 설정 해제
  For i = 1 To 100000
    Cells(i, 4) = i
  Next
  Application.ScreenUpdating = True         '업데이트 재설정
End Sub
```

※ 위의 프로시저는 업데이트 설정을 해제하였기 때문에 순환문 전체를 실행한 후 [D1:D100000]셀에 실행 결과를 일괄 기록합니다.

4) Application.Quit : Application(엑셀) 종료

> **Application.Quit**

※ 엑셀을 종료할 때 문서가 열려 있고 변경 내용이 저장되지 않았을 경우 저장할 것인지 묻는 대화 상자가 표시되므로 경고 창이 표시되지 않게 하려면 Application.DisplayAlerts 명령문을 사용합니다.

<예문>
```
---VBA 코드 ------
Application.Quit                    '엑셀 종료
```
---

5) Application.CutCopyMode

: 복사 또는 잘라내기 명령 실행 후 이동 테두리(선택 영역) 해제

➢ **Application.CutCopyMode = True** or **False**

✓ **True, False** : 둘 다 잘라내기 복사 모드 해제

복사 또는 잘라내기 실행 후 이동 테두리 흔적을 남지 않게 하려면 CutCopyMode = False or True로 설정합니다.

<예문>

[A1:B4].Copy
[D1].PasteSpecial
Application.CutCopyMode = False   '이동 테두리 해제

※ 위의 명령문에서 'Application.CutCopyMode = False'를 생략하면
   아래와 같이 프로시저 종료 후에도 이동 테두리가 계속 남게 됩니다.

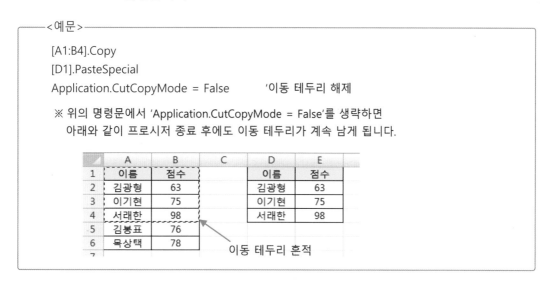

※ **참고** : 위의 예문과 같이 복사하고 나면 최종 복사된 영역이 선택된 영역으로 남게 되므로
   (아래의 경우 [D1:E4]) 별도의 선택 명령을 추가(예: [A1].Select)하면 해제됩니다.

6) Application.WorksheetFunction.워크시트 함수

: VBA 코드에 워크시트 함수를 사용할 수 있도록 하는 명령문

➢ **Application.WorksheetFunction.워크시트 함수**   or

➢ **WorksheetFunction.워크시트 함수**   or

➢ **Application.워크시트 함수**

※ Application or WorksheetFunction 중 1개 생략 가능 (위 참조)

✓ **워크시트 함수의 입력 형식 : 함수 이름(Range 개체)**

사용되는 함수의 표시 형식은 워크시트 함수와 약간 다릅니다.

(사용 예)

워크시트 함수	VBA 명령문 워크시트 함수
= Sum(A1:D1)	WorksheetFunction.Sum (Range("A1:D1")) or WorksheetFunction.Sum ([A1:D1])

<예문>

n = Application.WorksheetFunction.SumIf ([A1:E1], ">70")   or

n = WorksheetFunction.SumIf ([A1:E1], ">70")   or

n = Application.SumIf ([A1:E1], ">70")   '[A1:E1] 범위의 셀 값이 70 보다 큰 셀의 합계를 n
                                                 변수에 할당

[B2].Value = Application.Sum ([A1:E1])   '[B2]셀에 [A1:E1]범위의 합계를 기록

Chapter 6. 연산자, 함수

데이터의 효율적인 처리를 위해 VBA는 여러가지 연산자와 함수를 사용합니다.

이 장에서는 프로시저 작성시 계산을 위해 사용되는 각종 부호(연산자)와 함수에 대해 알아보겠습니다.

【 연산자 】

- ✓ 산술 연산자   : 더하기 빼기 등 기본적인 연산자
- ✓ 연결 연산자   : 문자열을 연결하는 연산자
- ✓ 비교 연산자   : 두 개의 변수를 비교하는 연산자
- ✓ 논리 연산자   : And, Or 등 논리적인 작업을 하는 연산자

【 함수 】

- ✓ MsgBox, InputBox   : 대화 상자를 사용하는 함수
- ✓ 문자열 처리 함수   : 문자열을 편집하는 함수
- ✓ 숫자 처리 함수   : 숫자를 편집하는 함수
- ✓ 날짜 시간 함수   : 날짜를 편집하는 함수
- ✓ 배열 함수   : 배열 변수와 관련된 함수
- ✓ 기타 함수   : 그 외의 함수
- ✓ 오류 처리, 경고 함수 : 오류와 관련된 함수
- ✓ 경로, 파일 관련 함수 : 경로/파일을 편집하는 함수

6-1. 연산자

프로시저에 사용되는 연산자(계산 부호)는 산술 연산자, 비교 연산자, 논리 연산자 등이 있으며 연산 우선 순위는 다음과 같습니다.

✓ 산술 연산자 > 비교 연산자 > 논리 연산자

1) 산술 연산자

: 가장 기본적인 계산 부호로 더하기, 빼기, 곱하기, 나누기 등이 있습니다.

+	: 더하기	예) n1 + n2, 3 + 4	→ 7
-	: 빼기 or 음수 기호	예) n1 - n2, 3 – 4	→ -1
*	: 곱하기	예) n1 * n2, 3 * 4	→ 12
/	: 나누기	예) n1 / n2, 3 / 4	→ 0.75
^	: 거듭 제곱	예) 3^2	→ 9
₩	: 나누기 후 몫(정수)	예) 8 ₩ 3	→ 2
Mod	: 나누기 후 나머지	예) 8 Mod 3	→ 2

<연산자 우선 순위>

① ^ > *,/ > ₩ > Mod > +,-
② 우선 순위가 동일할 때 : 왼쪽 연산 우선
③ 괄호( ) 안 연산 우선

─<예문>─

₩ (몫) 과 Mod (나머지)

: 정수에서 정수를 나누어 정수 몫과 나머지를 구하는 연산자입니다.
실수에서 실수를 나누어도 몫과 나머지를 구하지만 결과는 반올림한 경우와 그렇지 않은 경우가 있습니다.

예) 7.5 ₩ 2.6 → 2   7.5 Mod 2.6 → 2
    7.5 ₩ 2.5 → 4   7.5 Mod 2.5 → 0

---

2) 연결 연산자

: 문자열을 연결하는 연산자로 다음 종류가 있습니다.

&   : 문자열을 연결할 때 사용

      예) "워크" & "시트"   → "워크시트"

          "시트" & 2   → "시트2"

+   : 수식은 더하고 문자열은 연결

       (문자열 연결은 '&' 연산자 사용 권장)

      예) 2 + 2 (숫자)   → 4 (숫자)

          25.04 + 350   → 375.04

          "34" + 6   → 40 ("34"를 숫자로 인식)

          "34" + "6"   → "346"

          "연" + "결"   → "연결"

※ VBA 상수

: 연결 연산자 역할을 하는 VBA 상수입니다.

vbLf = Chr(10) : 줄 바꾸기(Lf : Line Feed)
(셀에서 Alt + Enter키를 누르는 효과가 있음)

      예) "워크" & vbCr & "시트"   → "워크"

                                      "시트"

vbCr = Chr(13) : 줄 바꾸기 (Cr : Carriage Return)

       (키보드에서 Enter키(Carriage Return)를 누르는 효과가 있음)

      예) "워크" & vbCr & "시트"   → "워크"

                                      "시트"

      ※ 셀 값의 줄 바꾸기는 vbLf를 사용해야 함.

vbTab = Chr(9) : Tab 문자

      예) "워크" & vbTab & "시트"   → "워크   시트"

3) 비교 연산자

: 두 개의 변수를 비교하여 맞으면 True, 틀리면 False를 반환하는 연산자로 다음 종류 가 있습니다.

<	: 보다 작다	예) 3 < 4	→ True
<=	: 보다 작거나 같다	예) 3 <= 4	→ True
>	: 보다 크다	예) 3 > 4	→ False
>=	: 보다 크거나 같다	예) 3 >= 4	→ False
=	: 같다	예) 3 = 2	→ False
<>	: 같지 않다	예) 3 <> 4	→ True
like	: 문자열 비교 연산자	예) 아래 참조	
Is	: 개체 비교 연산자	예) 아래 참조	

【 Like, Is 연산자 추가 설명 】

✓ **Like 연산자** : 문자열의 형식이 일치하는지 비교하여 일치하면 True,
그렇지 않으면 False를 반환

➢ **변수(논리형) = 문자열 Like 패턴**

(예문) If 파일명 Like "*.xlsx" Then "파일명' 변수의 형식이 '*.xlsx' 이면 다음진행

<패턴에 쓰이는 문자>

패턴 내 문자	설명	예문
?	한 문자	"BOOK" Like "BO?K" → True
*	0개 이상의 문자	"TOOK" Like "B*K" → True
#	한 숫자 (0~9)	"B5K" Like "B#K" → True
[문자]List	문자 List에 있는 문자	"B" Like "[K-Z]" → False
[!문자]List	문자 List에 없는 문자	"B" Like "[!K-Z]" → True

✓ **Is 연산자** : 두 개체가 동일한지 비교하여 True, False를 반환

➢ **변수(논리형) = 개체1 Is 개체2**

(예문) Dim 셀A As Range   'Range 개체 셀A = 선언과 동시에 Nothing 할당
        If 셀A Is Nothing Then   'True

4) 논리 연산자

: 논리적인 작업을 하는 연산자로 다음 종류가 있습니다.

✓ **And : 변수(논리형) = 논리식1 And 논리식2**

좌우 논리곱을 구하는 연산자로 좌우 논리식이 모두 True이면 True, 좌우 하나만 False이면 False입니다.

(예문)	5>4 And 4>3	→ True
	5>4 And 3>4	→ False

✓ **Not : 변수(논리형) = Not (논리식)**

식의 논리적 부정을 구합니다.

(예문)	Not (5>4)	→ False
	Not (3>4)	→ True

✓ **Or : 변수(논리형) = 논리식1 or 논리식2**

좌우 논리합을 구하는 연산자로 좌우 논리식이 모두 False이면 False, 좌우 하나만 True 이면 True입니다.

(예문)	5>4 Or 3>4	→ True
	4>5 Or 3>4	→ False

그 외 Xor, Eqv, Imp 등의 논리 연산자가 있습니다.

6-2. 대화상자 함수, 개체 관련 명령문

1) MsgBox 함수

: 프로시저 실행 중 대화상자를 통해 메시지를 사용자에게 전달하기 위한 함수

(1) 메시지 전달 함수 : 괄호 없음

> **MsgBox 메시지 [, 대화상자 종류] [, 제목]**

(2) 결과를 반환하는 함수 : 괄호 있음

> **변수 = MsgBox (메시지 [, 대화상자 종류] [, 제목])**

✓ **메시지** : " " 안에 전달할 메시지 작성 (필수 항목)

✓ **제목** : " " 안에 대화상자 제목 작성 (생략 가능)

✓ **대화상자 종류** : 종류 값 또는 기호상수값 입력 (생략 가능)

종류값	표시되는 대화상자(단추)	기호상수값(대체 기호)
0 (기본값)	[확인]	vbOKOnly
1	[확인], [취소]	vbOKCancel
2	[중단], [다시 시도], [무시]	vbAortRetryIgnore
3	[예], [아니오], [취소]	vbYesNoCancel
4	[예], [아니오]	vbYesNo
5	[다시 시도], [취소]	vbRetryCancel

✓ **단추 별 변수에 반환되는 값** : 결과를 반환하는 MsgBox를 사용하였을 때 대화상자의 선택하는 단추에 따라 아래의 상수값 또는 종류값 반환

단추	상수값	종류값	단추	상수값	종류값
[확인]	vbOK	1	[무시]	vbIgnore	5
[취소]	vbCancel	2	[예]	vbYes	6
[중단]	vbAbort	3	[아니오]	vbNo	7
[다시 시도]	vbRetry	4			

<예문>

① MsgBox "점수가 입력되지 않았습니다", 2, "확인"   '메시지 표시

② BB = MsgBox ("점수가 입력되지 않았습니다", 2, "확인")   '결과 반환

① 이 명령문은 화면에 대화상자(2번)만 표시되고 결과는 반환되지 않습니다.

② ( )가 포함된 대화상자 : 선택하는 결과를 BB 변수에 반환

예) 아래와 같이 표시되는 2번 대화상자에서 선택하는 단추에 따라 BB 변수에 할당

'중단' 선택 : BB = 3 또는 vbAbort, 다시 시도 = 4, 무시 = 5

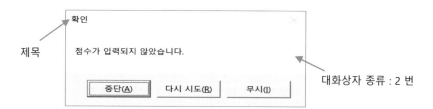

제목 →

대화상자 종류 : 2 번

<예문2>

① MM = MsgBox ("파일을 저장하고 닫습니다.", vbYesNo, "파일닫기")
② If MM = vbYes Then
    ActiveWorkbook.Close Savechanges:=True
③ Else
    ActiveWorkbook.Close Savechanges:=False
  End If

① 아래의 대화상자(4번)가 표시되며 선택하는 결과는 MM 변수에 할당

(VbYesNo는 4로 대체 가능)

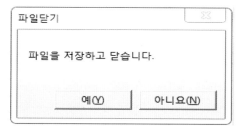

② MM 변수의 상수값이 vbYes ('예' 단추 선택)이면 활성화된 파일을 저장하고 닫으며

③ 아니면 ('아니오' 단추 선택 : vbNo) 파일을 저장하지 않고 닫음

2) InputBox 함수 : 프로시저 실행 중 자료를 입력 받을 때 사용하는 대화상자 함수.

> **변수 = InputBox (메시지 [, 제목] [, 초기값])**

　　　　(InputBox 대화상자에 입력되는 값을 변수에 할당)

✓ **메시지** : " " 안에 전달할 메시지 작성(필수 항목)

✓ **제목**　: " " 안에 대화상자 제목 작성(생략 가능)

✓ **초기값** : 입력의 편의를 위해 빈도가 높은 값을 초기값으로 설정할 수 있음(생략 가능)

───<예문>───

① 　nn = InputBox ("점수를 입력하세요", "점수입력", 90)

① 이 명령문을 실행하면 아래의 대화상자가 표시되고 점수를 입력 받아 (점수를 입력하고 '확인' 클릭) nn 변수에 할당

- 대화상자에 '점수를 입력하세요' 메시지 표시
- '점수입력' 제목 표시
- 입력란에 설정한 내정(초기) 값 90 표시

※ 위에서 [취소] 단추를 선택하면 nn 변수에 빈 문자열("") 할당

3) With ~ End With 문

: 반복적으로 사용하는 개체 또는 속성을 With문으로 단순화

➢ **With 개체[.속성]**　　　　　: 생략할 개체[.속성] 일괄 정의

　.메서드 or .속성 = 값　　: 앞에 개체[.속성] 생략

　End With

<프로시저 예문> With 문

```
Sub With문()                  '262_01
  With Worksheets('함수1").Range("A2:A6").Font
    .Name = "맑은 고딕"
    .Size = 12          'Worksheets('함수1").Range("B3:B5").Font 생략
    .Bold = True
  End With
End Sub
```

4) Set 문 : 개체 변수를 정의하는 명령문

: With ~ End With 문과 같이 반복 사용하는 개체 또는 속성을 Set 문을 사용하여 변수로 정의하여 표시

➢ **Set 변수 = 개체[.속성]**

```
─<예문>─
Set VA = Worksheets('연습").Range("B3:B5").Font
  VA.Name = "맑은 고딕"
  VA.Size = 12
  VA.Bold = True

Set 시트B = WorkBoooks("파일1.xlsx").Worksheets('연습")
  시트B.[B7].Value = 시트B.[C2]                '[B7]셀에 [C2]셀의 값 기록
```

6-3. 문자열 처리 함수

1) Left, Right, Mid 함수 : 문자열을 지정한 크기만큼 취하는(자르기 하는) 함수

> **Left(문자열, 개수)**   : 문자열 왼쪽에서 개수 만큼 취하기

> **Right(문자열, 개수)**   : 문자열 오른쪽에서 개수 만큼 취하기

> **Mid(문자열, 시작, 길이)**   : 문자열의 시작에서 길이 만큼 취하기

─<예문>─

SA = "Excel 매크로"

[A1] = Left(SA, 4)   '[A1]셀에 'Exce' 기록

[A2] = Right(SA, 4)   '[A2]셀에 ' 매크로'(공백 포함 4문자) 기록

[A3] = Mid(SA, 2, 4)   '[A1]셀에 'el 매' 기록

---

2) 대소문자 변환 함수(Lcase, Ucase, Format)

: 문자열의 영문 알파베트를 대문자로 변환하는 함수 Ucase, Format(">")와 소문자로
변환하는 함수 Lcase, Format("<")

> **Ucase(문자열)** or **Format(문자열, ">")**   : 문자열을 대문자로 변환

> **Lcase(문자열)** or **Format(문자열, "<")**   : 문자열을 소문자로 변환

─<예문>─

Lcase("Excel Macro")   ''excel macro'

Format("Excel Macro", ">")   ''EXCEL MACRO'

---

3) LTrim, RTrim, Trim 함수 : 문자열의 공백을 제거하는 함수

- ➤ **LTrim(문자열)** : 문자열의 왼쪽 공백 제거
- ➤ **RTrim(문자열)** : 문자열의 오른쪽 공백 제거
- ➤ **Trim(문자열)** : 문자열의 양쪽 공백 제거

```
─<예문>─────────────────────────────────────
AA = " <Excel 매크로> "
LTrim(AA)                    "<Excel 매크로> '
RTrim(AA)                    " <Excel 매크로>'
[A1] = Trim(AA)              '[A1]셀에 '<Excel 매크로>' 기록
```

4) Len, Str 함수 : 문자열의 길이(Len)와 숫자를 문자로 바꾸는(Str) 함수

- ➤ **Len(문자열)** : 문자열의 길이를 반환
- ➤ **Str(숫자)** : 숫자를 문자로 전환

  ※ 문자로 전환하면 앞에 공백(부호 표시 용)이 추가됨

```
─<예문>─────────────────────────────────────
aa = Len("Excel 매크로")       'aa 변수에 문자의 수 = 9 할당 (공백 포함)
Str(1000)                    " 1000' (앞에 공백 추가)
[A1] = Str(-1000.22)         '[A1]셀에 문자열 '-1000.22' 기록
```

5) Replace 함수 : 문자열에서 지정한 문자(열)을 찾아 대체 문자열로 대체하는 함수

- ➤ **Replace(문자열, 찾을 문자(열), 대체 문자(열)[, 시작])**

- ✓ **문자열** : 문자열 또는 Range 개체
- ✓ **시작** : 표시할 시작 문자 (생략 가능 : 생략 시 첫 번째 문자)

```
─<예문>─────────────────────────────────────
Replace("Excel 매크로", "매크로", "Macro")          "Excel Macro'
Replace("Excel 매크로", "매크로", "Macro", 3)       "cel Macro'
```

6) InStr 함수 : 문자열에서 문자(열)를 찾아 몇 번째 있는지 알아내는 함수

➢ **변수 = InStr([시작,]문자열, 찾을 문자(열))**

※ InStrRev : 뒤에서 부터 찾기

┌─ <예문> ──┐

sa = InStr("Excel 매크로", "매")   'sa 변수에 '매' 위치 할당(= 7)

[A1] = InStr(3, "Excel 매크로", "매")   '[A1]셀에 3번째부터 찾아 '매' 위치 기록(= 7)

└──┘

7) Format 함수 : '서식'으로 지정한 표시 형식으로 변환하는 함수

➢ **변수 = Format(변환할 값(or 셀 주소), 서식)**

- 서식 : " " 표 안에 표시 형식 지정

┌─ <예문> ──┐

aa = Format(12345.6, "#,##0")   ''12,346' (소수점 이하 반올림)

aa = Format(12345.6, "#,##0.00")   ''12,345.60'

[A1] = Format(12345.6, "#,##0원")   '[A1]셀에 '12,346원' 기록

Cells(1, 1) = Format(0.123, "0.00%")   '[A1]셀에 '12.30%' 기록

aa = Format("2018-8-30", "yy-mm-dd")   'aa 변수에 '18-08-30' 할당

aa = Format(Range("A5"), "00")   'aa 변수에 '00' 형식의 [A5]셀 값 할당
                                          ([A5]셀 = 5 일 경우 aa = '05')

└──┘

8) Asc, Chr, String 함수

: 문자를 문자 코드로 변환(Asc)하고 문자 코드를 문자로 변환(Chr) 하고,

String은 지정된 길이만큼 문자열을 나타내는 함수

※ 문자 코드

A~Z : Chr(65)~Chr(90),   a~z : Chr(97) ~ Chr(122)

각종기호 : Chr(1) ~ Chr(64)

> **Asc(문자열)**   : 문자열을 문자 코드로 변환

> **Chr(문자 코드)**   : 문자 코드를 문자로 변환

> **String(반복 회수, 문자(열))**   : 반복 회수 만큼 '문자'를 반복

<예문>

Asc("F")	'70
Chr(70)	'F
Chr(43)	'+
String(5, "@")	"@@@@@'
String(5, "bA")	"bbbbb' (맨 앞 문자만 반복)
String(5, 68)	"DDDDD' (Chr(68)='D' 반복)

6-4. 숫자 처리 함수

1) Val 함수 : 문자열을 숫자로 변환하는 함수(Str 함수와 반대 개념)

> **Val(숫자 포함 문자열)** : 문자열을 숫자로 전환

※ 숫자 뒤에 공백이나 문자가 있을 경우 숫자까지만 전환

┌─<예문>─────────────────────────────────────┐

Val("3456")   '= 3456 (숫자)

Val("-34 5 6")   '= -34   (공백 앞 숫자)

Val("aa3456")   '0 (문자 앞에 숫자가 없음)

[A1] = Val(" 345aa6")   '[A1]셀에 숫자 345 기록

└───┘

2) Int, Fix, Abs 함수 : 숫자를 정수 또는 절댓값으로 전환하는 함수

> **Int(숫자)**   : 숫자를 정수로 전환 (음수의 경우 높은 수)

> **Fix(숫자)**   : 숫자를 정수로 전환 (소수점 이하는 버림)

> **Abs(숫자)**   : 숫자의 절댓값을 취함(-부호를 버림)

┌─<예문>─────────────────────────────────────┐

Int(34.56) = Fix(34.56)   '= 34

Int(-34.56)   '= -35

Fix(-34.56)   '= -34

Abs(-34.56)   '= 34.56

└───┘

3) Round, Rnd 함수 : 숫자를 반올림(Round)하고 난수를 구하는(Rnd) 함수

> **Round(숫자[, 소수점 수])** : 숫자를 반올림하는 함수

- **소수점 수** : 반올림하는 자릿수 +1 자리에서 반올림(기본값 = 0, '-'는 사용 불가)

  예) Round(34.56, 1) ☞ 34.6(소수 둘째 자리에서 반올림)

> **Rnd** : 0~1사이 난수 구하기(소수점을 포함한 실수)

  예) Rnd * 10 : 0 ~ 10사이 난수 구하기(실수)

<예문>

Round(34.56)	'= 35
Round(-34.567, 2)	'= -34.57 (소수점 3자리에서 반올림)
Rnd	'0.8384257 (난수 예)
nn = Int(Rnd * 100)	'nn 변수에 0~100사이 난수 할당

---

4) 기타 수학 함수 : 삼각 함수 등 수학 함수

함수	설명	예문
Sqr(x)	x의 제곱근	Sqr(25) → 5
Sin(x)	x의 사인값 (x는 라디안)	Sin(20) → 0.912......
Cos(x)	x의 코사인값 (x=π*각도/180)	Cos(20) → 0.408.....
Tan(x)	x의 탄젠트 값	Tan(15) → 2.237.....
Exp(x)	x의 exp 값	Exp(3) → 20.085.....
Log(x)	x의 Log 값	Log(3) → 1.098.....

6-5. 날짜, 시간 함수

이 장에서는 날짜와 시간 함수에 대해 학습합니다.

날짜와 시간의 근간은 숫자 이며, 1900년 1월 1일을 숫자 1로 하여 1일에 1을 더하는 원리로 숫자를 날짜 형식으로 표현한 것입니다. (1901년 1월 1일 = 숫자 366)

그리고, 소수점 이하의 숫자는 시간 데이터로 표현합니다.

  (0 = 0시, 0.25 = 오전 6시, 0.5 = 12시, 0.75 = 18시)

   예) 2001년 1월 1일 12:00의 숫자값 = 36892.5

1) Date, Time, Now 함수 : 오늘 날짜와 현재 시간을 반환하는 함수

> **Date**   : 오늘의 날짜를 반환하는 함수

> **Time**   : 현재 시간을 반환하는 함수

> **Now**   : 현재 날짜와 시간을 반환하는 함수

┌─ <예문> ───

dd = Date	'dd 변수에 현재 날짜를 할당
tt = Time	'tt 변수에 현재 시간을 할당
dt = Now	'dt 변수에 현재 날짜와 시간을 할당
Range("A1") = Date	'[A1]셀에 오늘 날짜(2021-09-14) 기록
Cells(2, 1) = Time	'[A2]셀에 현재 시간(11:12:23 AM) 기록
[A3] = Now	'[A3]셀에 현재 날짜와 시간 (2021-09-14 11:12:23 AM) 기록

2) Year, Month, Day 함수

: 날짜 데이터의 년도(Year), 월(Month), 일자(Day)를 반환하는 함수

- ➤ **Year(날짜)**   : 날짜 데이터의 년도를 반환하는 함수

- ➤ **Month(날짜)** : 월을 반환하는 함수

- ➤ **Day(날짜)**   : 일자를 반환하는 함수

```
 ┌─<예문>─────────────────────────────────────────┐
 │ [A1] = Year("2021-9-14")      '[A1]셀에 숫자 2021 기록         │
 │ [B1] = Year(Now)            '[B1]셀에 현재 날짜의 년도 기록      │
 │ [A2] = Month("2021-9-14")     '[A2]셀에 숫자 9 기록           │
 │ [A3] = Day("2021-9-14")       '[A3]셀에 숫자 14 기록          │
 └───────────────────────────────────────────────┘
```

3) Hour, Minute, Second 함수

: 시간 데이터의 시(Hour), 분(Minute), 초(Second)를 반환하는 함수

- ➤ **Hour(시간)**   : 시간 데이터의 시를 반환하는 함수
     (24시간 기준 숫자)

- ➤ **Minute(시간)** : 분을 반환하는 함수

- ➤ **Second(시간)** : 초를 반환하는 함수

```
 ┌─<예문>─────────────────────────────────────────┐
 │ [A1] = Hour("10:15:30 PM")     '[A1]셀에 숫자 22 기록 (22시)     │
 │ [B1] = Hour(Now)            '[B1]셀에 현재 시간의 시 기록        │
 │ [A2] = Minute("10:15:30 PM")   '[A2]셀에 숫자 15 기록          │
 │ [A3] = Second("10:15:30 PM")   '[A3]셀에 숫자 30 기록          │
 └───────────────────────────────────────────────┘
```

4) DateAdd, DateDiff 함수

: 날짜를 가감하거나(DateAdd) 날짜의 차이(DateDiff)를 구하는 함수

> **DateAdd(간격 Type, 수, 기준일)** : 기준일에서 날짜를 가감

- 간격 Type : 가감할 날짜 형태 (yyyy : 년도, q : 분기, m : 월, d : 일, ww : 주,
                      h : 시,   n : 분, s : 초)
- 수(number) : 시간 간격의 값 (양수 : 이후 날짜, 음수 : 이전 날짜)
- 기준일 : 기준이 되는 날짜

> **DateDiff(간격Type, 날짜1, 날짜2**[, 시작 요일]**)**

: '날짜1'과 '날짜2'의 차이 (시간 간격 = 날짜2 – 날짜1) 계산

- 간격 Type : DateAdd 참조
- 날짜1, 날짜2 : 계산할 두 개의 날짜
- 시작 요일 : 1주의 시작 요일 (일 : 1 ~ 토 : 7 → 생략 시 1로 할당)

<예문>

[A1] = DateAdd("d", -55, "2021-9-14")   '2021-09-14부터 55일전
                                                날짜(2021-07-21)를 [A1]셀에 기록

[A2] = DateAdd("ww", 3, "2021-9-14")   '2021-09-14부터 3주 후
                                                날짜(2021-10-05)를 [A2]셀에 기록

[A3] = DateDiff("d", "2021-9-14", "2021-6-11")   '두 날짜의 차이(-95)를 [A3]셀에 기록

---

5) DateSerial, DateValue 함수

: 숫자 또는 문자 형식의 날짜를 날짜 형식으로 변환하는 함수

➢ **DateSerial(년도, 월, 일)** : 숫자 형식의 날짜를 날짜 형식으로 변환

(년도 : 1900~9999, 월 : 1~12, 일 : 1~31 사이의 숫자)

➢ **DateValue(문자열)** : 문자 형식의 날짜를 날짜 형식으로 변환

┌─<예문>───┐

DateSerial(2021, 9, 14)   '2021-09-14
                                           '숫자 2021, 9, 14를 날짜 형식으로 전환

[A4] = DateValue("2021-9-14")   '[A4]셀에 2021-09-14 기록

DateValue("2021년 9월 14일")   '2021-09-14

└───┘

6-6. 배열 함수

1) Array 함수 : 여러 개의 값을 배열에 할당하는 함수

> ➤ **배열 = Array(배열 값)**

✓ **배열 값** : 배열에 할당할 값을 순서대로 입력

─<예문>─

AA = Array("월", "화", "수",)   '변수 AA(0) = 월, AA(1) = 화, AA(2) = 수 할당

Range("A2:E2") = Array("월", "화", "수", "목", "금")

                           '[A2:E2] 범위에 순서대로 월, 화, 수, 목, 금 기록

Worksheets(Array(1, 2)).Move After:= Sheets("연습")

                           '1, 2번 워크시트를 '연습' 시트 뒤로 이동

---

2) Split 함수 : 구분기호가 포함된 문자열을 분리하는 함수

> ➤ **변수 = Split(문자열[, 구분 기호])**

✓ **구분 기호** : '문자열'을 나눌 수 있는 구분 기호(생략 시 공백(" "))

─<예문>─

AA = Split("월,화,수,목,금", ",")   '배열 변수 'AA' 정의(각 값 할당)

                           '변수 AA(0) = 월, ~~, AA(4) = 금 할당

[A2:E2] = Split("월,화,수,목,금", ",") [A2:E2]범위에 순서대로 월, 화, 수, 목, 금 기록

For n = 0 To 4   'For ~ Next 순환문

  Cells(n+3, 2) = AA(n)   'n+3행 2열 ([B3:B7]셀)에 배열 변수를 차례로 기록

Next

---

3) Join 함수

: Split와 반대 개념의 함수로 1차원 배열의 값을 하나의 문자열로 연결하는 함수

> **변수 = Join(1차원 배열[, 구분 기호])**

✓ **1차원 배열** : 1차원 배열 변수에 포함된 각 요소의 값

✓ **구분 기호** : 배열을 나눌 수 있는 구분 기호(생략 시 공백(" "))

—<예문>—

AA = Array("월","화","수")	'배열 변수 AA 정의
Range("A2").Value = Join(AA, "-")	'[A2]셀에 Join함수로 연결된 AA 배열 변수("월-화-수") 기록
[A3] = Join(AA, Chr(10))	'[A3]셀에 AA 배열 변수 '월 ~ 수'를 줄 바꾸기 (Chr(10)) 하여 기록
	즉, 월
	화
	수 형식으로 기록

---

4) Ubound, Lbound 함수 : 배열 변수의 크기를 구하는 함수

> **Ubound(배열 변수[, 차원수])**   : 배열 크기의 최대값 구하기

> **LBound(배열 변수[, 차원수])**   : 배열 크기의 최소값 구하기

✓ **차원수** : 배열의 차원(생략 시 1차원 배열 = 1)

—<예문>—

Dim AA (1 to 10, 5)	'2차원 배열 변수 AA 선언
b1 = Ubound(AA, 1)	'b1 변수에 AA의 1차원 크기 최대값(=10) 할당
b2= Ubound(AA, 2)	'b2 변수에 AA의 2차원 크기 최대값(=5) 할당
b3= Lbound(AA, 1)	'b3 변수에 AA의 1차원 크기 최소값(=1) 할당

<프로시저 예문> Ubound, Split

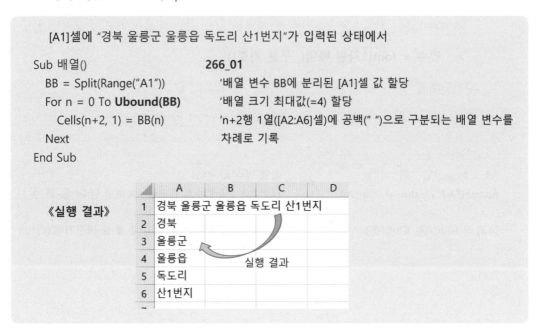

[A1]셀에 "경북 울릉군 울릉읍 독도리 산1번지"가 입력된 상태에서

```
Sub 배열()                          266_01
  BB = Split(Range("A1"))           '배열 변수 BB에 분리된 [A1]셀 값 할당
  For n = 0 To Ubound(BB)           '배열 크기 최대값(=4) 할당
    Cells(n+2, 1) = BB(n)           'n+2행 1열([A2:A6]셀)에 공백(" ")으로 구분되는 배열 변수를
  Next                              차례로 기록
End Sub
```

《실행 결과》

	A	B	C	D
1	경북 울릉군 울릉읍 독도리 산1번지			
2	경북			
3	울릉군			
4	울릉읍	실행 결과		
5	독도리			
6	산1번지			

5) Choose 함수 : 목록의 값을 순번 기준으로 선택하는 함수

> **변수 = Choose(순번, 선택1[, 선택2[, 선택3] ....])**

✓ **순번** : 선택1, 선택2, 선택3, ... 중에서 선택하는 순번
     (소수점 일 경우 정수만 취함)

✓ **선택1, 선택2, ...** : 목록 (선택할 수 있는 항목 나열)

<예문>

```
[A1] = Choose(2, "우수", "보통", "열위")      '[A1]셀에 '보통' 기록


For i = 1 To 5                      'For ~ Next 순환문
  n = Cells(i, 1)                   'n 변수에 Cells(i, 1)셀 값 할당
  Cells(i , 2) = Choose(n, "합격", "불합격")
                                    'n 값(1 or 2)기준으로 Cells(i, 2)셀에 '합격' or '불합격' 기록
Next i
```

6-7. 경로, 파일 관련 함수

1) CurDir 함수 : 사용 중인 경로를 반환하는 함수

> **변수 = CurDir**[(Drive)]

✓ **Drive** 매개변수 : 드라이브("C" or "D") 선택 (생략 시 현재 사용중인 드라이브)

```
─<예문>─
DA = CurDir & "₩"                      '사용 중인 경로를 'DA' 변수에 할당
                                        예) DA= "D:₩매크로₩연습₩"
ActiveWorkbook.SaveAs Fillename: = DA & "₩연습1.xlsx"
                                        '활성화된 파일을 'DA' 경로에 '연습1.xlsx' 파일 이름으로 저장
```

2) ChDrive 문 : 사용중인 드라이브 변경

> **ChDrive "C" or "D"**

```
─<예문>─
ChDrive "D"                            '사용 중인 드라이브를 'D' 드라이버로 변경
```

3) ChDir 문 : 사용 중인 경로 변경

> **ChDir "새 경로"**

✓ **새 경로** 매개변수 : 변경할 경로 지정

```
─<예문>─
ChDir "D:₩매크로₩연습2"                 '사용 중인 경로를 'D:₩매크로₩연습2'로 변경
```

※ 매크로를 사용하여 경로나 파일을 삭제하는 경우 실행 취소가 되지 않기 때문에 실행에 주의 필요(되돌리기 불가능)

4) MkDir 문 : 새로운 폴더를 만드는 명령문

　　　　　　　　(경로를 지정할 수 있으며 생략 시 현재 경로에 폴더 생성)

　　➢ **MkDir 폴더 이름**

┌─ <예문> ──────────────────────────────────────┐
│ MkDir "연습"　　　　　　　　'현재 경로에 '연습' 폴더 만들기 │
│ MkDir "C:₩매크로₩연습"　　　"C:₩매크로₩' 경로에 '연습' 폴더 만들기 │
└──┘

5) RmDir 문 : 폴더를 삭제하는 명령문

　　　　　　　　(파일이 포함된 폴더는 삭제 불가)

　　➢ **RmDir 폴더 이름**

┌─ <예문> ──────────────────────────────────────┐
│ RmDir "C:₩매크로₩연습"　　　　"C:₩매크로₩' 경로에 '연습' 폴더 삭제 │
└──┘

6) Kill 문 : 파일을 삭제하는 명령문

　　➢ **Kill 경로 + 파일 이름**

　　- 파일 이름 : 지정 시 와일드카드 문자(*, ?) 사용 가능

┌─ <예문> ──────────────────────────────────────┐
│ Kill "C:₩매크로₩연습₩*.xlsx"　　"C:₩매크로₩' 경로에 확장자가 '.xlsx'인 모든 파일 삭제 │
│ kill "연습1.*"　　　　　　　　'현재 경로에 모든 '연습1' 파일 삭제 │
└──┘

7) Dir 함수 : 지정하는 경로에 하위 경로나 파일을 검색하는 함수

> **변수 = Dir(경로[, 파일 속성])**

※ 해당 경로 또는 파일이 없으면 빈 문자열("") 반환

✓ **경로** 매개변수 : 검색할 경로 또는 경로를 포함한 파일 이름

- 경로(필수) & 파일 이름(선택)
- 와일드카드 문자(* 또는 ?) 사용가능

✓ **파일 속성** 매개변수 : 속성을 지정하는 기호 상수 또는 상수값 입력

[( )안의 값은 기호 상수에 대한 상수값]

- VbNormal (0)   : 기본값 (생략 가능)
- VbReadOnly (1) : 읽기 전용 파일
- VbHidden (2)   : 숨긴 파일

<프로시저 예문> 원하는 파일을 찾아 차례로 셀에 기록

```
Sub 경로검색( )                    267_01
    Dim 경로 As String, 찾을파일 As String, n As Integer
    경로 = ThisWorkbook.Path & "₩"
①   찾을파일 = Dir(경로 & "*.xlsx")
    n = 2                                  '2행부터 기록하기 위해 n=2로 설정
②   Do While 찾을파일 <> ""
        Cells(n, 1) = 찾을파일             '[A2]셀부터 차례로 '찾을파일' 기록
        n = n + 1                          '기록할 셀의 이동을 위한 n 변수 증가
③       찾을파일 = Dir
    Loop                                   '순환
End Sub
```

① '경로' 경로에 확장자가 'xlsx'인 파일을 검색하여 첫 번째 찾은 파일을 '찾을파일' 변수에 할당

② '찾을파일' 변수가 빈 문자열("")이 아니면 순환

③ 'Dir로 재 검색하여 다음 찾은 파일을 '찾을파일' 변수에 다시 할당
   (재 검색 시에는 경로 & 파일 이름 생략 가능)

8) Name 문 : 파일의 경로나 이름을 변경하는 명령문

(파일을 열지 않고 변경해야 하고 파일이 열려있으면 오류 발생)

> **Name 원본 이름 As 변경 이름**

✓ **매개변수** : 원본 이름, 변경 이름

- 원본 이름 : 변경할 파일 이름 (경로 + 파일 이름 지정)
- 변경 이름 : 변경할 새로운 파일 이름 (경로 + 파일 이름 지정)

(변경하는 경로는 원본과 같은 드라이버에 있어야 함)

┌─<예문>───┐

경로 = ActiveWorkbook.Path & "₩"
Name "D:₩연습1.xlsx" As 경로 & "연습2.xlsx"

'D:₩연습1.xlsx'파일을 현재 작업중인 파일과 동일한 경로에
'연습2.xlsx' 파일 이름으로 변경하여 이동시킴

└───┘

9) FileCopy 문 : 파일의 복사본을 만드는 명령문

(파일을 열지 않고 복사본 파일 만들기)

> **FileCopy 원본 이름, 복사본 이름**

✓ **매개변수** : 원본 이름, 복사본 이름

- 원본 이름 : 복사할 파일 이름(경로 + 파일 이름 지정)
- 복사본 이름 : 복사본을 만들어 저장할 새로운 파일 이름

(경로 + 파일 이름 지정)

┌─<예문>───┐

경로 = ActiveWorkbook.Path & "₩"
FileCopy 경로 & "연습.xlsx", 경로 & "연습1.xlsx"

'활성화된 파일의 경로에 있는 '연습.xlsx' 파일을 같은 경로에
복사본 '연습1.xlsx' 파일 만들기

└───┘

6-8. 정보 함수

1) IsNumeric 함수 : '내용'을 숫자로 평가할 수 있는지 판단하는 함수

> **변수 = IsNumeric(내용)**

✓ **내용 :** 지정 값(문자열 또는 숫자) 또는 Range 개체

 - '내용'이 숫자(수식 포함) 또는 비어 있을 경우(Empty) True를 반환하고
 - 그 외의 경우는 False를 반환

```
─<예문>─────────────────────────────────────
LA1 = IsNumeric("55")              'True 반환
LA2 = IsNumeric(55)                'True
LA3 = IsNumeric("55B")             'False

If  IsNumeric([B7]) = True then    '[B7]셀이 숫자 or 비어있는 셀이면 다음 진행
```

2) IsEmpty 함수 : '내용'이 초기화(비움)되었는지 판단하는 함수

> **변수 = IsEmpty(내용)**

✓ **내용 :** 지정 값 (문자열 또는 숫자) 또는 Range 개체

 - 내용이 비어 있을 경우(Empty) True를 반환하고 그 외의 경우는 False를 반환

```
─<예문>─────────────────────────────────────
LB1 = IsEmpty("")                  'False 반환
LB2 = IsEmpty(55)                  'False

If  IsEmpty([A1]) = True then      '[A1]셀이 비어있는 셀이면 다음 진행
```

 ※ 빈 문자열("") : 텍스트(String)가 비워진 상태이나 Empty 상태는 아님

6-9. 오류(Error) 및 관련 함수

작성한 프로시저의 코드에 오류가 있으면 프로시저를 실행할 때 오류(Error)가 발생합니다.

오류는 많은 종류가 있으나 이 장에서는 자주 발생하는 몇 가지 오류를 소개합니다.

오류 발생 시점은 프로시저를 작성할 때 발생하는 오류(컴파일 오류)가 있고, 프로시저를 작성한 후 실행 과정에서 발생하는 오류가 있습니다.

1) 코드 작성 중 발생하는 오류(컴파일 오류)

코드를 잘못 입력하여 발생되는 오류로 코드를 작성할 때 발생합니다.
(컴파일 오류는 코드 실행 중에도 발생)

VB 편집기의 옵션에서 [자동 구문 검사]를 설정하면 프로시저 작성 중에 오류를 확인할 수 있습니다. (Part I. 1-2. VB 편집기 참조)

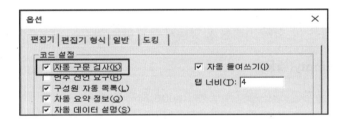

(오류 발생 예)

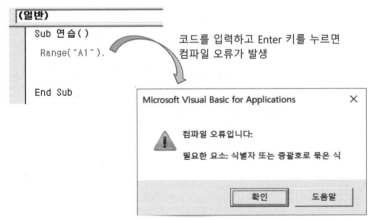

코드를 입력하고 Enter 키를 누르면 컴파일 오류가 발생

2) 코드 실행 중 발생하는 오류

A) 지원하지 않는 속성 또는 메서드 사용(오류 번호 438)

개체에 속성 또는 메서드 명령문을 잘못 사용하였을 때 발생하는 오류입니다.
오류가 발생하면 [디버그] 단추를 클릭하여 오류를 수정하여야 합니다.

(런타임 오류 : 프로시저 실행 중 발생하는 오류)

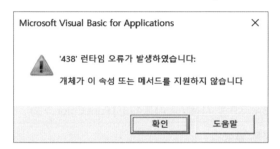

B) 아래 첨자 사용 오류(오류 번호 9)

개체에 인용하는 개체 또는 컬렉션이 존재하지 않을 때 발생하는 오류입니다.

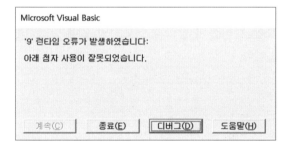

C) 개체 오류(오류 번호 424)

정의되지 않은 개체 변수를 사용한 경우 발생합니다.

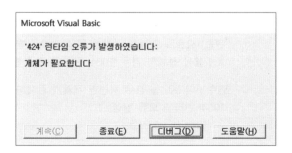

<예문>

아래와 같이 코드를 작성하여 실행하면 위의 3가지 오류가 모두 발생할 수 있습니다.

```
      Sub 연습()
①        Set 시트A = Worksheets("연습")
②        시트A.[B5].Font = 2
③        시트B.Range("A1:J5").Value = "Test"
      End Sub
```

(1) 오류 번호 9 : ①번의 경우 발생

　- 파일에 '연습' 시트가 존재하지 않을 경우 발생

(2) 오류 번호 438 : ②번의 경우 발생

　- 셀 개체에 맞지 않는 VBA 코드를 사용 (☞ 시트A.[B5].Font.Color = 2)

(3) 오류 번호 424 : ③번의 경우 발생

　- 인용한 '시트B' 개체 변수가 정의 되지 않았기 때문에 발생

D) 응용프로그램 정의 오류(오류 번호 1004)

명령문에 인용하는 개체 또는 컬렉션이 정의가 잘못되었을 때 발생하는 등 많은 요인으로 발생하는 오류입니다.

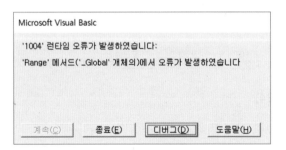

Microsoft Visual Basic

'1004' 런타임 오류가 발생하였습니다:

'Range' 메서드('_Global' 개체의)에서 오류가 발생하였습니다

계속(C)　　종료(E)　　디버그(D)　　도움말(H)

<예문>

| Sheets("연습").[A1].Select | "'연습' 시트가 활성화 되지 않은 상태에서 '연습' 시트의 [A1] 셀을 선택할 경우 '1004' 런타임 오류 발생 |
| Cells(n, 1).Select | '변수 n이 0이 될 경우 지정한 개체가 존재하지 않으므로 '1004' 런타임 오류 발생 |

3) 오류 발생 시 처리

오류가 발생되면 오류 창의 [디버그] 단추를 클릭하여 오류 코드로 이동하여 오류의 원인을 찾아 오류를 수정하여야 합니다.

([디버그] 단추 클릭 시) : 오류가 발생한 코드에 노란색 줄 표시

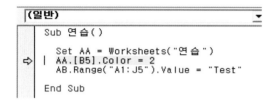

※ 노란색이 표시된 줄이 반드시 오류 코드가 아닐 수 있습니다. 다른 코드에서 오류가 발생한 후 이 코드에서 오류의 결과가 표시될 수 있으므로 주의 필요

[디버그] 단추를 클릭하면 프로시저가 중단된 '중단 모드' 상태가 되며 이 모드 상태에서는 다른 프로시저를 실행할 수 없으므로 중단 모드를 해제하여야 합니다.

오류를 수정한 후 중단 모드를 해제하려면 VB 편집기의 툴 바의 [재설정] 단추 (■)를 클릭하거나 메뉴 바의 [실행] > [재설정]을 클릭합니다.

4) 오류 찾기 방법 2가지

A) [F8] 키로 한 줄씩 실행

프로시저 작성 후 프로시저를 일괄 실행하는 것보다 한 줄씩 실행하면서 오류를 찾아 수정하는 것이 편리합니다.

기능키 [F8]은 프로시저를 한 줄씩 실행하는 키입니다. 이 기능키를 계속 눌러 가면서 한 줄씩 실행하면 코드에 오류가 있는 행에서 오류 메시지로 오류를 표시합니다. 이때 코드에 오류를 찾아 수정하면 됩니다.

【 자동 데이터 설명 활용 】 VB 편집기 옵션에서 설정

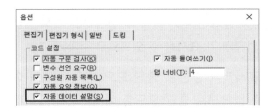

실행하면서 마우스 포인트를 원하는 변수에 위치시키면 변수에 할당된 값도 체크할 수 있으므로 변수값이 사용자가 의도한 대로 변화되고 있는지를 체크하여 오류 찾기에 활용할 수 있습니다.

변수 값
(자동 데이터 설명)

B) 중단점 설정하여 오류 찾기

간단한 프로시저의 경우는 프로시저를 한 줄씩 실행하면서 오류를 찾아 수정하는 것이 편리하지만 프로시저가 복잡하고 순환문이 많은 경우 한 줄씩 실행하면 시간이 많이 걸리고 비효율적으로 수정하게 됩니다. 이 경우 프로시저에 '중단점'을 설정하여 오류를 수정하면 편리합니다.

다음 그림과 같이 오류 수정을 시작할 코드의 왼쪽 여백 줄에 왼쪽 마우스 단추를 클릭하면 중단점 (●)이 표시되고 해당 코드도 보라색으로 표시됩니다. 이렇게 중단점이 표시된 후에 프로시저를 실행하면 중단점까지만 프로시저가 실행되고 중단점에서 프로시저가 중지되고 '숭난 모드'로 선환됩니다.

이후의 프로시저 실행은 [F8]키를 사용하여 한 줄씩 프로시저를 실행하면서 오류를 수정하면 편리합니다.

※ 중단점은 여러 개를 설정할 수 있음

5) On Error Resume Next 문

: 오류가 발생할 때 무시하고 다음 코드를 계속 실행하는 명령문

> **On Error Resume Next**

※ 오류 무시 명령문을 사용하여 아래 예문과 같이 어떤 정보를 확인하는 데 사용할 수도 있으나 그렇지 않은 경우는 가능한 이 명령문을 사용하지 않기를 권장합니다. 오류가 발생한 상태를 무시하고 매크로를 처리한 결과 데이터는 오류 가능성이 많기 때문에 오류가 발생하면 즉시 오류를 수정하는 습관이 필요합니다.

<예문>

<On Error ~ Next문을 활용하여 파일이 열려 있는지 체크하는 예문>

```
    On Error Resume Next              '오류 발생 무시
①   Set 변수 = Workbooks("연습.xlsx")
②   If Err Then                       '오류가 발생되면
      -- 처리 ---                      '처리' 진행
    End if
③   On Error Goto 0                   '오류 무시 해제
```
---

① '연습.xlsx' 파일이 열려 있지 않으면 오류 발생(9번 런타임 오류)
  (위의 On Error Resume Next문으로 오류가 무시됨)
② Err 개체(아래 참조) : 오류가 발생하면 ('연습.xlsx' 파일이 열려 있지 않으면)
③ On Error Goto 0 : 아래 참조

※ Error 관련 명령문

> **Err 개체**   : 오류의 정보가 들어 있는 개체

  - If Err Then : 오류가 발생 되면
  - Err.Number : 오류 번호를 반환(오류가 발생되지 않으면 오류 번호 = 0)

> **On Error Goto 0 문**   : 무시된 오류를 다시 회복

  - On Error Resume Next 문으로 무시된 오류를 다시 회복시키는 명령문이며 프로시저 종료 전 On Error Goto 0문으로 초기화 필요

Chapter 7. 조건문, 순환문

프로그램을 제어하는 명령문으로 조건문과 순환문이 있습니다.

또한, 분기문은 프로시저 진행 중 어떤 조건이 될 때, 지정하는 행으로 이동시키는 명령문입니다.

프로시저를 작성할 때 조건문, 순환문을 적절이 활용하면 상당히 효율적인 프로시저를 작성할 수 있습니다.

【조건문】 조건을 판단하여 결과에 따라 다른 처리를 하는 명령문

- ✓ If ~ Then ~   (단순 조건문)
- ✓ If ~ Then ~ Else ~ End If
- ✓ If ~ Then ~ ElseIf ~ Else ~ End If   (2중 조건문)
- ✓ Iif 문   (단순 조건문 축약형)
- ✓ Switch 문   (2중 조건문 축약형)
- ✓ Select Case 문   (조건 선택 형)

【순환문】 특정한 처리를 반복 수행하는 명령문

- ✓ For ~ Next   (일반적 순환문)
- ✓ Do while ~ Loop   (조건 만족 순환문)
- ✓ Do Until ~ Loop   (조건 만족 순환문)
- ✓ For Each ~ Next   (엑셀 개체 순환문)

【분기문】 프로시저 진행 중 조건이 될 때 분기하는 명령문

- ✓ GoTo   (지정한 행으로 분기)
- ✓ GoSub ~ Return   (분기한 후 'Return'에서 반환)
- ✓ Exit For   (For 순환문 종료)
- ✓ Exit Do   (Do 순환문 종료)
- ✓ Exit Sub   (프로시저 종료 명령문)

7-1. If 조건문

조건을 판단하여 조건 만족 여부에 따라 서로 다른 처리를 하는 명령문

1) If ~ Then ~ Else ~ End If 문

: 조건이 맞으면(True) 처리1을 수행하고 아니면 처리2를 수행

<명령문 형식>

If 조건 Then 처리1 [Else 처리2]

   or

If 조건 Then
   처리1
Else
   처리2
End If

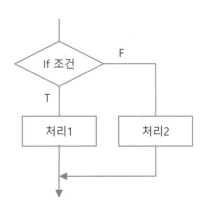

<프로시저> If 문

```
Sub If문1( )   271_01      '85점 이상 "합격", 이하 "불합격" 표시하기
    평균 = Range("E2").Value
    If 평균 >= 85 Then
        Range("F2").Value = "합격"
    Else
        Range("F2").Value = "불합격"
    End If
End Sub
```

	A	B	C	D	E	F
1	이름	국어	영어	수학	평균	평가
2	홍길동	85	90	95	90	

2) If ~ Then ~ ElseIf ~ Else ~ End If 문

: 조건1이 맞으면 처리1을 수행하고 조건2가 맞으면 처리2를 수행하고 아니면
처리3을 수행

<명령문 형식>

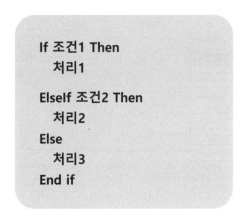

```
If 조건1 Then
    처리1

ElseIf 조건2 Then
    처리2
Else
    처리3
End if
```

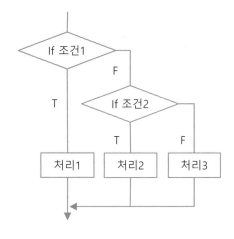

<프로시저> If 문2

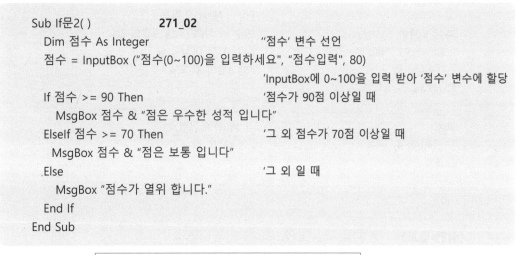

```
Sub If문2( )                    271_02
    Dim 점수 As Integer                      '"점수' 변수 선언
    점수 = InputBox ("점수(0~100)을 입력하세요", "점수입력", 80)
                                    'InputBox에 0~100을 입력 받아 '점수' 변수에 할당
    If 점수 >= 90 Then                       '점수가 90점 이상일 때
        MsgBox 점수 & "점은 우수한 성적 입니다"
    ElseIf 점수 >= 70 Then                   '그 외 점수가 70점 이상일 때
        MsgBox 점수 & "점은 보통 입니다"
    Else                                     '그 외 일 때
        MsgBox "점수가 열위 합니다."
    End If
End Sub
```

《실행 예》

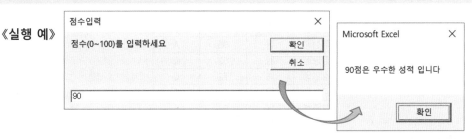

<과제1>

If ~ ElseIf ~ End If 문을 사용하여 아래 엑셀 워크시트의 [D]열에 학점을 기록하는 프로시저를 작성하세요.

<학점기준>

A : 91점 이상, B : 81 ~ 90점, C : 80점 이하

	A	B	C	D
1	성명	성별	점수	학점
2	한동철	남	88	
3	정성광	남	95	
4	김종선	남	62	
5	김인영	여	72	
6	김윤수	남	68	
7	정종선	남	83	

<프로시저> If 문3

```
Sub If문3( )      271_03              '학점 기록하기
  For i = 2 to 7                      'For ~ Next 순환문
    aa = Cells(i, 3).Value            '변수 aa 정의 (=i행, 3열의 값)
    If aa >= 91 Then                  'aa가 91점 이상일 때
      Cells(i, 4) = "A"               'i 행 4열의 값 = A
    ElseIf aa >= 81 Then
      Cells(i, 4) = "B"
    Else:                             '그 외(80점 이하)는
      Cells(i, 4) = "C"               'i 행 4열의 값 = C
    End If
  Next
End Sub
```

《실행 결과》

	A	B	C	D
1	성명	성별	점수	학점
2	한동철	남	88	B
3	정성광	남	95	A
4	김종선	남	62	C
5	김인영	여	72	C
6	김윤수	남	68	C
7	정종선	남	83	B

3) IIf 문 : 조건이 맞으면 처리1을 수행하고 아니면 처리2를 수행

(간단한 조건문은 IIf 문으로 단순화 가능)

<명령문 형식>

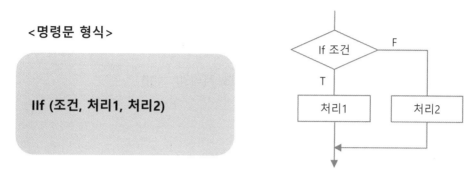

IIf (조건, 처리1, 처리2)

<프로시저> IIf 문

<'If문1' 프로시저를 다음과 같이 바꿀 수 있습니다.>

Sub If문4( ) **271_04**
  평균 = Range("E2").Value
  Range("F2").Value = IIf(평균 >= 85, "합격", "불합격")
End Sub

4) Switch 문 : If ~ ElseIf ~ Else ~ End If 문을 Switch 문으로 단순화 가능
(다만, 마지막 처리도 조건문이 필수)

<명령문 형식>

> **Switch (조건1, 처리1[, 조건2, 처리2[, 조건3, 처리3[, ...]]])**

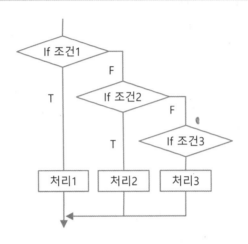

<프로시저> Switch 문

<'If문3' 프로시저를 Switch 문으로 단순화>

```
Sub If문5( )                    271_05
    Dim aa As Integer
    For i = 2 To 7
        aa = Cells(i, 3).Value
        Cells(i, 4) = Switch(aa >= 91, "A", aa >= 81, "B", aa < 81, "C")
    Next                                        ①
End Sub
```

주①) 마지막 처리도 조건문(aa < 81)이 필요

7-2. Select Case 문

여러 개의 조건 중에 변수가 일치하는 경우 해당 Case 문을 수행합니다.
(조건이 많아 지면 If 문 보다 Select Case 문이 효과적임)

<명령문 형식>

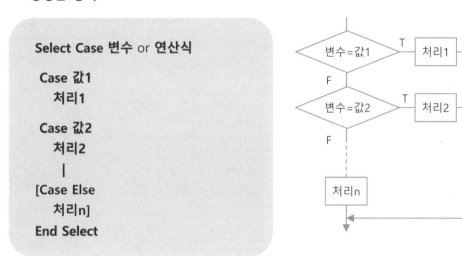

```
Select Case 변수 or 연산식
    Case 값1
        처리1
    Case 값2
        처리2
        |
    [Case Else
        처리n]
End Select
```

: 변수의 값이 값1이면 처리1을 수행하고 값2이면 처리2를 수행하면서 진행

【 Case문 주요 표현 방법 】

Case "남자"	: 값이 '남자'일 경우
Case "남자", "여자"	: 값이 '남자' 또는 '여자'인 경우
Case 10	: 값이 10일 경우
Case 10 to 20	: 10~20 사이 범위
Case 10, 20, 30	: 10, 20, 30 중의 숫자
Case Is >= 30	: 30 보다 큰 숫자
Case 10 to 20, Is > 30	: 10~20 사이 또는 30 초과

<과제2>

앞 장의 'If예문3' (If ~ ElseIf ~ End If 문 사용)을 Select Case 문을 사용하여 엑셀 워크시트의 학점을 기록하는 프로시저를 작성하세요.

　(엑셀 워크시트는 동일하며 D 학점 추가하여 작성)

<학점 기준>

　A : 91점 이상,　B : 81 ~ 90점,　C : 71 ~ 80점,　D : 70점 이하

<프로시저> Select Case 문

```
Sub Case문( )                272_01
  For i = 2 to 7
    aa = Cells(i, 3).Value
    Select Case  aa                    'aa 변수 조건 선택
      Case Is >= 91                    '91점 이상일 경우
        Cells(i, 4) = "A"
      Case Is >= 81
        Cells(i, 4) = "B"
      Case Is >= 71
        Cells(i, 4) = "C"
      Case Else                        '그 외의 경우
        Cells(i, 4) = "D"
    End Select
  Next
End Sub
```

《실행 결과》

	A	B	C	D
1	성명	성별	점수	학점
2	한동철	남	88	B
3	정성광	남	95	A
4	김종선	남	62	D
5	김인영	여	72	C
6	김윤수	남	68	D
7	정종선	남	83	B

7-3. For ~ Next 순환문

For ~ Next 순환문은 특정한 처리를 반복 수행하는 명령문으로 Count 변수의 값이 지정한 값이 될 때까지 처리를 반복 수행하는 명령문입니다.

1) For ~ Next 순환문

<명령문 형식>

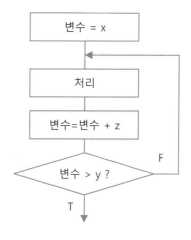

> **For 변수 = x to y [Step z]**
>
> **처리**
> **[Exit For]**
>
> **Next [변수]**
>
> ※ 변수 x를 z만큼 증가시키면서 y 될때 까지 순환

- Step z : 음수로 지정할 수 있으며 생략 시 1로 자동 할당
- **Exit For** 문 : 순환을 진행 중에 순환을 종료하는 명령문

<프로시저> For ~ Next 문

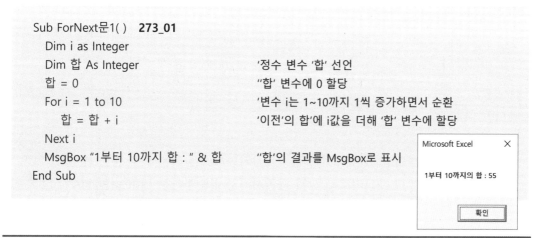

```
Sub ForNext문1( )   273_01
  Dim i as Integer
  Dim 합 As Integer              '정수 변수 '합' 선언
  합 = 0                         ''합' 변수에 0 할당
  For i = 1 to 10                '변수 i는 1~10까지 1씩 증가하면서 순환
    합 = 합 + i                  '이전'의 합에 i값을 더해 '합' 변수에 할당
  Next i
  MsgBox "1부터 10까지 합 : " & 합    ''합'의 결과를 MsgBox로 표시
End Sub
```

Microsoft Excel ×

1부터 10까지의 합 : 55

확인

2) For ~ Next 다중 순환문

For ~ Next 순환문을 2중, 3중으로 겹쳐 구성할 수 있습니다. 이러한 순환문을 활용하면 다량의 데이터를 효과적으로 처리할 수 있습니다.

<명령문 형식>

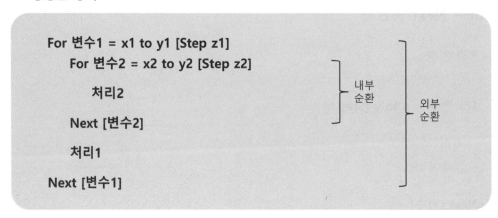

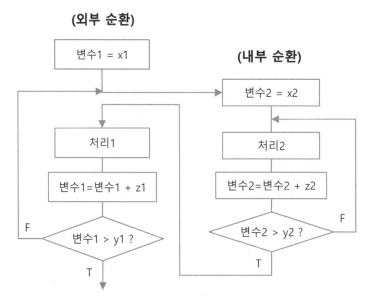

- 변수1 : x1부터 z1크기로 y1까지 증가시키면서 순환하는 외부 순환 변수
- 변수2 : x2부터 z2크기로 y2까지 증가시키면서 순환하는 내부 순환 변수

<과제3>

For ~ Next 다중 순환문을 사용하여 아래 내용을 기록하는 프로시저를 작성하세요.
(1~50까지 10개 단위로 합 구하기)

단, [K]열은 [A:J]열의 합을 구하는 수식을 기록하세요.

	A	B	C	D	E	F	G	H	I	J	K
1	1	2	3	4	5	6	7	8	9	10	55
2	11	12	13	14	15	16	17	18	19	20	155
3	21	22	23	24	25	26	27	28	29	30	255
4	31	32	33	34	35	36	37	38	39	40	355
5	41	42	43	44	45	46	47	48	49	50	455

<프로시저> For ~ Next 문2

```
Sub ForNext문2( )    273_02

    Dim i As Integer, j As Integer
    Dim n As Integer
    Dim 시트A As Worksheet              '개체 변수 '시트A' 선언
    Set 시트A=Worksheets("순환2")        ''시트A' 변수 정의
    For i = 1 to 5                      'For~Next 순환문 : i = 1~5
        For j = 1 to 10
            n = n + 1
            시트A.Cells(i, j) = n        'i 행 j 열에 n 값 기록
        Next j
①       시트A.Cells(i, 11) = "=Sum(RC[-10]:RC[-1])"  'FormulaR1C1 형식
    Next i
End Sub
```

① 수식 기록 : 순환하면서 11열 ([K]열)에 수식 기록
    (Range 개체.속성 명령문 10)FormulaR1C1 참조)
  - "=Sum(RC[-10]:RC[-1])" : [k]열 셀에서 10열 왼쪽 셀부터 1열 왼쪽 셀까지의 합
    예) [K1]셀 수식 : =Sum(A1:J1)

7-4. For Each ~ Next 순환문

개체의 집합(배열 또는 컬렉션)을 선택한 후 각 개체를 한 개씩 순환하여 컬렉션의 모든
개체를 수행하는 명령문입니다.

<명령문 형식>

> **For Each 변수 In 컬렉션 (or 배열)**
>
> > **처리**
> >
> > [Exit For]
>
> **Next**

✓ **In 컬렉션 (or 배열)**

- **컬렉션**인 경우 : 개체의 집합인 컬렉션일 경우
  - 예) Each 셀 In Range("A1:F10")

- **배열**인 경우 : 변수의 집합인 배열일 경우
  - 예) Each 요일 In Array("월", "화", "수", "목", "금", "토")

<프로시저> For Each ~ Next 문

```
    Sub ForEach문1()        274_01
      Set 시트A = Worksheets("순환3")
      n = 1
      배열 = Array("일", "월", "화", "수", "목", "금", "토")
①     For Each 요일 In 배열
②        시트A.Cells(n, 2) = 요일
         n = n + 1                          '셀이 이동할 때마다 1씩 증가
      Next
    End Sub
```

① '요일' 변수에 배열의 내용을 한 개씩 차례로 할당

② [A2:A8]셀에 차례로 '요일' 변수 (일 ~ 토) 기록

<프로시저> For Each ~ Next 문2

<ForNext문2()를 다음 프로시저로 대체할 수 있습니다>

```
Sub ForEach문2()     274_02
   Set 시트A = Worksheets("순환4")
   n = 1                                  'n = 1 정의 (생략 시 n = 0)
   For Each 셀A In 시트A.[A1:J5]            '[A1:J5]범위를 한 셀씩 '셀A'에 할당
      셀A.Value = n                        ''셀A' 셀에 n 값 기록
      n = n + 1                           '셀이 이동할 때마다 1씩 증가
   Next
①  For Each 셀B In 시트A.[K1:K5]            '[K1:K5]범위를 한 셀씩 '셀B'에 할당
 |    셀B.Value = "=Sum(RC[-10]:RC[-1])"   '셀이 이동할 때마다 수식 기록
①  Next
   End Sub
```

① 다음 명령문으로 대체할 수 있습니다.
   [K1:K5] = "=Sum(RC[-10]:RC[-1])"

<예문>
```
Set 시트A = Worksheets("연습1")
Set 시트B = Worksheets("연습2")
For Each 시트 In Array(시트A, 시트B)     ''연습1', '연습2' 시트 순환
   시트.[A10].Insert shift:=xlDown
      ---- VBA코드 ----
Next
```

7-5. Do ~ Loop 순환문

조건을 판단하여 조건이 만족되면 계속 Loop 문을 반복 처리하는 순환문으로 다음 종류가 있습니다.

- Do While 조건 .... Loop, Do ..... Loop While 조건
- Do Until 조건 ..... Loop, Do ..... Loop Until 조건

1) Do While ~ Loop 순환문

<명령문 형식>

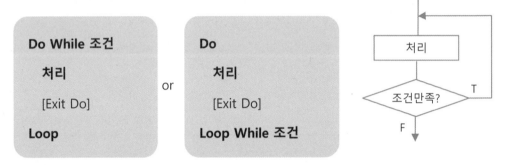

- Do ~ Loop While문은 Do 문을 처리한 후에 조건을 판단
- Exit Do : 처리 중에 Do ~ Loop 문의 순환을 종료하는 명령문

<프로시저> Do While ~ Loop 문

```
    Sub Loop문1( )        275_01
①     Do While Not 입력 Like "####"
          입력 = InputBox ("년 월을 입력하세요 예)2021년3월 ☞ 2103")
②       If 입력 = "" Then Exit Sub
      Loop
③     MsgBox "20" & Left(입력, 2) & "년 " & Right(입력, 2) & "월 입니다."
    End Sub
```

① 아래의 InputBox 대화 상자로 '입력' 변수를 입력받는데 4자리 숫자 형식이 아니면 계속 Do
   While ~ Loop 문 실행

② 만약 대화 상자에서 '취소' 단추를 클릭하면 (입력 = "") 프로시저 종료

③ 입력받은 결과를 '20##년 ##월 입니다' 형식으로 MsgBox 표시

《InputBox 실행 결과》

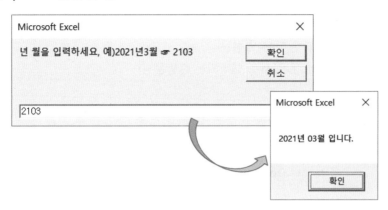

<프로시저> Do While ~ Loop문

<아래 표에서 [F]열에 합계 수식을 기록하는 예문입니다.>

([F2]셀의 경우 "= Sum(C2:E2)" 기록)

	A	B	C	D	E	F
1	성명	직책	기본급	직책수당	시간외수당	합계
2	이기환	팀장	4,550,000	300,000	114,495	
3	배영기	주임	3,420,000	150,000	235,776	
4	홍석철	사원	3,330,000	-	336,863	
5	서영석	사원	3,240,000	-	296,183	
6	오진석	사원	3,150,000	-	122,790	
7	김일수	사원	3,330,000	-	175,169	
8	이형섭	사원	3,588,000	-	425,208	

```
Sub Loop문2( )        275_02
    Set 시트A = Worksheets("Loop2")
①   Do While 시트A.[A2].Offset(n) <> ""
        시트A.Cells(n + 2, 6) = "=Sum(RC[-3]:RC[-1])"
        n = n + 1
    Loop
End Sub
```

① [A2]셀 부터 아래쪽으로 한 셀씩 이동하면서(Offset(n)) 셀의 값이 빈 문자열("")일 때까지 진행
  - Cells(n + 2, 6) : 현재 행(n + 2)의 6열 ([F]열)에 수식 기록

2) Do Until ~ Loop 순환문

: Do While 순환문은 조건을 만족하는 동안 순환하는데 비해 Do Until 순환문은
조건을 만족할 때까지 순환하는 명령문
(Do While 문과 Do Until 문은 서로 대비되는 순환문임)

<명령문 형식>

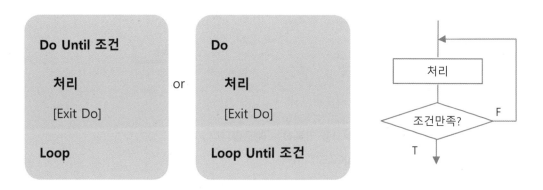

<프로시저> Do Until ~ Loop 문

<Do While문과 비교를 위해 같은 예문 사용>

```
Sub Loop문3( )              275_03
   Do Until 입력 Like "####"
      입력 = InputBox ("년 월을 입력하세요 예)2021년3월) ☞ 2103", "년월입력", 2103)
      If 입력 = "" Then Exit Sub
   Loop
   MsgBox "20" & Left(입력, 2) & "년 " & Right(입력, 2) & "월입니다."
```

- 4자리 숫자 형식("####")이 입력 될 때까지 아래 대화 상자 표시
  (아래 대화 상자에서 [취소] 단추를 클릭(입력 = "")하면 프로시저 종료 (Exit Sub))

※ 순환 예문 종합 (7종 순환문 비교) : 1부터 10까지 더하기

☞ 1 + 2 + 3 + 4 + 5 + 6 + 7 + 8 + 9 + 10 = 55

- For ~ Next 문 　　　　　　　: 순환1, 순환2 (역 순환문)
- For Each ~ Next 문 　　　　: 순환3
- Do While ~ Loop 문 　　　　: 순환4, 순환5 (Do ~ Loop While)
- Do Until ~ Loop 문 　　　　 : 순환6, 순환7(Do ~ Loop Until)

---

①
```
Sub 순환1()          '275-04          'For ~ Next 문
    For m = 1 To 10
        n = n + m
    Next
    [A1] = n                           '[A1]셀에 n의 결과값 기록
End Sub
```

```
Sub 순환2()                            'For ~ Next 문 Step -1
    For m = 10 To 1 Step -1            '역순환
        n = n + m
    Next
    [A2] = n                           '[A2]셀에 n값 기록
End Sub
```

---

②
```
Sub 순환3()                            'For Each ~ Next 문
    For Each m In Array(1, 2, 3, 4, 5, 6, 7, 8, 9, 10)
        n = n + m
    Next
    [B1] = n                           '[B1]셀에 n값 기록
End Sub
```

---

③
```
Sub 순환4()                            'Do While ~ Loop 문
    Do While m < 10                    '초기 m = 0
        m = m + 1                      'm = 1부터 시작
        n = n + m
    Loop
    [C1] = n                           '[C1]셀에 n값 기록
End Sub
```

```
        Sub 순환5()                        'Do ~ Loop While 문
          Do                              '초기 m = 0
            m = m + 1                     'm = 1부터 시작
            n = n + m
  ③      Loop While m < 10
          [C2] = n                        '[C2]셀에 n값 기록
        End Sub


        Sub 순환6()                        'Do Until~ Loop 문
          Do Until m = 10                 'm = 10까지 순환
            m = m + 1
            n = n + m
          Loop
          [D1] = n                        '[D1]셀에 n값 기록
        End Sub


        Sub 순환7()                        'Do ~ Loop Until 문
          Do
            m = m + 1
            n = n + m
          Loop Until m = 10               'm = 10까지 순환
          [D2] = n                        '[D2]셀에 n값 기록
        End Sub
```

① m 값 증가에 따른 누적 변수 n 값의 변화

m	1	2	3	4	5	6	7	8	9	10
n	1	3	6	10	15	21	28	36	45	55

② 배열 함수 Array의 괄호 안의 숫자를 차례로 한 개씩 m 변수에 할당

③ m = 0 ~ 9 까지 순환하지만 n을 계산할 때는 m = 1 ~ 10 범위를 계산

《실행 결과》

	A	B	C	D
1	55	55	55	55
2	55		55	55

7-6. 분기문

프로시저 실행 중, 지정된 행으로 분기하는 명령문으로 다음 종류가 있습니다.

- ✓ GoTo   : 지정한 행으로 분기
- ✓ GoSub ~ Return   : 분기 후 Return에서 반환
- ✓ Exit For, Exit Do   : 순환문 종료
- ✓ Exit Sub   : 프로시저 종료

1) GoTo 분기문 : 명령문 실행 중에 이 분기문을 만나면 지정된 행 레이블로 분기

<명령문 형식>

> **GoTo 행 레이블**
>
>   **----VBA 코드 ----**
>
> **행 레이블: 코드**

- GoTo 분기문를 만나면 아래 코드 실행이 생략되고 지정한 '행 레이블'로 이동합니다.

- 행 레이블의 이름은 사용자가 임의로 지정하여 사용할 수 있으며 분기문에서 지정하는 이름과 행 레이블의 이름이 같으면 됩니다.

    예) GoTo 분기1

      분기1: 코드

<프로시저> 분기문

```
     Sub 분기문1( )        276_01
①      Do While Not 입력 Like "####"
            입력 = InputBox ("년 월을 입력하세요 예)2021년 3월 ☞ 2103")
            If 입력 = "" Then Exit Sub
②          If 입력 Like "####" = False then GoTo 오류
        Loop
        MsgBox "20" & Left(입력, 2) & "년 " & Right(입력, 2) & "월 입니다."
③      Exit Sub
        오류:
            MsgBox ("입력 형식이 잘못되었습니다")
        End Sub
```

① '입력' 변수가 숫자형 문자열 "####" 형식이 아닌 경우는 Do While ~ Loop문 순환

② '입력' 변수의 '형식이 "####"이 아니면 '오류' 행으로 분기

　'오류' 행 : "입력 형식이 잘못되었습니다."로 MsgBox 표시하고 프로시저 종료 (Exit Sub)

③ Exit Sub (Sub문 종료)

　정상적인 Loop문을 수행했을 때는 Loop문 아래 MsgBox까지만 실행하고 종료해야 하므로 Exit Sub문 필요

　(행 레이블 **오류'** 행은 다시 실행하면 안되므로 '오류'행 이전에 Sub문을 종료해야 함)

2) GoSub ~ Return 분기문

: 지정된 행 레이블로 무조건 분기하며 Return에서 반환

(GoTo 문의 경우는 반환하지 않고 계속 진행)

<명령문 형식>

① **GoSub 행레이블**

② --------

③ **Exit Sub**   'Exit Sub를 실행하여 아래 행 레이블 이하의 코드는 재 실행되지 않도록 해야 함

④ **행레이블:**

⑤ **서브 처리**

⑥ **Return**

실행 순서 : ① → ④ → ⑤ → ⑥ → ② → ③

<프로시저> 분기문2

<ForNext문2()를 다음 프로시저로 대체할 수 있습니다>

```
Sub 분기문2( )       276_02
    Set 시트A = Worksheets("분기2")
    n = 1
    For Each 셀A In 시트A.Range("A1:J5")
        셀A.Value = n
        If n Mod 10 = 0 Then GoSub 서브     'n이 10단위 마다 서브 실행
        n = n + 1
    Next
    Exit Sub                              '이 행이 없으면 '서브'를 다시 실행하여 오류 발생
서브:
    셀A.Offset(0, 1) = "=Sum(RC[-10]:RC[-1])"
    Return                                '분기한 다음 행(n = n + 1)으로 이동
End Sub
```

3) Exit For 분기문

: For ~ Next 순환문 또는 For Each ~ Next 순환문에서 어떤 조건이 되었을 때
순환문을 종료하는 명령문

※ 2중 순환문 종료 : 내부 순환문에서 Exit For를 만나면 내부 순환문만 종료합니다.

<프로시저> 분기문3

```
Sub 분기문3( )          276_03

    검색파일 = "연습.xlsx"
    n = Workbooks.Count                'n 변수에 열려있는 파일의 수 할당
    For m = n To 1 Step -1             'For ~ Next 순환문
      파일이름 = Workbooks(m).Name     '순차적으로 파일 이름 체크
①      If 파일이름 = 검색파일 Then Exit For
    Next
②    If m = 0 Then MsgBox "파일을 열고 실행하세요": Exit Sub
  End Sub
```

① 파일이름 = '연습.xlsx' 이면 For ~ Next 문 종료

② 검색 파일이 없으면(m=0) MsgBox를 표시하고 프로시저 종료(Exit Sub)

4) Exit Do 분기문

: Exit For 문과 같은 기능의 분기문이며 Do While ~ Loop 또는 Do ~ Until Loop
문에서 순환문을 종료하는 명령문

5) Exit Sub 분기문

: Sub ~ End Sub 프로시저 실행 중 어떤 조건이 되었을 때 프로시저를 종료하기 위한
명령문

예문) 앞의 분기문1, 분기문2, 분기문3 참조

Chapter 8. 특수 프로시저

일반적으로 사용되는 Sub 프로시저는 Public Sub 프로시저입니다.

특수 프로시저는 사용자 정의 함수에 사용되는 함수(Function) 프로시저와 이벤트(Event)가 발생되었을 때 실행되는 이벤트 프로시저가 있습니다.

【 함수 프로시저 】 사용자 정의 함수에 사용되는 프로시저

이 Function 프로시저는 실행 결과를 반환하는 특성이 있기 때문에 자주 사용하는 계산식을 사용자 정의 함수로 만들어 사용할 수 있습니다.

(명령문 형식)

Function 함수 이름( ) ~~~ End Function

【 이벤트 프로시저 】 이벤트가 발생했을 때 실행되는 프로시저

이벤트는 사용자가 엑셀 문서를 작성할 때 어떤 입력을 하거나 조작하는 행위를 말합니다. 즉, 키보드 또는 마우스를 누를 때 이벤트가 발생됩니다.

이벤트 프로시저는 이러한 이벤트가 발생할 때 동작을 감지하여 자동적으로 실행하도록 하는 프로시저입니다.

(명령문 형식)

Private Sub 이벤트 이름() ~~~ End Sub

8-1. 함수(Function) 프로시저

엑셀 데이터를 편집하면서 조금 복잡하고 자주 사용하는 계산식을 사용자 정의 함수로 계산하면 효율적인 업무 처리에 도움이 될 것입니다.

이 장에서는 사용자 정의 함수를 활용하기 위한 함수(Function) 프로시저에 대해 알아보겠습니다.

1) 프로시저 작성

함수 프로시저의 작성은 코드 창 (모듈\Module의 코드 창)에서 작성하며 Function 문을 사용하여 아래 형식으로 작성합니다.

<프로시저 작성 형식>

```
Function 함수 이름(인수 [As 데이터 형식][, 옵션])
    VBA Code
    -----
End Function
```

- ✓ **함수 이름** : 함수 프로시저 이름 (함수 이름)

- ✓ **인수**　　　 : 함수를 계산할 대상 (셀 범위 또는 지정 값)

- ✓ **데이터 형식** : 변수를 지정할 때 메모리 공간을 최소화 하기 위해 데이터 형식 지정
  (생략 가능 : Part II의 '변수' 참조)

- ✓ **옵션**　　　 : 옵션 조건에 따라 함수 계산을 다르게 할 때 사용
  - 작성 형식 : [Optional 옵션 As 데이터형식 = 기본값] 형식으로 입력
    ☞ 옵션을 생략하면 설정한 '기본값' 적용

2) 프로시저 사용 방법

A) 사용 방법

별도의 실행 명령 없이 함수 프로시저가 작성되어 있는 파일의 셀에 '= 함수이름(인수)' 형식으로 함수를 입력하여 사용자 정의 함수를 사용합니다.

> ➤ '= 함수 이름(인수[, 옵션])'

- 인수 : 함수를 계산할 셀의 범위 또는 지정 값
- 옵션 : (생략 가능) 생략할 경우 옵션에서 지정한 기본값 할당

B) 사용 범위

사용자 정의 함수는 함수 프로시저가 작성되어 있는 파일에서만 사용할 수 있으며 다른 파일에서는 사용할 수 없습니다.

※ 다른 파일에서 사용자 정의 함수 사용

Excel 추가 기능을 활용하여 다른 파일에서 사용할 수 있는 방법이 있지만 이 책에는 소개하지 않으니 별도로 학습하시기 바랍니다.

사용자 정의 함수는 셀을 복사하여 붙여넣기 할 때 재 계산이 안 되는 경우도 있고, 실행 속도를 저하시키고 다른 매크로 프로그램과의 간섭으로 오류가 발생하는 경우도 있으므로 해당 파일에서만 사용하는 것이 좋습니다.

3) 프로시저 작성 사례

A) 근속년수 구하기 ('근속년수' 함수)

아래 예문은 사용자 정의 함수 '근속년수'를 구하는 프로시저를 작성한 예문입니다.

☞ 함수 입력 : = 근속년수(범위)

- 근속년수 : 함수 이름
- 범위 : 근속년수를 계산할 인수 (입사 일자가 있는 셀 주소 또는 지정 값)

<프로시저> '근속년수' 함수

```
①    Function 근속년수(입사일 As Date) As Single     '281_01
②        근속년수 = (Date - 입사일) / 365
     End Function
```

① 함수 프로시저 (Function ~ End Function 문)
  - '근속년수' 함수 : 함수의 결과 값이 소수점이 있는 실수형 (Single)으로 출력
  - 인수 '입사일' : 날짜(Date) 형식으로 입력

② 계산되는 수식 : 근속년수 = (Date - 입사일) / 365 (Date : 오늘 날짜)

  예) [B3]셀 = 입사일이 2015-10-01이 입력된 경우 (오늘의 날짜가 2021-10-26일일 때)
      [C3]셀에 수식을 '= 근속년수(B3)'로 입력하면 ☞ 결과 : 5.5013699

(적용 예)

	A	B	C
1			
2	성명	입사일자	근속년수
3	한동철	2016-04-27	5.5013699
4	정성광	2012-11-23	8.9287671
5	김종선	2011-10-08	10.0575342
6	김인영	2004-09-06	17.1479452
7	김윤수	2010-07-09	11.3068493
8	정종선	2012-12-11	8.8794521

입력된 수식 :
= 근속년수(B3)

B) 옵션을 사용한 '부가세' 함수

이 예문은 옵션을 사용하여 '부가세'를 구하는 사용자 정의 함수 예문입니다.

☞ 함수 입력 : = 부가세(범위)　　☞ 기본 세율 0.1 적용

　　　　　　　= 부가세(범위, <u>옵션</u>)　☞ 변경 세율(옵션) 적용

　- 부가세 : 함수 이름
　- 범위 : 부가세를 계산할 인수 (셀 주소 또는 지정 값)
　- 옵션 : 기본 세율(0.1)을 적용하지 않을 경우 변경 세율 입력

<프로시저> '부가세' 함수

① **Function 부가세**(금액, Optional 세율 As Single = 0.1)　　**281_02**
② 　부가세 = 금액 * 세율
End Function

① '부가세' 함수 정의 : 데이터 형식 'As Single' 생략 (Single : 실수형)
　- 인수 '금액' : 데이터 형식 'As Long' 생략 (Long : 긴 정수형)
　- 옵션 인수 '세율' : 기본값은 0.1이며 세율을 변경할 수 있음 (생략 시 기본값 0.1 할당)

② 계산되는 수식 : 부가세 = 금액 * 세율

(적용 예)

	A	B	C	D
1				
2	금액	세율	부가세	합계
3	30,000	10%	3,000	33,000
4	800,000	20%	160,000	960,000
5	7,200,000	10%	720,000	7,920,000

입력된 수식 : = 부가세(A5)　　　　= 부가세(A4, 0.2)

C) 점수 범위에 따른 '학점' 함수

<과제1>

사용자 정의 함수를 사용하여 '학점'을 구하는 함수 프로시저를 작성하세요.

<학점 기준>
A : 91점 이상, B : 81 ~ 90점, C : 80점 이하

	A	B	C	D
1				
2	성명	성별	점수	학점
3	한동철	남	88	
4	정성광	남	95	
5	김종선	남	62	
6	김인영	여	72	
7	김윤수	남	68	
8	정종선	남	83	

☞ 함수 입력 : = 학점(범위)

- 학점 : 함수 이름
- 범위 : 학점을 계산할 인수 (셀 주소 또는 지정 값)

<프로시저> '학점' 함수

```
①   Function 학점(점수 As Integer) As String          281_03
②       Select Case 점수
            Case Is >= 91: 학점 = "A"
            Case Is >= 81: 학점 = "B"
            Case Else: 학점 = "C"
        End Select
    End Function
```

① '학점' 함수 정의 : 데이터 형식 String(문자열)으로 정의
   - '점수' 인수 : 데이터 형식 정수형(Integer)으로 입력받음

② 계산되는 수식 : 학점 = 점수에 따라 A, B, C로 출력
   예) [D2]셀의 수식 '= 학점(C2)' ☞ 결과 : B
       [D3]셀의 수식 '= 학점(C3)' ☞ 결과 : A

D) 요일을 인식한 **특근 시간 함수1**

<과제2>

아래 표는 어느 회사의 직원 특근 현황 데이터입니다.

　(??월의 1일 ~ 13일까지 특근 현황)

다음 2종류의 사용자 정의 함수를 사용하기 위한 프로시저를 작성하세요.

　(a) 휴일 특근 시간 ('휴일' 함수) : 토, 일 요일 근무 시간의 합

　　☞ 함수 입력 예)　'= 휴일(범위)'

　(b) 평일 특근 시간 ('시간외' 함수) : 평일의 시간외 근무 시간의 합

　　☞ 함수 입력 예)　'= 시간외(범위)'

　※ 요일 구분 방법 : [B]열의 요일을 읽어 그 값이 '토' 또는 '일'이면 휴일

	A	B	C	D	E	
1	<직원 특근현황>					
2	일자	요일	한동철	정성광	김종선	
3	1	수		4		← 평일 특근 시간
4	2	목	2		4	← (시간외 특근 시간)
5	3	금	1	2		
6	4	토	4		6	← 휴일 특근 시간
7	5	일		6		
8	6	월		2		
9	7	화	3			
10	8	수			4	
11	9	목	2	2		
12	10	금			1	
13	11	토			4	
14	12	일	4			
15	13	월	2		2	← 사용자 정의 함수를 입력한 결과
16	휴일특근시간		8	6	10	
17	평일특근시간		10	10	11	

(표 설명 : 특근 시간 입력)

　- **평일** : 공란=정상 근무,　숫자 : 시간외 특근 시간

　- **휴일** : 공란=휴무,　　숫자 : 휴일 특근 시간

<프로시저> '휴일' 함수

- 휴일 특근 시간 함수 : = 휴일(범위)

```
①  Function 휴일 (범위1 As Range) As Integer        281_04
②     Dim 항목1 As Range, 요일1 As String
      Dim n1 As Integer
③     For Each 항목1 In 범위1
④       n1 = 항목1.Column
⑤       요일1 = 항목1.Offset(0, 2 - n1).Value
⑥       If 요일1 = "토" Or 요일1 = "일" Then
⑦          휴일 = 휴일 + 항목1.Value
        End If
      Next
   End Function
```

① '휴일' 함수 : 정수형(Integer) (초기값 = 0), '범위1' 인수 지정(Range 개체)

② '항목1' 변수(Range 개체), '요일1' 변수(문자열), n1 변수 선언(생략 가능)

③ For Each ~ Next 문
   - '휴일' 함수의 '범위1' 인수를 한 셀씩 이동하면서 '항목1' 변수에 할당

④ n1 변수에 '항목1' 셀의 열 번호 할당 : '항목1'의 요일을 검색하기 위해서 변수로 설정

⑤ '요일1' 변수에 '항목1' 셀에서 2 - n1 열 이동한 셀의 값 할당
   (2-n1 : 요일은 지정한 '항목1' 셀보다 2 - n1열 왼쪽)

⑥ '요일1' 변수가 '토' 또는 '일' 요일이면

⑦ '휴일' 함수 값 누적 : 새로운 '휴일' 함수 값 = 이전의 '휴일' 함수 값 + '항목1'의 값

<프로시저> '시간외' 함수

- 시간 외 특근 시간 함수 : = 시간외(범위)

```
① Function 시간외(범위2)        281_05
②     For Each 항목2 In 범위2
③         n2 = 항목2.Column
          요일2 = 항목2.Offset(0, 2 - n2)
④         If Not (요일2 = "토" Or 요일2 = "일") Then
⑤             시간외 = 시간외 + 항목2
          End If
      Next
   End Function
```

① '시간외' 함수 : 데이터 형식 'As Integer' 생략

- '범위2' 인수 지정 (데이터 형식 'As Range' 생략)

② For Each ~ Next 문

- '시간외' 함수의 인수 '범위2'를 한 셀씩 이동하면서 '항목2' 변수에 할당

③ n2 변수에 '항목1' 변수의 열 번호 할당

④ '요일2' 변수가 '토' 또는 '일' 요일이 아니면('.Value' 생략)

⑤ '시간외' 함수 값 누적 : 새로운 '시간외' 함수 값 = 이전의 '시간외' 함수 값 + '항목2'의 값

(함수 입력) [C16:E17] 범위에 아래 함수를 입력하여 시간 외 특근 시간 계산

◢	A	B	C	D	E
16	휴일특근시간		=휴일(C3:C15)	=휴일(D3:D15)	=휴일(E3:E15)
17	평일특근시간		=시간외(C3:C15)	=시간외(D3:D15)	=시간외(E3:E15)

E) 특근 시간 함수2 (옵션 활용)

> **<과제3>**
>
> <과제2>의 내용을 여기서 다시 한번 인용합니다.
>
> '옵션'을 활용한 '사용자 정의 함수'를 사용하는 함수 프로시저를 작성하세요.
>
> (<과제2>의 '휴일' 함수와 '시간외' 함수를 '특근' 함수로 대체하여 작성)
>
> ☞ 함수 입력 : 휴일 근무 시간   : = 특근(범위)
>   시간외 근무 시간 : = 특근(범위, False)

<프로시저> '특근' 함수

```
①   Function 특근(범위3, Optional 토일 As Boolean = True)        281_06
②       For Each 항목3 In 범위3
③           n3 = 항목3.Column
④           요일 = 항목3.Offset(0, 2 - n3)
⑤           If 요일 = "토" Or 요일 = "일" Then
⑥               휴일3 = 휴일3 + 항목3.Value
⑦           Else
               평일 = 평일 + 항목3
           End If
       Next
⑧       특근 = IIf(토일, 휴일3, 평일)
    End Function
```

① '특근' 함수 : 데이터 형식 'As Integer' 생략
  - '범위3' 인수 지정 (데이터 형식 'As Range' 생략)
  - 옵션 인수 '토일' 정의 (Boolean 데이터 형식 : 논리형) : 초기값 = True

② For Each ~ Next 문
  - '특근' 함수의 인수 '범위3'을 한 셀씩 이동하면서 '항목3' 변수에 할당

③ 'n3' 변수에 '항목3'의 열 번호 할당

④ '요일' 변수에 '항목3'에 해당하는 요일 할당

⑤ '요일' 변수가 '토' 또는 '일' 요일이면(= 휴일 특근)

⑥ 휴일 특근 시간 누적 : '휴일3' 변수의 값 = 이전의 '휴일3'의 값 + '항목3'의 값

⑦ '토', '일' 요일이 아닐 경우 (Else) : 평일인 경우
  - 평일 특근시간 누적 : '평일' 변수의 새 값 = 이전의 '평일' 값 + '항목3'의 값

⑧ '특근' 함수 값 표시
  - 옵션 인수 '토일'이 True이면 '휴일3' 변수의 값이 할당되고 False이면 '평일' 변수의 값 할당

(함수 입력) [C16:E17] 범위에 아래 함수 입력

	A	B	C	D	E
16	휴일특근시간		=특근(C3:C15)	=특근(D3:D15)	=특근(E3:E15)
17	평일특근시간		=특근(C3:C15,FALSE)	=특근(D3:D15,FALSE)	=특근(E3:E15,FALSE)

8-2. 이벤트 프로시저

이벤트는 사용자가 엑셀 파일 또는 워크시트 등 개체에 어떤 입력이나 조작하는 행위를 말합니다. 즉, 키보드 또는 마우스를 누를 때 이벤트가 발생됩니다.

이벤트 프로시저는 이러한 이벤트가 발생할 때 동작을 인식하여 자동으로 실행하도록 하는 프로시저입니다.

1) 이벤트(Event) 프로시저

엑셀의 개체 별로 이벤트가 발생할 수 있으며, 이벤트가 발생하는 엑셀 개체는 크게 'Excel 개체'와 '폼 개체'로 나눌 수 있습니다.

개체 별 이벤트가 발생하는 경우는 다음과 같습니다.

【Excel 개체】

- Sheet1, 2, 3   : 각 시트를 선택하는 등 조작할 때
- 현재_통합_문서   : 엑셀 파일을 열기하는 등 조작할 때

【폼 개체】

- 사용자 정의 폼   : 사용자 정의 폼을 조작할 때
- 각종 컨트롤   : 폼에 사용되는 컨트롤을 조작할 때

위의 개체 중 폼 개체에 대한 이벤트 프로시저는 Chapter 9에서 별도로 소개할 예정이므로 이 장에서는 Excel 개체에 대한 이벤트 프로시저에 대해 알아보겠습니다.

Excel 개체의 이벤트 프로시저는 해당 파일을 열기하거나 열린 파일의 시트를 조작할 때 발생하는 이벤트 프로시저입니다.

2) Excel 개체의 이벤트 종류

VB 편집기에서 Excel 개체 별 이벤트 종류를 확인할 수 있습니다.

왼쪽 프로젝트 탐색기 창의 Microsoft Excel 개체 중 '현재_통합_문서'는 Workbook 개체이며 Sheet1, Sheet2,... 는 Worksheet 개체입니다.

개체의 이벤트 프로시저를 작성하려면 해당 개체를 더블 클릭하면 오른쪽 코드 창에서 프로시저를 작성할 수 있으며 작성 순서는 아래 그림과 같습니다.

<VB 편집기>

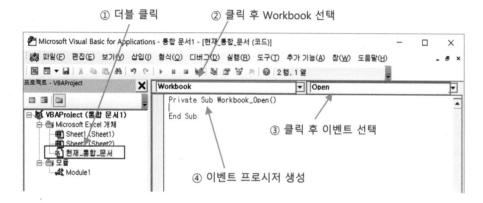

【 Excel 개체의 주요 이벤트 】

(a) Workbook 개체의 주요 이벤트

- Open   : 파일을 열 때 실행 (기본 항목)
- BeforeClose   : 파일을 닫을 때 실행
- Activate   : 파일이 활성화될 때 실행
- DeActivate   : 파일이 비활성화될 때(다른 파일 사용) 실행
- BeforeSave   : 파일을 저장 전에 실행
- AfterSave   : 파일을 저장 후 실행

(b) WorkSheet 개체의 주요 이벤트

- Activate   : 해당 시트가 활성화될 때 실행
- DeActivate   : 시트가 비활성화될 때 실행
- Change   : 시트 내용이 변경될 때 실행

3) 이벤트(Event) 프로시저 작성

이벤트 프로시저는 엑셀 파일, 시트, 폼 등 각 개체의 코드 창에서 아래 형식으로 프로시저를 작성합니다.

<프로시저 작성 형식>

이벤트 프로시저는 Private Sub 형식의 명령문을 사용합니다.

```
Private Sub 이벤트 이름( )
    VBA Code
    -----
End Sub
```

- **Private Sub** : 이벤트 프로시저는 일반 Sub문 (Public Sub)을 사용하지 않고 Private Sub 문을 사용합니다.

- **이벤트 이름** : '개체_이벤트' 형식으로 이벤트 이름 부여
  개체를 선택한 후 이벤트를 클릭하면 자동으로 이름이 부여되면서 코드 창에 이벤트 프로시저가 생성됩니다.
  (앞 페이지 VB 편집기 그림 참조)

예) 파일 열기 이벤트 : Workbook_Open
                    (개체)   (이벤트)

4) 프로시저 작성 사례

<프로시저> 파일_열기 이벤트

파일을 열기할 때 실행되는 이벤트 프로시저를 작성한 예문입니다.
('현재_통합_문서' 개체의 코드 창에서 작성)

```
①    Private Sub Workbook_Open( )              282_01
②        MsgBox "메뉴 폼을 실행합니다."
③        메뉴.Show
        End Sub
```

① Workbook_Open (파일 열기) 이벤트 프로시저

② MsgBox로 '메뉴 폼을 실행합니다.' 메시지를 화면에 표시한 후

③ 사용자 정의 폼 '메뉴' 실행

<프로시저> 워크시트_활성화 이벤트

```
①    Private Sub Worksheet_Activate()          282_02
②        메뉴 = MsgBox ("메뉴 화면을 열고 시작하시겠습니까", 4, "열기")
         If 메뉴 = vbYes Then 메뉴.Show
        End Sub
```

① Worksheet 개체를 활성화(선택)할 때 실행되는 이벤트 프로시저

② MsgBox 표시 창에서 '예' (vbYes) 단추를 클릭하면 사용자 정의 폼 '메뉴' 화면 표시

<프로시저> 파일_닫기 이벤트

① **Private Sub Workbook_BeforeClose(Cancel As Boolean) 282_03**
②   If ThisWorkbook.Saved Then
        MsgBox "저장된 파일을 닫기 합니다."
③   Else
        MsgBox "파일을 저장한 후 닫기 합니다."
        ThisWorkbook.Save
    End If
End Sub

① 파일을 닫을 때 실행되는 이벤트 프로시저

② 파일이 저장된 경우는 '저장된 파일을 닫기 합니다.' MsgBox로 메시지 표시

③ 파일이 저장되지 않은 경우 (Else)는 '파일을 저장한 후 닫기 합니다.' MsgBox를 표시하고 파일 저장

Chapter 9. 사용자 정의 폼

사용자 정의 폼(UserForm) 작성은 화면에 표시할 메뉴 창을 작성하는 것입니다.

사용자 정의 폼은 매크로 프로그램에서 메뉴 화면으로 사용할 수 있으며 폼에서 데이터를 입력 받아 프로그램에 활용하거나 시트에 데이터를 기록할 수 있으며 다른 매크로를 실행할 수도 있습니다.

【 사용자 정의 폼 활용 순서 】

(a) 사용자 정의 폼 작성 : Display할 화면(창) 작성

- 폼 구성 : 창(UserForm) + 컨트롤 (폼에 표시되는 각종 메뉴 항목)
- 폼과 각 컨트롤의 속성 설정
- **폼과 각 컨트롤의 이벤트 프로시저 작성**
  예) 폼.Initilaize : 폼 초기 화면을 설정하는 이벤트 프로시저 작성
- **각 컨트롤에 연결된 Sub 프로시저 작성**

(b) 폼 실행 (창 표시) : 작성된 폼을 화면에 표시

- 폼 실행 화면 : 속성 창에서 작성된 폼, 컨트롤의 속성과 이벤트 프로시저에서 설정한 형식의 폼으로 화면 표시

(c) 폼에 데이터 입력 및 실행 : 화면에 표시된 폼에 데이터를 입력하고 실행

- 데이터 입력 : 메뉴 화면에 표시된 폼의 각 컨트롤에 데이터 입력

- 실행 : 실행 단추를 클릭하여 입력된 데이터를 프로시저에 활용하거나 시트에 입력된 데이터를 기록

9-1. 사용자 정의 폼(UserForm)

1) 폼 추가

새 파일의 프로젝트 탐색기 창에는 Excel 개체만 있고 폼 개체는 생성되지 않았습니다.
사용자 정의 폼을 작성하려면 먼저 폼 개체를 생성해야 합니다.

폼 개체 생성 방법은 메뉴 바에서 [삽입] > [사용자 정의 폼]을 클릭하면 아래와 같이 사용
자 정의 폼 개체가 생성됩니다.

【 폼 개체 생성 】

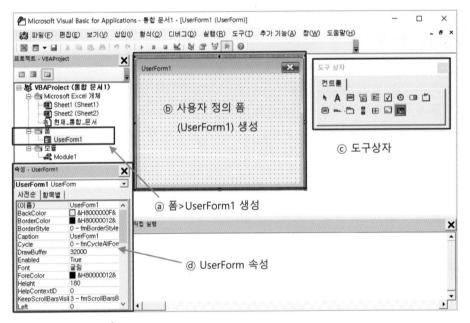

ⓐ **폼 > UserForm1** 개체 생성(프로젝트 탐색기 창)

ⓑ **사용자 정의 폼(UserForm1) 생성**(코드 창)

ⓒ **'도구 상자'** 화면 표시 : 폼에 삽입할 수 있는 각종 컨트롤 상자

ⓓ UserForm 속성 창 : 왼쪽 속성 창에서 폼의 속성을 설정할 수 있는 창

2) 도구 상자(컨트롤)

도구 상자는 사용 용도에 따라 다양한 형태의 컨트롤이 있습니다.
폼을 추가한 후 용도에 맞는 컨트롤을 도구 상자에서 삽입하여 폼을 작성합니다.

【 컨트롤 별 기능 】

컨트롤	이름	기능
A	레이블(Label)	폼에 문자열 표시
abl	텍스트상자(TextBox)	텍스트 값 입력
📇	콤보상자(ComboBox)	여러 항목 중 한 개를 선택하여 입력
📑	목록상자(ListBox)	여러 항목 중 한 개 또는 여러 개 선택
☑	확인란(CheckBox)	선택 여부를 Check 할 때
◉	옵션단추(OptionButton)	여러 항목 중 한 개를 선택
▭	토글단추(ToggleButton)	두 개의 단추 중에 하나 선택
📝	프레임(Frame)	여러 컨트롤을 그룹으로 묶을 때 사용
ab	명령단추(CommandButton)	단추를 클릭하여 명령문을 실행할 때
▬	연속 탭(TapStrip)	여러 탭으로 대화상자를 만들 때
🗂	다중페이지(MultiPage)	여러 페이지로 대화상자를 만들 때
▤	스크롤막대(ScrollBar)	ScrollBar로 범위의 값을 조정할 때
⊞	스핀단추(SpinButton)	좁은 범위의 값을 조정할 때
🖼	이미지(Image)	폼에 그림을 표시할 때
▦	RefEdit	폼에서 워크시트의 범위를 선택할 때

9-2. 폼 편집

추가된 사용자 정의 폼에 각종 컨트롤을 삽입하여 폼을 작성합니다.

작성된 폼 개체와 삽입된 각 컨트롤 개체 별로 속성을 설정하고 이벤트 프로시저를 작성하여 폼을 편집합니다.

(1) 속성 설정

화면에 표시되는 사용자 정의 폼과 각 컨트롤의 기본 서식 등 설정

(폼과 컨트롤의 기본 서식은 각 개체의 속성 창에서 설정할 수 있으며 추가로 아래에 설명하는 이벤트 프로시저에서도 서식을 설정할 수 있음)

(2) 이벤트 프로시저 작성

폼 개체와 각 컨트롤 개체의 이벤트 프로시저 작성

【 이벤트 프로시저 작성 방법 】

작성할 폼 또는 컨트롤 개체를 더블 클릭하거나 프로젝트 탐색기 창에서 폼 (UserForm1) 개체를 선택한 후 메뉴 바의 **[보기] > [코드]**를 클릭하면 이벤트 프로시저를 작성할 수 있는 코드 작성 창으로 이동되며 아래 그림의 순서로 이벤트 프로시저를 작성합니다.

(작성 순서)

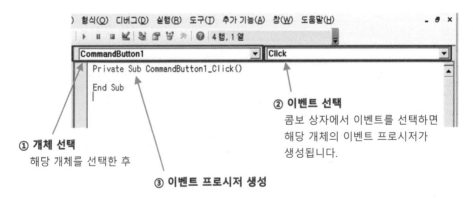

① **개체 선택**
해당 개체를 선택한 후

② **이벤트 선택**
콤보 상자에서 이벤트를 선택하면 해당 개체의 이벤트 프로시저가 생성됩니다.

③ **이벤트 프로시저 생성**

④ **생성된 이벤트 프로시저에서 코드 작성**

1) 폼 편집

A) 폼 속성 편집

UserForm의 속성(폼 이름, 글꼴 등)은 속성 창에서 원하는 항목의 속성을 변경, 편집할
수 있습니다.

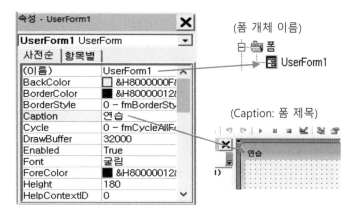

【 폼의 주요 속성 】

(이름)	: 폼 개체의 이름(Name)
Caption	: 폼의 제목 (제목에 표시되는 문자열)
BackColor	: 폼의 배경색
Font	: 글자의 글꼴
Width, Height	: 폼의 크기 (너비, 높이)
	(폼을 드래그하여 직접 폼의 크기를 조절할 수도 있음)

※ 폼의 속성은 UserForm 이벤트 프로시저에서도 추가로 설정 가능

B) 폼 내용 편집

폼에 컨트롤을 추가하고 폼의 크기 등을 조절하여 편집

(a) 컨트롤 추가 : 다음 파트 '2) 컨트롤 추가' 참조

도구 상자에서 원하는 컨트롤을 선택하여 폼에 추가한 후 각 컨트롤 별로 속성, 크기 등을 편집합니다.

(b) 폼 크기 조절

아래와 같이 조절 핸들을 마우스로 드래그 하여 폼의 크기를 조절할 수 있습니다.

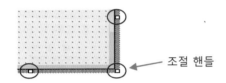

← 조절 핸들

C) 탭 순서 설정

폼에 컨트롤을 추가하여 폼을 실행한 후 탭 이동은 추가한 순서대로 이동합니다.
아래와 같이 텍스트 상자 컨트롤을 3개 추가하여 폼을 작성한 경우, 텍스트 상자를 삽입할 때 아래 ①, ②, ③ 순서로 작성하였다면, 작성한 폼을 실행하여 탭을 누르면 ①, ②, ③ 순서로 탭이 이동하므로 탭 순서를 다시 지정하여야 합니다.

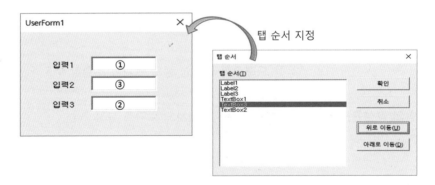

【 탭 순서 지정 방법 】

- 폼 클릭 > 메뉴 바의 [보기] 탭 클릭 > [탭 순서] 클릭 (위 그림)
- [탭 순서] 창 : 왼쪽의 탭 순서 개체 선택 > [위로 이동] 또는 [아래로 이동] 단추 클릭
  > 탭 순서 지정 후 [확인] 클릭

C) 이벤트 프로시저 작성

사용자 정의 폼에서 발생되는 주요 이벤트는 다음과 같습니다.

【 폼 개체의 주요 이벤트 】

- Initialize   : 폼이 화면에 표시되기 전 발생
  - . 화면에 표시될 폼의 초기값(위치, 크기 등)을 설정할 때
  - . 각종 컨트롤(콤보 상자 등)의 화면 표시 초기값 설정
- Activate   : 폼이 활성화되어 화면에 표시될 때 발생
- QueryClose   : 폼이 닫히기 전 발생

<명령문 형식>

Workbooks 등의 개체 명령문과 같은 형식의 명령문을 사용합니다.

> ➤ **폼 개체.속성(or 메서드)[= 내용]**

✓ **폼 개체**

- UserForm 이름 : 사용자 정의 폼의 정의된(이름)
- Me   : UserForm 실행 후 폼 개체 자신

✓ **속성 및 메서드**

- Show   : 폼 개체를 화면에 표시(메서드)
- Unload   : 화면에 표시된 폼 개체를 닫음(메서드)
- Caption   : 폼 개체의 제목(속성)

(명령문 작성 예)

- 폼개체.Show   '폼개체를 화면에 표시

- Unload 폼개체   '화면에 표시된 폼개체를 닫음
                                 (폼개체.Unload : 불가)

- Unload Me   '폼개체 닫기

- 연습창.Caption = "폼연습" '폼을 실행하면 아래 그림과 같이 폼 표시

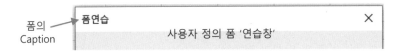

폼의
Caption

<프로시저> 폼_초기화 이벤트

```
      Private Sub UserForm_Initialize()          292_01
①        Me.Width = 180
②        Me.Height = 120
③        직위.RowSource = "폼!H1:H4"
      End Sub
```

① 사용자 정의 폼을 화면에 표시할 때 초기값을 설정하는 이벤트 프로시저

② 폼의 가로 길이 180 포인트, 세로 길이 120 포인트로 표시

③ 사용자 정의 폼이 실행되면 '직위' 콤보 상자의 드롭다운 메뉴에 표시되는 항목은 '폼' 시트의
   [H1:H4]셀에 있는 내용 표시

《실행 결과》

※ 참고 : 사용자 정의 폼의 개체 이름

아래 그림은 프로젝트 탐색기 창에 2개의 사용자 정의 폼을 추가한 후 'UserForm2'의 (이름)을 '변경폼'으로 변경한 예입니다.

```
白…📁 폼
     ├─📇 UserForm1
     └─📇 변경폼
```

이 경우 프로시저에서 폼을 실행할 때 폼 개체 각각의 (이름)을 사용하여 실행합니다.

예) UserForm1.Show

　　변경폼.Show

그러나 , 각 폼의 초기화 이벤트 프로시저를 작성할 때는 'UserForm1', '변경폼'이 아니고 각각 'UserForm'으로 작성합니다.

예) '변경폼' 초기화 이벤트 프로시저

　　Private Sub UserForm_Initialize()

　　　-- VBA 코드 ---

　　End Sub

즉, 각 폼 개체(UserForm1, 변경폼)는 개체 별로 코드 창이 각각 부여되며 개체 별로 코드를 작성할 수 있으므로 각 폼 개체의 코드 창에서 UserForm_Initialize( )이름으로 이벤트 프로시저를 작성합니다.

2) 컨트롤 추가

컨트롤 추가는 도구 상자에서 원하는 컨트롤을 선택하여 폼 개체에 삽입하여 폼 꾸미기
를 하는 작업입니다.

폼에 컨트롤을 추가한 후 컨트롤을 다음과 같이 편집합니다.

- 컨트롤 편집 : 크기 조절 등
- 속성 편집   : 컨트롤 색상 등 외관 꾸미기
- 이벤트 프로시저 작성 : 컨트롤과 연결하는 각종 이벤트 프로시저 작성

A) 컨트롤 삽입 및 편집

추가할 컨트롤을 도구 상자에서 선택하여 폼 화면에 삽입한 후 아래와 같이 편집할 수
있습니다.

(a) 컨트롤 크기

폼에 컨트롤을 삽입할 때 마우스 왼쪽 단추를 누르면서 드래그하여 원하는 크기로
조절

(b) 컨트롤 수정

삽입한 컨트롤을 선택한 후 조절 핸들을 드래그하면 크기 조절이 가능하며 위치 이
동도 가능

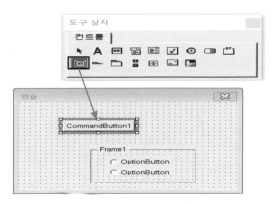

B) 컨트롤 속성 편집

컨트롤 속성은 폼에 작성된 컨트롤을 클릭하여 속성 창에서 컨트롤의 (이름)과 각종
속성을 편집할 수 있습니다.

<속성 창>

【 컨트롤의 주요 속성 】

(이름)	: 컨트롤의 이름(Name)
Caption	: 컨트롤 제목 (컨트롤에 표시되는 문자열)
BackColor	: 컨트롤의 배경색
Font	: 컨트롤 글자의 글꼴
AutoSize	: 입력 문자열에 맞게 컨트롤 크기 자동 조정
Left, Top	: 컨트롤의 위치(폼의 왼쪽/위쪽에서 거리)
Width, Height	: 컨트롤의 크기(너비, 높이)
ControlSource	: 컨트롤에 표시될 문자열의 주소
IMEMode	: 문자열의 기본 언어(한글 : fmIMEModeHangul)
MaxLength	: 입력할 수 있는 문자열 최대 길이
MultiLine	: 표시할 문자열의 줄 수(True : 여러 줄 입력 가능)
TextAlign	: 문자열 맞춤(왼쪽, 중앙, 오른쪽)

C) 이벤트 프로시저 작성

각 컨트롤에서 발생되는 주요 이벤트는 컨트롤 별로 차이가 있으며 공통적으로 사용하는 주요 이벤트는 다음과 같습니다.

【 컨트롤 개체의 주요 이벤트 】

- Click   : 컨트롤을 선택할 때 발생
- Change   : 컨트롤의 값이 변경될 때 발생
- DblClick   : 컨트롤을 더블 클릭할 때 발생
- AfterUpdate   : 컨트롤의 값이 변경된 후 발생
- BeforeUpdate   : 컨트롤의 값이 변경되기 전 발생
- Enter   : 컨트롤이 포커스를 받기 직전 발생
    * 포커스(Focus) : 해당 컨트롤에 커서(Cursor)를 위치시킴
- Exit   : 컨트롤이 포커스를 잃기 직전에 발생
- KeyDown   : 컨트롤에서 사용자가 키를 누를 때 발생

<명령문 형식>

컨트롤 개체의 명령문도 일반 개체 명령문과 같은 형식을 사용합니다.

> **컨트롤 개체.속성 (or .메서드)[= 내용]**

✓ **컨트롤 개체**

- 컨트롤 개체 이름   : 각 컨트롤에 정의된(이름)

✓ **속성 및 메서드**

- RowSource (속성)   : 컨트롤의 드롭다운 항목에 표시할 셀 주소
- AddItem (속성)   : 드롭다운 항목에 표시하는 문자열
    예) ComboBox1.AddItem "동물"
- Caption (속성)   : 컨트롤 개체의 제목
- SetFocus (메서드) : 커스를 지정한 컨트롤에 위치시킴

(명령문 작성 예)

TextBox1.Value = "홍길동" '컨트롤 개체 'TextBox1'의 초기값을 '홍길동'으로 기록

Label1.Font.Bold = True '컨트롤 개체 'Lablel1'의 글꼴 굵게

Label1.Caption = [B5].Value ''Lablel1'의 제목을 [B5]셀 값으로 표시

ComboBox1.RowSource = "목록상자!A1:A5"

'컨트롤 개체 'ComboBox1'의 드롭다운 항목에 '목록상자' 시트의 [A1:A5]셀의 내용 표시

With ComboBox2' '콤보상자2'의 드롭다운 항목 : '동물', '식물"
  .AddItem "동물"
  .AddItem "식물"
End With

TextBox1.SetFocus 'TextBox1'에 커스를 위치시킴

<프로시저> 명령단추_클릭 이벤트

```
①  Private Sub CommandButton1_Click()      292_02
②      Call 연습
    End Sub
```

① 자동 생성된 이벤트 프로시저 이름(명령 단추를 클릭할 때 실행)

② '연습' 프로시저 실행

9-3. 폼 실행

작성된 폼은 화면에 표시(실행)해야 폼에 작성된 각종 컨트롤을 사용할 수 있습니다. 폼 실행 방법에 대해 알아보겠습니다.

1) 폼 실행

작성된 폼을 화면에 표시하기 위한 폼 실행 방법은 다음 방법이 있습니다.

A) 직접 실행 방법

- ✓ 코드창의 사용자 정의 폼 선택 > [F5] 클릭
- ✓ 코드창의 사용자 정의 폼 선택 > 툴 바의 폼 실행 단추(▶) 클릭
- ✓ 코드창의 사용자 정의 폼 선택 > [실행] > [사용자 정의 폼 실행] 클릭

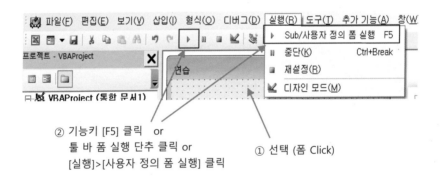

② 기능키 [F5] 클릭   or
  툴 바 폼 실행 단추 클릭 or
  [실행]>[사용자 정의 폼 실행] 클릭

① 선택 (폼 Click)

B) 명령문 실행 방법 : 프로시저 실행

- ✓ 미리 작성한 폼 실행 Sub 프로시저를 실행
  (프로시저 실행 방법 : Part I의 매크로 실행 방법 참조)

  (폼 실행 프로시저 작성 예)

  ```
  Sub 폼연습()
      연습폼.Show
  End Sub
  ```

C) 자동 실행 방법 : **auto_open()** 프로시저 활용

엑셀 파일을 열면 자동으로 실행되는 프로시저입니다.

예를 들어 '메인메뉴' 폼을 작성하여 아래와 같은 프로시저 코드를 작성하면 파일을 열 때마다 자동으로 폼이 실행되어 '메인메뉴' 창이 화면에 표시됩니다.

※ 위의 프로시저는 다음 이벤트 프로시저로 대체할 수 있습니다. (자동 실행)

```
Private Sub Workbook_Open( )
    메인메뉴.Show
End Sub
```

2) 폼 닫기

다음과 같은 방법으로 사용자 정의 폼을 닫기 할 수 있습니다.

✓ Sub 프로시저 실행 : 폼 닫기 프로시저 작성 후 실행

```
예) Sub 폼닫기 ( )
        Unload 폼개체 (이름)  or  Unload Me
    End Sub
```

✓ 폼의 닫기 단추(❌ : 폼의 우측 상단에 위치) 클릭

9-4. 도구 상자 컨트롤

폼에서 컨트롤을 활용하려면 폼에 컨트롤을 추가하고 추가된 컨트롤의 속성을 설정하고 이벤트 프로시저를 작성하여야 합니다.

이 장에서는 사용자 정의 폼에 사용되는 각 컨트롤 별로 기능과 사용 방법에 대해 알아보겠습니다.

1) 명령 단추(CommandButton)

A) 기능 : 명령문 실행

명령 단추(CommandButton)는 사용자 정의 폼에서 실행 프로시저와 연결하는 실행 단추로 활용할 수 있습니다.

B) 컨트롤 삽입, 편집

도구 상자에서 명령 단추를 선택하여 아래와 같이 폼 개체에 삽입하고 속성 창에서 선택한 명령 단추에 대한 속성을 편집할 수 있습니다.

(속성 편집 예) 개체 (이름), Caption(제목) 속성 변경

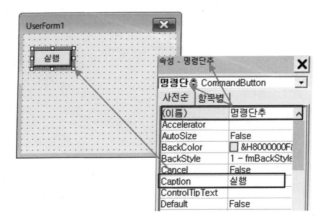

C) 이벤트 프로시저 작성

삽입한 명령 단추가 기능을 하려면 명령단추_클릭 이벤트 프로시저를 작성해야 합니다.

폼 개체의 '실행' 명령 단추를 더블 클릭하면 코드 창에 다음과 같은 이벤트 프로시저가
생성되며

      Private Sub 명령단추_Click( )

          ---- VBA 코드 ----

      End Sub

여기에 필요한 코드를 추가하여 이벤트 프로시저를 작성합니다.

(이벤트 프로시저 작성 예)

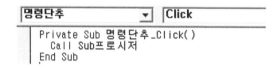

☞ 실행 단추(명령단추)를 클릭하면 'Sub프로시저' 실행

2) 텍스트 상자(TextBox), 레이블(Label)

A) 기능

✓ **텍스트 상자** : 텍스트를 입력 받아 변수 값에 할당하여 셀에 기록하거나 프로시저에 변수로 사용

✓ **레이블** : 폼에 문자열을 추가하거나 이웃한 다른 컨트롤을 설명하는 용도로 사용

B) 컨트롤 삽입 (예)

폼 개체에 레이블, 텍스트 상자 등 컨트롤을 삽입하고 속성을 편집합니다.

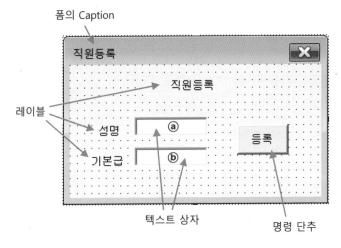

(1) 삽입한 컨트롤

- 레이블 삽입 (3개) : 직원등록, 성명, 기본급

- **텍스트 상자** 삽입 (2개) : 성명ⓐ, 기본급ⓑ
  (용도 : 데이터를 입력 받아 변수로 사용)

- **명령 단추** 삽입 (1개) : 등록
  (용도 : 실행 단추로 활용 ☞ 실행하면 텍스트 상자 등에 입력된 내용을 프로시저의 변수로 활용하거나 셀에 연견)

(2) 컨트롤 별 속성 편집

컨트롤	(이름)	Caption	변경한 주요 속성
폼	기본값	직원등록	배경색(BackColor) 연노랑색
레이블	직원등록	직원등록	TextAlign = 2-fmTextAlignCenter
	기본값	성명	Text자동맞춤(AutoSize) = True
	기본값	기본급	AutoSize = True
텍스트 상자	ⓐ 성명	-	IMEMode=한글(fmIMEModeHangul)
	ⓑ 기본급	-	IMEMode=한글, MultiLine=True TextAlign = 3-fmTextAlignRight
명령 단추	CommandButton1	등록	

- AutoSize : Text 크기가 자동적으로 개체 크기를 조정할 것인지 여부 설정
   (True = 자동 조정)

- IMEMode : Text를 입력받을 때 기본 언어 설정
   . fmIMEModeHanngul : 한글 우선 입력

- MultiLine : 여러 줄로 Text 입력이 가능 여부 설정

- TextAlign : 상자 내 텍스트 맞춤
   . Text 왼쪽 맞춤 (기본값) : 1-fmTextAlignLeft
   . Text 가운데 맞춤 : 2-fmTextAlignCenter
   . Text 오른쪽 맞춤 : 3-fmTextAlignRight

※ UserForm_Initialize 이벤트 프로시저로 폼 및 컨트롤의 속성을 추가로 설정 가능

(3) 변수값 할당

텍스트 상자로 입력 받은 데이터를 변수로 활용하려면 변수 이름이 필요하며 개체의 이름인 (이름)이 변수의 이름이 됩니다.

예) '성명' 텍스트 상자의 경우 변수 이름 = '성명'

컨트롤	변수 이름	데이터 형식	변수에 할당되는 값
'성명' 텍스트 상자	성명	문자열	텍스트 상자에 입력되는 값
'기본급' 텍스트 상자	기본급	문자/숫자	텍스트 상자에 입력되는 값

C) 이벤트 프로시저 작성

앞에 작성한 폼을 실행하여 아래와 같은 폼 화면을 표시하기 위해 기본적으로 작성해야
할 이벤트 프로시저는 다음과 같습니다.

(폼 실행 예)

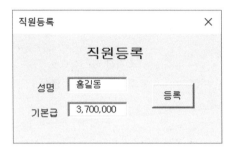

(1) 작성할 이벤트 프로시저

(a) 폼_초기화 이벤트 프로시저 : Private Sub UserForm.Initialize()
 (폼을 실행하면 화면에 표시되는 폼의 표시 형식 설정)

- 레이블 (직원등록)의 글꼴 속성 설정
- 성명 텍스트 상자에 표시되는 초기값 설정
- 기본급 텍스트 상자에 표시되는 초기값 및 표시 형식 설정

(b) 기본급_변경 이벤트 프로시저 : Private Sub 기본급_Change()
 (기본급 텍스트 상자에 숫자를 입력하면 표시되는 형식 설정)
- 숫자 표시 형식 "#,##0" 설정

(c) 등록_클릭 이벤트 프로시저 : Private Sub 등록_Click()
 (명령 단추를 클릭하면 실행되는 이벤트 프로시저 작성)
- 텍스트 상자에 입력된 값을 셀 등에 기록하는 코드 작성

(2) 프로시저 작성 내용

<프로시저> 폼_초기화, 기본급_변경, 실행단추_클릭 이벤트

```
①   Private Sub UserForm_Initialize()          294_01
②       With 직원등록.Font
            .Size = 14
            .Bold = True
        End With
③       성명.Value = "홍길동"                        '초기값
        기본급.Text = Format(3700000, "#,##0")      '초기값 및 표시 형식
        End Sub

④   Private Sub 기본급_Change()                  294_02
⑤       기본급.Text = Format(기본급.Value, "#,##0")   '초기값 및 표시 형식
        End Sub

⑥   Private Sub CommandButton1_Click()       294_03
⑦       Sheets("직원등록").Select
⑧       With Cells(Rows.Count, 1).End(xlUp).Offset(1)
⑨          .Value = 성명
⑩          .Offset(0, 1).Value = 기본급
        End With
⑪       성명 = ""
⑫       기본급 = 3700000                         '클릭 후 초기값
⑬       성명.SetFocus
        End Sub
```

① 사용자 정의 폼 UserForm(직원등록)의 초기 화면을 설정하는 이벤트 프로시저

② 레이블 '직원등록'의 글꼴 속성 설정(With ~ End With문)

③ '성명' 텍스트 상자, '기본급' 텍스트 상자의 초기값 설정

 - 성명.Value : 초기값을 '홍길동'으로 표시

 - 기본급.Text : 초기값을 "#,##0" 형식으로 표시(3,700,000)

 ※ **초기값 설정 방법** : 상수 또는 변수로 설정

   - 상수 값 지정 설정 : 성명.Value = 위의 프로시저와 같이 "홍길동"으로 지정하여 설정

   - 변수 값 설정 : 기본급.Value = Cells(m, n).Value과 같이 지정되지 않은 셀 위치 설정

---

④ '기본급' 텍스트 상자가 화면에 표시되는 서식을 설정하는 이벤트 프로시저

⑤ 기본급.Text = Format(기본급.Value, "#,##0")
  - '기본급' 텍스트 상자의 표시 형식을 "#,##0" 형식으로 표시

⑥ '등록' 명령단추_클릭 이벤트 프로시저
  ('등록'은 단추의 제목이며 개체의 (이름)은 'CommandButton1' 임)

⑦ 엑셀 워크시트 '직원등록' 선택

⑧ With ~ End With문
  - Cells(Rows.Count, 1) : [A]열의 아래쪽 데이터가 있는 마지막 셀
  - (xlUp) 위쪽으로 데이터가 있는 마지막 셀(End)의 아래쪽 셀(Offset(1))

⑨ 그 셀에 값을 '성명' 텍스트 상자에서 입력받은 '성명'으로 기록

⑩ 오른쪽 1열 셀에 '기본급' 텍스트 상자에서 입력받은 '기본급'으로 기록

⑪ 기록 후 '성명' 텍스트 상자의 표시 값 초기화(빈 문자열)

⑫ '기본급' 텍스트 상자의 값 초기화 (3700000)

⑬ '성명' 텍스트 상자에 커스를 위치시킴 (SetFocus)

《실행 결과》

'직원등록' 시트

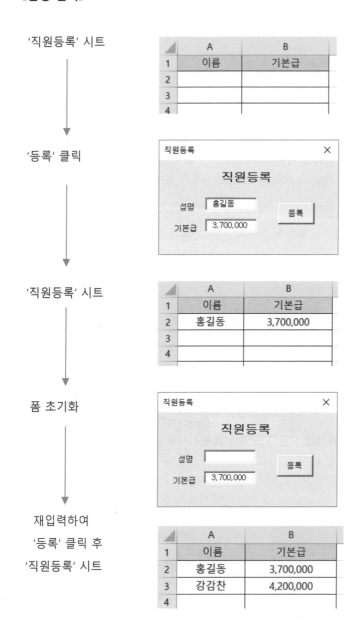

'등록' 클릭

'직원등록' 시트

폼 초기화

재입력하여
'등록' 클릭 후
'직원등록' 시트

※ '등록'을 클릭할 때마다 데이터가 있는 마지막 행의 다음 행에 기록됩니다.

3) 콤보 상자(ComboBox), 옵션 단추(OptionButton)

A) 기능

- ✓ **콤보 상자** : 드롭다운 항목으로 입력 받아 변수에 할당

- ✓ **옵션 단추** : 여러 개의 옵션 단추 중 한 개를 선택 ☞ 결과를 변수에 할당

B) 컨트롤 삽입 (예)

폼 개체에 콤보 상자 와 옵션 단추 등의 컨트롤을 삽입하고 속성을 편집합니다.

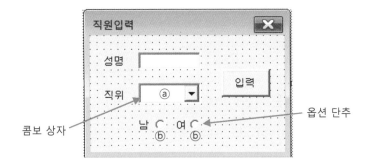

- **콤보 상자** 삽입(1개) : 직위ⓐ

- **옵션 단추** 삽입(2개) : 남/여ⓑ

- 그 외 컨트롤 : 레이블 3개(성명, 직위, 성별), 명령 단추 1개 (입력)

(1) 속성 편집

컨트롤	(이름)	Caption	변경된 주요 속성
폼	기본값	직원입력	
레이블1~3	기본값	성명, 직위, 성별	
텍스트 상자	성명	-	IMEMode=한글(fmIMEModeHangul)
콤보 상자	직위	-	드롭다운 항목을 폼 이벤트에 반영 (다음 장 C항의 이벤트 프로시저 참조)
옵션 단추	Opt남	남	Alignment : 0-fmAlignmentLeft
옵션 단추	Opt여	여	Alignment : 0-fmalignmentLeft
명령 단추	Command-Button1	입력	

- Alignment : 0-fmAlignmentLeft (왼쪽 맞춤)
   : Caption 문자열을 왼쪽에 위치 (초기값 = 1-fmAlignmentRight)

(2) 변수값 할당 : 텍스트 상자, 콤보 상자, 옵션 단추

컨트롤	변수 이름	데이터 형식	변수에 할당되는 값
텍스트 상자	성명	문자열	텍스트 상자에 입력되는 값
콤보 상자	직위	문자열	콤보 상자에 선택되는 값
옵션 단추	Opt남 Opt여	논리형	Check되면 True

C) 이벤트 프로시저 작성

위의 경우 다음 이벤트 프로시저는 기본적으로 작성해야 합니다.

  (a) 폼_초기화 이벤트 프로시저 : UserForm_Initialize()

   - 콤보 상자를 Display할 때 드롭다운 메뉴 항목 내용
     (직접 입력방법 또는 셀 주소 인용 방법)

  (b) 입력_클릭 이벤트 프로시저 : CommandButton1_Click()

   - 명령 단추(입력)를 클릭하면 텍스트 상자, 콤보 상자, 옵션 단추에 입력된 값을
     연결하는 이벤트 프로시저 작성

<프로시저> 폼_초기화 이벤트

(a) 폼 이벤트 프로시저에 직접 입력 방법 (드롭다운 항목)

사용자 정의 폼_Initialize 이벤트 프로시저에 직접 입력

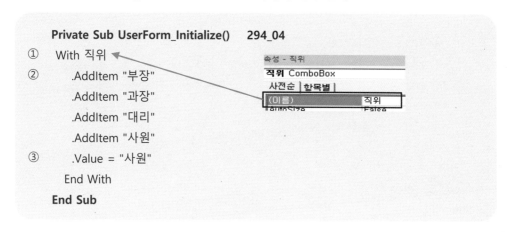

```
Private Sub UserForm_Initialize()      294_04
①    With 직위
②        .AddItem "부장"
             .AddItem "과장"
             .AddItem "대리"
             .AddItem "사원"
③        .Value = "사원"
         End With
End Sub
```

① UserForm_Initialize 이벤트 프로시저를 작성시할 때 '직위' 개체의 이름은 콤보 상자 속성 창의 (이름) 항목과 같아야 함

② 사용자 정의 폼의 콤보 상자의 드롭다운 항목 : 부장 ~ 사원

③ 콤보 상자 '직위'의 초기값은 '사원'으로 표시

(b) 엑셀 시트의 셀 주소 인용 방법(드롭다운 항목)

직위의 내용이 있는 셀 주소 인용 ☞ 위와 같은 결과 표시

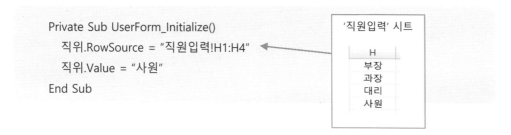

```
Private Sub UserForm_Initialize()
    직위.RowSource = "직원입력!H1:H4"
    직위.Value = "사원"
End Sub
```

'직원입력' 시트

H
부장
과장
대리
사원

<프로시저> 명령단추_클릭 이벤트

```
Private Sub CommandButton1_Click()        294_05
    Sheets("직원입력").Select
①   If Opt남 Then 성별 = "남"
    If Opt여 Then 성별 = "여"
②   With Cells(Rows.Count, 1).End(xlUp).Offset(1)
        .Value = 성명
        .Offset(0, 1).Value = 직위
        .Offset(0, 2) = 성별
    End With
    성명 = ""
    성명.SetFocus
Sub
```

① Opt남 (OptionButton1) = True 이면 (선택하면) '성별' 변수 = "남"
   Opt여 (OptionButton2) = True 이면 '성별' 변수 = "여"

② With~End With문 : [A]열의 아래쪽으로 마지막 셀에서 위로 데이터가 있는 첫 번째 셀의 아래쪽 첫 셀에 '성명'을 기록하고 오른쪽 1열, 2열에 차례로 '직위', '성별' 기록

《실행 결과》

(메뉴 창 : 폼)

(기록 결과 : '입력' 클릭)

	A	B	C
1	이름	직위	성별
2	홍길동	부장	남
3			
4			
5			

4) 복수의 옵션 단추(OptionButton), 프레임(Frame)

A) 기능

✓ **프레임** : 폼에서 필요한 여러 개의 컨트롤을 그룹으로 묶을 때 사용합니다.
        (폼 화면에서 부분 메뉴로 사용)

B) 컨트롤 삽입(프레임에 복수의 옵션단추 사용 예)

여러 개의 옵션 단추를 폼에 삽입하면 단추 숫자가 아무리 많아도 폼 실행 후 선택되는 단추는 1개이므로 '프레임' 컨트롤을 사용하여 그룹을 묶으면 프레임 별로 1개씩 선택할 수 있습니다. (아래는 9개의 옵션 단추 컨트롤을 3개 그룹으로 묶은 예입니다.)

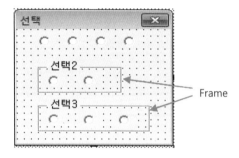

- Frame 없는 옵션 단추 : 4개
- 선택2 Frame : 2개
- 선택3 Frame : 3개

위와 같이 작성하면 Frame이 없는 옵션 단추, Frame1(선택2), Frame3(선택3)의 옵션 단추가 각각 그룹이 되어 그룹별로 1개씩 옵션 단추를 선택할 수 있습니다.

【 속성 편집 】

컨트롤	(이름)	Caption	비고
폼	기본값	선택	
옵션 단추1~9	기본값	-	
Frame1	기본값	선택2	그룹 이름 변경
Frame2	기본값	선택3	"

5) 목록 상자(ListBox)

목록 상자는 콤보 상자와 유사하지만 화면에 여러 행을 표시할 수 있으며 표시된 여러 행 중에 선택할 때 한 행 또는 여러 행을 선택할 수 있는 상자입니다.

A) 기능 : 여러 행 중 한 행 또는 여러 행을 선택하여 변수에 할당

　　　　　(2차원 배열 변수 형식으로 변수에 할당)

B) 컨트롤 삽입/속성 편집 (예)

폼 개체에 목록 상자와 명령 단추 컨트롤을 삽입합니다.

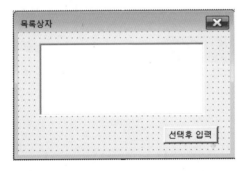

- **목록 상자** 삽입(1개) : ListBox1
- **명령 단추** 삽입(1개) : '선택 후 입력'

【목록 상자의 주요 속성】

목록 상자에 특별히 사용되는 주요 속성은 다음과 같습니다.

- ColumnCount 　　　　: 표시할 열의 수
- ColumnHeads 　　　　: 제목표시 여부(True : 1행은 제목표시)
- ColumnWidths 　　　　: 열의 너비 설정
　　예) ColumnWidths = 40 pt;30 pt ☞ 1열=40, 2열=30 pt로 설정
- MultiSelect 　　　　: 여러 항목 선택 여부(1-fmMultiSelectMulti)
　　　　　　　　　　(기본값 = 1개 : 0-fmMultiSelectSigle)
- ListStyle 　　　　: 목록 상자에 확인란(CheckBox)을 표시할 것인지 여부 표시
　　. 표시 : 1-fmListStyleOption
　　. 표시 않음 (기본값) : 0-fmListSylePlain)

C) 드롭다운 메뉴 설정 (예)

목록 상자의 드롭다운 항목은 UserForm.Initialize()에서 설정합니다.

【 드롭다운 항목 설정 】

	A	B	C	D	E	F
1	성명	직책	기본급	직책수당	시간외수당	휴일수당
2	이기환	팀장	5,250,000	500,000	114,495	686,970
3	배영기	주임	4,120,000	200,000	235,776	265,248
4	홍석철	사원	4,030,000	-	336,863	242,541
5	서영석	사원	3,940,000	-	296,183	180,285
6	오진석	사원	3,850,000	-	122,790	392,928
7	김일수	사원	4,030,000	-	175,169	323,388
8	이형섭	사원	4,288,000	-	425,208	485,952

(폼_초기화 이벤트 프로시저)

```
Private Sub UserForm_Initialize()
①       ListBox1.RowSource = "목록상자!A2:C8"
End Sub
```

① 목록상자의 드롭다운 항목을 '목록상자' 시트의 [A2:C8] 셀의 내용 표시
(제목을 제외하고 2행부터 목록으로 지정 필요)

(속성 설정 내용)

- ColumnCount = 3   '3열 표시
- ColumnHeads = True   '제목 행 표시
- ColumnWidths = 45, 30, 100 (45 pt;30 pt; 100 pt)   '표시할 3열의 폭 설정
- ListStyle = fmListStyleOption   '왼쪽에 확인란 표시
- MultiSelect = fmMultiSelectMulti   '여러 행 선택 가능

《폼 실행 결과》

D) 할당되는 변숫값

(1) 사용되는 용어

(개체)

- ListBox1   : 목록 상자 개체 (이름)

(속성, 메서드)

- List(행, 열)   : 목록 상자에 표시되는 (행,열) 주소의 문자열 값
                            → 0부터 시작 (1행, 1열 = (0, 0))

        예) ListBox1.List(0, 0) = 이기환, ListBox1.List(1, 2) = 5250000

- ListCount   : 표시되는 행의 수
- ListIndex   : List의 행번호 (1행 = 0)
- Column(열, 행) : 목록 상자에 표시되는 (열, 행) 주소의 문자열 값
                            (List와 행, 열이 바뀐 개념)
- Selected(행)   : 행이 선택되었는지 여부 (True : 선택)

(2) 할당되는 변수의 값

위의 논리에 따라 할당되는 변숫값은 다음과 같습니다.

예) 위에서 4행을 선택할 경우(서영석, 사원, 3,940,000)

(변수의 정의)	(결과값)
변수1 = ListBox1.List(3, 0)	☞ 변수1 = "서영석"
변수2 = ListBox1.List(3, 1)	☞ 변수2 = "사원"
변수3 = ListBox1.List(3, 2)	☞ 변수3 = 3940000
변수4 = ListBox1.Column(0, 3)	☞ 변수4 = "서영석"
변수5 = ListBox1.Column(2, 0)	☞ 변수5 = 5250000

※ 변수에 할당되는 값은 선택과 상관없이 목록 상자에 표시되는 행, 열 주소 기준으로 할당

E) 이벤트 프로시저 작성 예)

위의 C)에 작성된 폼에서 '선택 후 입력' 단추의 실행 프로시저 예입니다

<프로시저> 명령단추_클릭 이벤트

```
      Private Sub CommandButton1_Click()        294_06
①     Set 기록셀 = Sheets("목록상자").[H1].End(xlDown).Offset(1)
②     n = 0
③     For 행 = 0 To ListBox1.ListCount - 1
④       If Listbox1.Selected(행) = True Then
⑤         For 열 = 0 To 2
⑥           기록셀.Offset(n, 열) = ListBox1.List(행, 열)
         Next
⑦         n = n + 1
       End If
     Next
   End Sub
```

① 기록할 위치의 기준 셀 설정

　　- 셀 개체 변수 '기록셀'을 아래와 같이 정의

　　- 기록셀 = '목록상자' 시트의 [H]열 아래쪽으로 비어있는 첫 번째 셀 (데이터가 있는 셀의 아래쪽 셀)

②⑦ 순차적으로 기록할 행의 위치 변수 정의 (기록 후 n = n + 1)

③ For ~ Next 문 : ListBox1의 List 1행(행 변수 = 0)부터 마지막 데이터 행까지 차례로 순환

④ 행이 선택되었을 때

⑤ 열 변수 '열'이 0~2까지 차례로 (For ~ Next문)

⑥ '기록셀' 위치에서 아래로 n행과 오른쪽으로 '열'만큼 이동한 셀 (n, 열)에 ListBox1에서 선택된 List 내용을 차례로 기록

《실행 결과》

(폼 실행 화면)

아래의 폼 실행 화면에서 배영기, 서영석, 오진석을 선택(Check)한 후 '선택 후 입력' 단
추 클릭

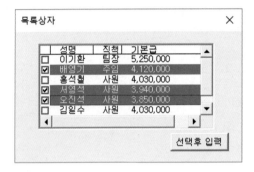

(실행 전 '목록상자' 시트)   (실행 후 '목록상자' 시트)

H	I	J
선택된 사람		
성명	직책	기본급

H	I	J
선택된 사람		
성명	직책	기본급
배영기	주임	4120000
서영석	사원	3940000
오진석	사원	3850000

6) 확인란(CheckBox), 토글 단추(ToggleButton)

확인란은 옵션 단추와 유사하지만, 옵션 단추는 여러 개의 단추 중에 한 개만 선택하는 반면 확인란은 여러 개의 컨트롤을 사용해도 각각 독립하여 Check 여부를 판단합니다.

토글 단추는 확인란과 유사하며 단추가 눌리는지를 판단합니다.

A) 기능 : 선택 기능 (확인란, 토글 단추 둘 다 True or False 반환)

컨트롤	변수 이름=개체 이름	데이터 형식	변수에 할당되는 값
확인란	(이름) 기본값 = CheckBox1	논리형	체크되면 True
토글 단추	(이름) =ToggleButton1	논리형	단추가 눌러지면 True

B) 컨트롤 삽입 (예)

폼 개체에 확인란 2개, 토글 단추 각각 1개를 삽입합니다.

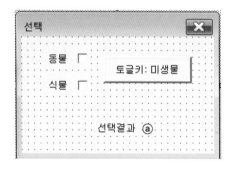

- 확인란 삽입(2개) : 동물, 식물

- 토글 단추 삽입(1개) : Caption = 토글키:미생물

- 레이블 (3개) : 선택결과ⓐ, 동물, 식물

(1) 이벤트 프로시저 작성

확인란 또는 토글 단추를 클릭하면 레이블 '선택결과'ⓐ의 Caption이 변경되도록 설정

(2) 속성 편집

컨트롤	(이름)	Caption	비고
확인란1	기본값 (CheckBox1)	-	동물
확인란2	기본값 (CheckBox2)	-	식물
토글 단추	기본값 (ToggleButton1)	토글키:미생물	
레이블	기본값 (Label1)	선택결과	선택 결과 표시 레이블

C) 이벤트 프로시저 작성

<프로시저> 확인란_클릭 이벤트

```
    Private Sub CheckBox1_Click()    294_07        '동물_클릭 이벤트 프로시저
      If CheckBox1.Value = True Then               '클릭하면
        Label1.Font.Bold = True                    "레이블1'의 글꼴 굵게
        Label1.Caption = "동물"                     'Caption을 '동물'로 표시
①       CheckBox2.Value = False
        ToggleButton1.Value = False
      End If
    End Sub

    Private Sub CheckBox2_Click()    294_08        '식물_클릭 이벤트 프로시저
      If CheckBox2.Value = True Then
        Label1.Font.Bold = True
        Label1.Caption = "식물"                     'Caption을 '식물'로 표시
②       CheckBox1.Value = False
        ToggleButton1.Value = False
      End If
    End Sub
```

① CheckBox1을 클릭하면 CheckBox2과 ToggleButton1을 False 상태(No Check)로 전환

② CheckBox2을 클릭하면 CheckBox1과 ToggleButton1을 False 상태로 전환

<프로시저> 토글 단추_클릭 이벤트

```
Private Sub ToggleButton1_Click() 294_09          '토글단추_클릭 이벤트 프로시저
    If ToggleButton1.Value = True Then
        Label1.Font.Bold = True
        Label1.Caption = "미생물"                    'Caption을 '미생물'로 표시
        CheckBox1.Value = False
        CheckBox2.Value = False
    End If
End Sub
```

《실행 결과》

('동물'을 클릭한 경우)

(토글 단추를 클릭한 경우)

7) 스크롤 막대(ScrollBar), 스핀 단추(SpinButton)

스크롤 막대와 스핀 단추는 거의 유사한 기능을 가지고 있으며 스크롤 막대는 가운데에 스크롤 할 수 있는 Bar가 있습니다.

스핀 단추는 주로 짧은 범위의 값을 조정할 때 사용하며 스크롤 막대는 넓은 범위의 값을 조정할 때 사용합니다.

(스크롤 막대) ◀ ▶   (스핀 단추) ▲
                                      ▼

A) 기능 : 텍스트 상자, 레이블 등과 연계해 값을 조정할 때 사용

컨트롤	변수 이름	데이터 형식	변수에 할당되는 값
스크롤 막대	(이름) 값	정수형	스크롤 막대의 이동 거리 (Min~Max사이의 값)
스핀 단추	(이름) 값	정수형	Min값 + 스핀 단추의 누름 횟수 (Min~Max사이의 값)

B) 컨트롤 삽입 예)

폼 개체에 스크롤 막대 1개, 스핀 단추 2개를 삽입합니다.

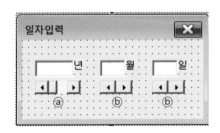

- 스크롤 바 삽입(1개)ⓐ : Min = 2021, Max = 2030 (년도 변경 범위)
- 스핀 단추 삽입(2개)ⓑ : Min = 1, Max = 12 (월 변경 범위)
                        Min = 1, Max = 31 (일 변경 범위)
- 레이블 (3개): 년, 월, 일
- 텍스트 상자 (3개) : 년도, 월, 일을 입력하는 상자

C) 이벤트 프로시저 작성 (예)

- 폼_초기화 이벤트 : 각 테스트 상자의 초기 값 지정
- 스크롤 막대_변경, 스핀 단추_변경 이벤트 : 텍스트 상자에 변경한 결과값 표시

```
Private Sub UserForm_Initialize()    294_10    '폼 초기값 설정
    TextBox1.Value = 2021                      '텍스트 상자1 초기값 = 2021
    TextBox2.Value = 7                         '텍스트 상자2 초기값 = 7
    TextBox3.Value = 1                         '텍스트 상자3 초기값 = 1
End Sub


Private Sub ScrollBar1_Change()      294_11    '스크롤 막대1_변경 이벤트
    TextBox1.Value = ScrollBar1.Value          '텍스트 상자1에 스크롤 막대1의 값 표시
End Sub


Private Sub SpinButton1_Change()  294_12       '스핀 단추1_변경 이벤트
    TextBox2.Value = SpinButton1.Value         '텍스트 상자2에 스핀 단추1의 값 표시
End Sub


Private Sub SpinButton2_Change()  294_13       '스핀 단추2_변경 이벤트
    TextBox3.Value = SpinButton2.Value
End Sub
```

《실행 결과》

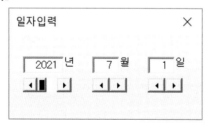

8) 다중 페이지(MultiPage)

다중 페이지는 여러 페이지의 탭을 사용할 수 있는 컨트롤입니다.
여러 개의 화면이 필요한 작업을 할 때 다중 페이지를 활용하면 편리합니다.

A) 기능 : 여러 개의 탭 사용

- 컨트롤을 삽입하면 기본적으로 2개의 페이지로 구성
- 마우스 오른쪽 단추를 눌러 페이지 추가, 삭제 가능
- 각 페이지 별로 속성을 달리 편집 가능
- 상단의 페이지 이름을 Caption에서 수정 가능

B) 컨트롤 삽입

폼 화면에 다중 페이지 1개를 삽입합니다.

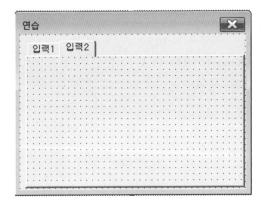

【 속성 편집 】

페이지	(이름)	Caption	변경된 주요 속성
Page1	기본값	입력1	- Caption
Page2	기본값	입력2	- Caption

9-5. 워크시트에서 도구 상자 사용

도구 상자의 컨트롤을 워크시트에서도 사용할 수 있습니다.
워크시트에서 유용하게 사용할 컨트롤을 간단히 소개하겠습니다.

(1) 사용 방법

엑셀 메뉴 바의 [개발 도구] 탭을 선택하고 [삽입] 메뉴를 선택한 후 [양식 컨트롤]에서
원하는 컨트롤을 선택하여 워크시트에 삽입한 후 사용합니다.

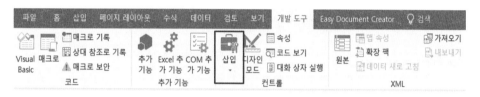

※ [삽입] 메뉴의 컨트롤 사용(아래 그림 참조) : 양식 컨트롤 사용

- 양식 컨트롤 : 워크시트에 적절하게 사용할 수 있는 컨트롤
- ActiveX 컨트롤 : 워크시트에서 서식 설정 불가

(2) 유용한 컨트롤

ⓐ 단추 (명령 단추)

ⓑ 확인란

ⓒ 콤보 상자

ⓓ 옵션 단추

ⓔ 스크롤 막대

ⓕ 스핀 단추

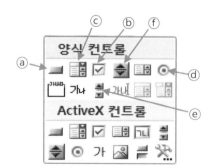

1) 단추(Button)

A) 기능 : 명령문을 실행

단추(Button)에 매크로를 지정하여 프로시저 실행에 사용합니다.

B) 컨트롤 삽입

양식 컨트롤에서 단추를 선택하여 워크시트에 삽입합니다.

【 작성 순서 】

① **단추 삽입** : 컨트롤에서 '단추'를 선택하여 워크시트에 삽입

② **서식 설정** : 단추 이름 변경 등 원하는 서식 설정
  - 추가된 단추를 선택한 후 이름 변경 등 서식 설정

③ **매크로 지정** : 마우스의 오른쪽 단추를 클릭한 후 매크로 지정

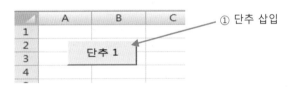

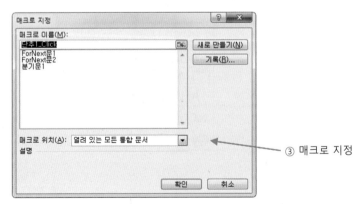

2) 확인란(CheckBox)

A) 기능 : 체크 여부를 판단

확인란을 클릭하면 True가 되고 해제하면 False가 됩니다.

B) 컨트롤 삽입

양식 컨트롤에서 확인란을 선택하여 워크시트에 삽입합니다.

(1) 작성 순서

① **컨트롤 삽입** : 컨트롤에서 '확인란' 선택 삽입

② **서식설정** : '확인란'에서 마우스 오른쪽 단추 클릭 후 서식 설정
- 셀 연결 : 체크 여부를 반환(할당)할 셀 주소 지정

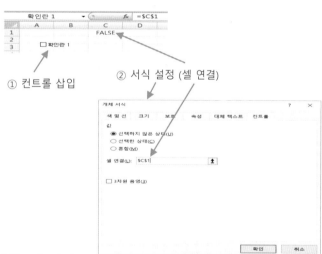

(2) 결과 반환 : 셀 연결

- 체크 : True
- 공란(No Check) : False

```
─<예문>─
IF [C1] = True Then            '[C1]셀이 True이면 다음 진행
                              '즉, 확인란이 Check되면 다음 코드 진행
```

3) 콤보 상자(ComboBox)

A) 기능 : 드롭다운 목록 표시하여 선택

콤보 상자에 선택할 항목을 드롭다운 목록으로 보여줍니다.

B) 컨트롤 삽입

양식 컨트롤에서 콤보 상자를 선택하여 워크시트에 삽입합니다.

(1) 작성 순서

① **컨트롤 삽입** : 컨트롤에서 콤보 상자 선택 후 삽입

② **서식 설정** : 컨트롤 서식에서 입력 범위, 셀 연결 설정

 - 입력 범위 : 드롭다운 메뉴 항목 설정 (셀 주소 지정)
 - 셀 연결 : 선택한 결과가 표시되는 셀 주소 지정

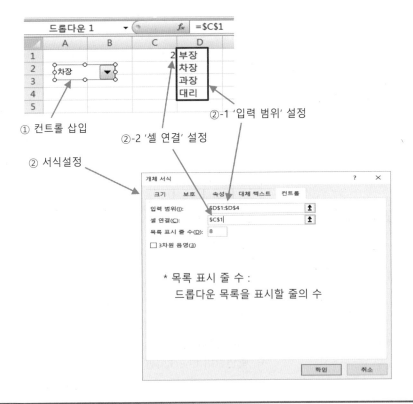

(2) 결과 반환 : 셀 연결

셀 연결 셀에 표시되는 결과는 콤보 상자의 드롭다운 항목에서 선택하는 순서에 따라 숫자로 표시됩니다.

- 셀 연결 셀에 기록되는 숫자 : 드롭다운 항목의 위로부터 1, 2, ~~

  예) 드롭다운 항목이 부장, 차장, 과장, 대리인 경우

    부장 = 1, 차장 = 2, 과장 = 3, 대리 = 4

※ 반환되는 결과가 숫자로 반환되기 때문에 다시 문자로 전환하기 위한 방법은 <u>Choose 함수</u>를 사용하면 편리합니다.

<예문>

[C2] = Choose([C1], "부장", "차장", "과장", "대리")

　　　　　　　　　[C1] 셀 : 콤보 상자의 셀 열결이 설정된 셀 주소

　　　　　　　　　[C1]셀의 결과 값 순번(1~4)을 읽어 순번 순서에 해당하는 문자

　　　　　　　　　('부장', ~, '대리')를 [C2]셀에 기록

　　　　　　　　　예) [C1]셀 = 2 인 경우 : [C2]셀 = '차장' 기록

---

4) 옵션 단추(OptionButton)

A) 기능 : 여러 개의 단추 중에 한가지 선택

여러 개의 단추 중에 한 개의 단추를 선택합니다.

B) 컨트롤 삽입

양식 컨트롤에서 옵션 단추를 선택하여 워크시트에 원하는 수만큼 옵션 단추를 삽입합니다.

(1) 작성 순서

① **컨트롤 삽입** : 컨트롤에서 옵션 단추 선택 후 삽입

② **서식 설정** : 컨트롤 서식에서 이름 변경 등 '셀 연결' 설정

- 셀 연결 : 선택한 결과가 표시되는 셀 주소 지정

(여러 개의 옵션 단추 중에 1개만 지정)

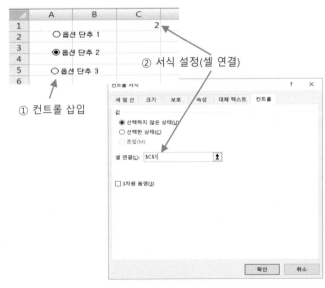

(2) 결과 반환 : 셀 연결

- 체크되는 옵션 단추의 순번을 반환

※ 옵션 단추 그룹을 여러 개 사용하는 경우는 '그룹 상자' 컨트롤을 사용하여야 합니다.

---

5) 스크롤 막대(ScrollBar)

A) 기능 : 일정 범위의 값을 조정하여 선택

　스크롤 막대로 지정한 최소값과 최대값의 사이를 조정하여 값을 선택합니다.

B) 컨트롤 삽입

양식 컨트롤에서 스크롤 막대를 선택하여 워크시트에 삽입합니다.

(1) 작성 순서

　① **컨트롤 삽입** : 컨트롤에서 스크롤 막대 선택 후 삽입

　② **서식 설정** : 컨트롤 서식에서 최소값 등과 셀 연결 설정

　- 최소값, 최대값 등 입력 : 원하는 값을 지정하여 입력
　- 셀 연결 : 선택한 결과가 표시되는 셀 주소 지정

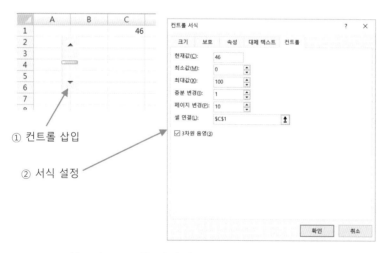

　① 컨트롤 삽입

　② 서식 설정

　※ 최소값 : 스크롤 막대의 최소값 지정
　최대값 : 스크롤 막대의 최대값
　증분 변경 : 클릭 시 증가되는 숫자값(기본값 = 1)

(2) 결과 반환 : 셀 연결

- 스크롤 막대의 위치에 상당하는 최소값과 최대값 사이의 숫자를 반환

6) 스핀 단추(SpinButton)

A) 기능 : 일정 범위의 값을 조정하여 선택

스크롤 막대와 같은 기능을 가지고 있으나 중간에 Bar가 없으며 스핀 단추를 클릭하여 원하는 값을 선택할 수 있습니다.

B) 컨트롤 삽입

양식 컨트롤에서 스핀 단추를 선택하여 워크시트에 삽입합니다.

(1) 작성 순서

① **컨트롤 삽입** : 컨트롤에서 '스핀 단추' 선택 후 삽입

② **서식 설정** : 컨트롤 서식에서 초기값 및 셀 연결 설정

- 최소값, 최대값 등 입력 : 원하는 값을 지정하여 입력
- 셀 연결 : 선택한 결과가 표시되는 셀 주소 지정

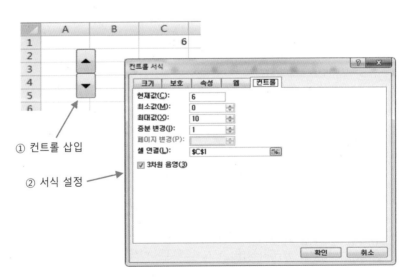

(2) 결과 반환 : 셀 연결

- 최소값과 최대값 사이의 숫자 반환

Part III

프로그래밍

엑셀(Excel)은 고유기능 (함수, 피벗테이블, 차트 등) 만으로도 데이터를 편집하고 활용하는 데 탁월한 기능을 가지고 있습니다. 그러나 데이터의 수가 많아지면 엑셀의 편집 기능만으로는 시간이 많이 걸리고 원하는 형식의 데이터를 만들어 내는 데 어려움이 있습니다.

많은 데이터를 일상적, 반복적으로 원하는 형식으로 편집이 필요하다면 엑셀 매크로를 활용하면 효율적인 업무 수행에 많은 도움이 될 것입니다.

매크로 프로그래밍은 정답이 없습니다.

한 개의 과제가 있을 때 여러 가지 형식으로 프로시저를 작성할 수 있으므로 작성자에 따라 프로시저는 다르게 작성될 수 있습니다.

다만, 간단하면서 빠르게 실행될 수 있는 프로시저가 잘 작성된 프로시저입니다. 효율적인 프로시저를 작성하기 위해서는 프로그래밍을 많이 해 보아야 합니다.

이런 목적으로 이 책에서는 프로그래밍 연습을 위해 과제를 제시하고 그 과제를 해결하는 프로시저 예문을 포함하였습니다. 한 개의 과제에 대해서도 여러 가지 방법의 프로시저 예문을 작성하였으므로 사용자의 매크로 작성에 많은 도움이 될 것으로 생각됩니다.

Chapter 1. 프로그래밍 기초

이 장에서는 사용자가 매크로 작성을 숙달하는 데 도움이 되도록 각종 명령문을 활용한 기초적인 프로시저 예문을 소개합니다.

각 파트에서 아래와 같은 명령문 사용 기법을 학습할 수 있습니다.

1-1. 순환문 기초

1) 단순 순환문 : For~Next, For Each~Next, Do Until~Loop 문 등
2) 2중 순환문 : For~Next, For Each~Next, Do While~Loop, Mod(나머지) 연산자,
　　　　　　　 ₩(몫) 연산자, Formula R1C1 등
3) 수식 추가 : FormulaR1C1, For~ Next, For Each~Next 등
4) 배열 변수 활용 : For Each~Next, 배열 변수, Select Case 문 등

1-2. 순환문 활용

1,2) 파일 병합 : 2중 For~Next, If 조건문, 동적 배열 변수, 2중 For Each~Next 문 등
3) 집계표 만들기 : If 조건문, Select Case 문, 2차원 배열 변수 등
4) 달력 만들기 : For~Next 문, If 문, Array 함수, With 문, Mod 연산자 등

1-3. 서식 작성

1) 새 서식 작성 : With 문, 선 그리기, Split 함수, 서식 복사하기 등
2) 자동 매크로 : 서식 작성, 편집(선 그리기), 색상표 작성, For~Next 문

1-4. 파일 조작

1) 파일 조회 : 경로/파일 조회/열기/저장, Application.DisplayAlerts 문
2) 입력 받아 파일 열기 : InputBox 함수, 시트에 콤보 상자 편집 등

1-1. 순환문 기초

프로시저를 잘 작성하려면 기본적으로 For ~ Next, Do ~ Loop, For Each ~ Next 문 등의 순환문을 잘 활용할 수 있어야 합니다.

순환문 활용을 숙달하기 위한 기본적인 예문을 소개합니다.

1) 단순 순환문

For ~ Next 문, Do ~ Loop 문을 활용한 예문입니다.

> **<과제11-1> 순환 기초1**
>
> 1을 100번 더하는 작업 (= 1+1+~+1)의 결과를 '기초1' 시트의 [A1]셀에 기록하는 프로시저를 작성하세요.
>
> (For ~ Next 문과 Do Until ~ Loop 문 각각 사용)

<프로시저1> For ~ Next 문

```
     Sub 기초1( )          311_01

①    Dim 시트A As Worksheets, m As Integer    '변수 선언 (생략 가능)
②    Set 시트A = Worksheets("기초1")           '개체 변수 '시트A' 정의
③    m = 0                                     'm 변수 초기값 정의 (생략 가능)
④    For i = 1 to 100
⑤        m = m + 1
     Next i
⑥    시트A.Cells(1, 1).Value = m               '[A1]셀에 m의 결과 값 기록
     End Sub
```

① 변수 선언 (개체 변수 '시트A', 정수 변수 m)

② Set 문을 사용하여 개체 변수 '시트A' 정의

③ m 변수의 초기값 = 0 할당 (생략 가능 : 변수 선언과 동시에 0 할당)

④ For ~ Next 문(100회 반복)

⑤ 주어진 과제에 대한 수식 : 1회 순환할 때마다 1씩 증가
  - m(새로운 m 값) = m(이전의 m 값) + 1

  <i 값 변화에 따른 m 값의 변화>

i (회)	1	2	3	4	....	98	99	**100**
m	1	2	3	4	....	98	99	**100**

⑥ Cells 문을 사용하여 1을 100회 누적한 m의 결과 값을 [A1]셀 (= Cells(1,1))에 기록

《실행 결과》

<참고> '기초1' 역순환(Step -1) 프로시저

```
Sub 기초1_1( )
    For i = 100 to 1 Step -1          '100부터 1까지 -1 Step으로 순환
        m = m + 1
    Next i
    Worksheets("기초1").Cells(1, 1).Value = m
End Sub
```

<프로시저2> Do Until ~ Loop 문

```
    Sub 기초2( )       311_02

①   Dim 시트A As Worksheets, m As Integer
    Set 시트A = Worksheets("기초1")
    m = 0
②   Do Until m  = 100
        m = m + 1
    Loop
③   시트A.[A1] = m


    End Sub
```

① 변수 선언 : 생략 가능

  ※ m 변수 선언 및 정의 생략
    - 변수 선언 (Dim m As Integer), m = 0 둘 다 생략할 경우 m = Empty로 자동 할당
    - 변수 선언만 할 경우 선언과 동시에 m = 0로 자동 할당

② Do Until 문 : m이 100이 될 때까지 순환

③ [A1]셀에 m의 결과 값 기록

<참고> '기초2' 생략형 프로시저 (변수 선언 등 생략)

```
    Sub 기초2_1( )
       Do Until m  = 100
           m = m + 1
       Loop
       Sheets('기초1").[A1] = m
    End Sub
```

<과제11-2> **순환 기초2**

1을 100번 더하는 작업과 1부터 100까지 더하는 작업 (= 1+2+~~~+99+100)의 결과를 워크시트 '기초1'의 [A2]셀과 [B2]셀에 각각 기록하는 프로시저를 작성하세요.

(For ~ Next문, Do Until ~ Loop문 사용)

<프로시저1> For ~ Next 문
- 순환문을 사용하여 100회 순환
- 1 + 1 .... 의 누적 변수 m 사용(m = m + 1)
- 1 + 2 .... 의 누적 변수 n 사용(n = n + m)

```
    Sub 기초3( )          311_03
    Dim 시트A As Worksheets, m As Integer, n As Integer
    Set 시트A = Worksheets("기초1")
    m = 0
    n = 0
①   For i = 1 to 100
②       m = m + 1                    '1 + 1 + 1 ~~~ 의 합
        n = n +m                     '1 + 2 + 3 ~~~ 의 합
    Next i
③   시트A.[A2] = m                   '[A2]셀에 m 결과 값 기록
    시트A.[B2] = n                   '[B2]셀에 n 결과 값 기록
    End Sub
```

① For ~ Next 문 (100회 반복)

② i의 변화에 따른 m, n 값의 변화
- m 값 수식 : 1회 순환할 때 마다 1씩 더하기
- n 값 수식 : 1회 순환할 때 마다 m 값 더하기 ☞ n (새로운 n값) = n (이전의 n값) + m
  (예 : i=4일 경우) : n(10) = n(6) + m (4)

i (회)	1	2	3	4	....	98	99	**100**
m	1	2	3	4	....	98	99	**100**
n	1	3	6	10	....	4851	4950	**5050**

③ [A2]셀과 [B2]셀에 m, n의 결과 값 기록

《실행 결과》

◢	A	B
1		
2	100	5050

<프로시저2> Do Until ~ Loop 문

```
    Sub 기초4( )        311_04

        Dim 시트A As Worksheets
        Dim m As Integer, n As Integer
        Set 시트A = Worksheets("기초1")
①      Do Until m = 100
            m = m + 1
            n = n +m
        Loop
            시트A.[A2] = m
②          시트A.[B2] = n

    End Sub
```

① Do Until ~ Loop 문(100회 반복)

② [B2]셀에 1 + 2 ~~~ + 100의 합 기록

<참고> Do ~ Loop Until 문 ☞ 위 프로시저와 실행 결과는 동일

```
    Sub 기초4_1( )
        Do
            m = m + 1
            n = n +m
        Loop Until m = 100
        [A2] = m
        [B2] = n
    End Sub
```

<과제11-3> 순환 기초3

1을 100회 더하는 작업과 1부터 100까지 더하는 작업의 **진행 과정**을 For Each ~ Next
문과 Do While ~ Loop 문을 사용하여 워크시트에 기록하는 프로시저를 작성하세요.

<워크시트 '기초1'에 결과 기록>

- [A4] ~ [A103]셀 : 1을 100회 더하는 작업 기록

  ☞ [A4] = 1, [A5] = 2 (1+1), [A6] = 3 (1+1+1) ....

- [B4] ~ [B103]셀 : 1부터 100까지 더하는 작업 기록

  ☞ [B4] = 1, [B5] = 3 (1+2), [B6] = 6 (1+2+3) ....

<프로시저> For Each ~ Next 문

```
Sub 기초5( )           311_05


    Dim 시트A As Worksheets, m As Integer, n As Integer
    Set 시트A = Worksheets("기초1")
    m = 0
    n = 0

①   For Each 셀A In 시트A.[A4:A103]
        m = m + 1
        n = n + m
②       셀A.Value = m
③       셀A.Offset(0, 1).Value = n
    Next


    End Sub
```

① For Each **셀A** In **범위** : **범위**의 개체를 한 개씩 수행하는 순환문
  - 셀 범위 [A4:A103]을 한 셀씩 차례로 개체 변수 '셀A'에 할당

② 매 '셀A' 마다 m 값 기록

③ 매 '셀A'의 오른쪽 셀 (Offset(0, 1))에 n 값 기록

---

1. 프로그래밍 기초   259

《실행 결과》

	A	B
1		
2		
3		
4	1	1
5	2	3
6	3	6
7	4	10
8	5	15
9	6	21
10	7	28

(중략)

	A	B
100	97	4753
101	98	4851
102	99	4950
103	100	5050

<프로시저> Do While ~ Loop 문

```
        Sub 기초6( )          311_06
        Dim 시트A As Worksheets
        m As Integer, n As Integer
        Set 시트A = Worksheets("기초1")
①      Do While m < 100
            m = m + 1
②          n = n + m
            시트A.Cells(m + 3, 1) = m
③          시트A.Cells(m + 3, 2) = n
        Loop
        End Sub
```

① For m 값이 100이 넘지 않을 동안 순환문 실행(m의 초기값 = 0)

② n 값은 기존 n 값 + m 값(순환 시마다 누적)

③ (m + 3행, [B]열 위치의 셀에 n 값 기록

   (실행 결과는 위의 프로시저 (311_05) 실행 결과와 동일함)

2) 2중 순환문

<과제11-4> **2중 순환**

아래 표와 같이 엑셀 워크시트 '기초2'에 1부터 100까지, 매 10마다 행을 바꾸어 기록하는 프로시저를 작성하세요.

(For ~ Next 문, Do Until Loop 문, For Each ~ Next 문 각각 사용)

	A	B	C	D	E	F	G	H	I	J
1	1	2	3	4	5	6	7	8	9	10
2	11	12	13	14	15	16	17	18	19	20
3	21	22	23	24	25	26	27	28	29	30
4	31	32	33	34	35	36	37	38	39	40
5	41	42	43	44	45	46	47	48	49	50
6	51	52	53	54	55	56	57	58	59	60
7	61	62	63	64	65	66	67	68	69	70
8	71	72	73	74	75	76	77	78	79	80
9	81	82	83	84	85	86	87	88	89	90
10	91	92	93	94	95	96	97	98	99	100

<프로시저1> For~ Next 문

- **2중 순환** (순환 변수 i, j 사용)
  - . 내부 순환 열 변수 j : j = 1 to 10
  - . 외부 순환 행 변수 i : i = 1 to 10

- **1부터 100까지 변하는 변수 k**
  - . 내부 1회 순환할 때 마다 1씩 증가 : k = k + 1

```
    Sub 기초7( )      311_07
       Dim k As Integer
       Set 시트A = Worksheets("기초2")          '개체 변수 정의
①     For i = 1 To 10
          For j = 1 To 10                       '순환문 내에 내부 순환문
②           k = k + 1
③           시트A.Cells(i, j).Value = k
          Next j
       Next i
    End Sub
```

외부 순환 For ~ Next 문의 내부에 또 다른 순환 For ~ Next 문이 있는 2중 순환문

① 변수 i가 1부터 10까지 1씩 증가하면서 순환하며 각 i 마다 내부 순환의 변수 j 또한 1부터 10까지 1씩 증가하면서 순환

②③ k가 1씩 증가할 때마다 그 값을 Cells(i, j)에 기록한 후 내, 외부 순환

<프로시저2> Do Until ~ Loop 문

```
Sub 기초8( )              311_08
    Set 시트A = Worksheets("기초2")
    Do Until k = 100
      k = k + 1
①     m = (k - 1) ₩ 10 + 1        '₩ : 몫 연산자
①     n = (k - 1) Mod 10 + 1      'Mod : 나머지 연산자
      시트A.Cells(m, n) = k
    Loop
End Sub
```

① 변수 m, n은 0보다 커야 하므로 1을 뺀 후 다시 1을 더함

<참고> '기초7' 프로시저를 단순 순환문으로 대체(몫, 나머지 연산자 사용)

```
Sub 참고( )
  For i = 1 To 100
    m = (i - 1) ₩ 10 + 1
    n = (i - 1) Mod 10 + 1
    Cells(m, n) = i
  Next i
End Sub
```

<프로시저3> For Each ~ Next 문

    For Each 문으로 프로시저를 단순화하여 [A12:J21]셀에 기록

```
Sub 기초9( )          311_09

    Set 시트A = Worksheets("기초2")
    k = 1                                        'k 변수 초기값 정의

①   For Each 셀A In 시트A.[A12:J21]              'For Each ~ Next 문
②       셀A.Value = k
③       k = k + 1
    Next

    End Sub
```

① 셀 범위 [A12:J21]를 차례로 한 셀씩 개체 변수 '셀A'에 할당

② 각 셀 개체 '셀A'에 k 값 기록

③ 1회 순환할 때마다 k 값 1씩 증가 (k = k +1)

<과제11-5> 구구단 작성

아래와 같은 구구단을 작성하는 프로시저를 작성하세요.
(For ~ Next 문, For Each ~ Next 문 각각 사용)

<결과 기록>

- For ~ Next 문   : Worksheets("기초3").[A1:H8] 범위에 기록
- For Each ~ Next 문 : Worksheets("기초3").[A10:H17] 범위에 기록

	A	B	C	D	E	F	G	H
1	2 x 2 = 4	3 x 2 = 6	4 x 2 = 8	5 x 2 = 10	6 x 2 = 12	7 x 2 = 14	8 x 2 = 16	9 x 2 = 18
2	2 x 3 = 6	3 x 3 = 9	4 x 3 = 12	5 x 3 = 15	6 x 3 = 18	7 x 3 = 21	8 x 3 = 24	9 x 3 = 27
3	2 x 4 = 8	3 x 4 = 12	4 x 4 = 16	5 x 4 = 20	6 x 4 = 24	7 x 4 = 28	8 x 4 = 32	9 x 4 = 36
4	2 x 5 = 10	3 x 5 = 15	4 x 5 = 20	5 x 5 = 25	6 x 5 = 30	7 x 5 = 35	8 x 5 = 40	9 x 5 = 45
5	2 x 6 = 12	3 x 6 = 18	4 x 6 = 24	5 x 6 = 30	6 x 6 = 36	7 x 6 = 42	8 x 6 = 48	9 x 6 = 54
6	2 x 7 = 14	3 x 7 = 21	4 x 7 = 28	5 x 7 = 35	6 x 7 = 42	7 x 7 = 49	8 x 7 = 56	9 x 7 = 63
7	2 x 8 = 16	3 x 8 = 24	4 x 8 = 32	5 x 8 = 40	6 x 8 = 48	7 x 8 = 56	8 x 8 = 64	9 x 8 = 72
8	2 x 9 = 18	3 x 9 = 27	4 x 9 = 36	5 x 9 = 45	6 x 9 = 54	7 x 9 = 63	8 x 9 = 72	9 x 9 = 81

<프로시저1> For ~ Next 문

- 2중 순환 (순환 변수 i, j 사용)
    . 외부 순환 i : 단을 의미 (i = 2 to 9)
    . 내부 순환 j : 각 단마다 곱하는 값 (j = 2 to 9)
- **결과 값 기록** : 단 x 곱하는 값 = 결과 (nn)
    - 기록되는 셀 위치 : 행 = j – 1행, 열(단) = i – 1열

```
Sub 기초10( )        311_10
    Dim i As Integer, j As Integer,  nn as Integer
    Set 시트A = Worksheets("기초3")
①   For i = 2 To 9
      For j = 2 To 9
②       nn = i * j                        '변수 nn = i * j의 곱
③       시트A.Cells(j - 1, i - 1) = i & " x " & j & " = " & nn
      Next j
    Next i
End Sub
```

① For ~ Next 2중 순환(i = 2 to 9, j = 2 to 9)

② nn = i * j : nn 변수에 대한 정의(순환할 때 마다 i 값과 j 값의 곱으로 정의)

③ 순환할 때마다의 결과를 Cells(j - 1, i - 1)에 기록
   - i와 j가 각각 2부터 시작하므로 [A1] 셀부터 기록하기 위해 각각 1을 빼야 함
   - 각 i, j, nn의 결과를 'i x j = nn' 형식으로 각 해당 셀에 기록

※ i & " x " & j & " = " & nn 의 의미

i	: 변수 i 기록
&	: 변수와 변수를 연결할 때 사용하는 연결 연산자
" x "	: " " 내의 문자열을 그대로 기록(양쪽 공백 포함)
j	: 변수 j 기록
" = "	: " " 내의 문자열 기록
nn	: nn 변수의 결과값 (= i * j) 기록

<프로시저2> For Each ~ Next 문
   - [A10:J17]범위를 차례로 한 셀씩 이동하면서 기록
   - 몫(₩)과 나머지(Mod) 연산자를 활용하여 기록


```
Sub 기초11( )        311_11

    Set 시트A = Worksheets("기초3")
    k = 0
①   For Each 셀A In 시트A.[A10:H17]           'For Each ~ Next 문
②       m = k Mod 8 + 2                        '구구단의 단
③       n = k ₩ 8 + 2                          '구구단의 곱해지는 값
④       셀A.Value = m & " x " & n & " = " & m * n
⑤       k = k + 1
    Next

    End Sub
```

① For Each **셀A** In **범위** :
- 셀 범위 [A10:H17]를 차례로 한 셀씩 개체 변수 '셀A'에 할당

② m은 구구단의 단을 구하는 수식
- k Mod 8 : k를 8로 나누기하여 나머지를 구하는 연산자
    (Part II. 명령문의 '연산자' 참조)
※ 8를 나눈 이유 : 구구단이 2~9단 이므로 8개 셀마다 줄 바꾸기 필요
2를 더한 이유 : 2단부터 시작(k = 0 일 때 k mod 8 = 0)

k	0	1	2	3	4	5	6	7
k Mod 8 + 2	2	3	4	5	6	7	8	9
k ₩ 8 + 2	2	2	2	2	2	2	2	2

③ n : 구구단의 단에 곱해지는 값(2 ~ 9까지의 수)
- k ₩ 8 : k를 8로 나누기 하여 몫 구하기 (₩ : 몫 연산자)
    ※ k = 0일 때 n의 초기값이 0부터 시작하므로 2를 더해줌

④ 각 셀마다 'm x n = m * n' 형식의 구구단 기록

⑤ 셀이 이동하면서 k 값 1씩 증가

3) 수식 추가

<과제11-6> **수식 추가1**

아래 표는 어느 회사 직원의 급여표입니다.

'합계' 항목에 수식을 추가하는 프로시저를 작성하세요.

(For ~ Next 문, For Each ~ Next 문, 일괄 수식 각각 사용)

※ [H]열 수식 작성 예) [H3]셀의 수식 : = Sum(D3:G3)

	A	B	C	D	E	F	G	H
1								
2		성명	직책	기본급	직책수당	시간외수당	휴일수당	합계
3		이기환	팀장	5,250,000	500,000	114,495	686,970	
4		배영기	주임	4,120,000	200,000	235,776	265,248	
5		홍석철	사원	4,030,000	-	336,863	242,541	
6		서영석	사원	3,940,000	-	296,183	180,285	
7		오진석	사원	3,850,000	-	122,790	392,928	
8		김일수	사원	4,030,000	-	175,169	323,388	
9		이형섭	사원	4,288,000	-	425,208	485,952	

<프로시저> For ~ Next 문

- i 변수 사용 : i = 3 to 9 (행)
- 순환할 때마다 Formula R1C1 형식의 수식 기록

　(R1C1 형식 수식 : 셀이 이동하여도 동일 수식으로 기록 가능)

```
Sub 기초12( )          311_12
  Set 시트A = Worksheets("기초4")
  For i = 3 To 9                          '3행 ~ 9행까지 순환
①    시트A.Cells(i, 8) = "=Sum(RC[-4]:RC[-1])"   'Value 생략
  Next i
End Sub
```

① Cells(i,8) : 8열([H]열)의 i 행에 수식 기록

- "=Sum(RC[-4]:RC[-1])" : 상대 참조 수식(R1C1형식)

　　(Part II, Range 개체 속성 명령문의 Formula R1C1 참조)

- RC[-4]:RC[-1] : 현재 셀(Cells(i, 8))에서 부터 -4열 ~ -1열 의미

<프로시저> For Each ~ Next 문

- [H3:H10]셀을 한 셀씩 이동하면서 수식 기록

```
Sub 기초13( )        311_13
   Set 시트A = Worksheets("기초4")
①  For Each 셀A In 시트A.[H3:H9]              'For Each ~ Next 문
      셀A.Value = "=Sum(RC[-4]:RC[-1])"
   Next
End Sub
```

① [H3:H9] 범위를 한 셀씩 이동하면서 수식 기록

<프로시저> 범위를 지정하여 일괄 기록

- Formula R1C1 형식의 수식 일괄 기록

```
Sub 기초14( )        311_14
①   Worksheets("기초4").[H3:H9] = "=Sum(RC[-4]:RC[-1])"
End Sub
```

① [H3:H9] 범위에 일괄적으로 Formula R1C1형식의 수식 기록

※ **참고** : [H3]셀에 수식 '= Sum(D3:G3)'이 입력되어 있는 경우
　　　　　 [H3].Resize(8,1) = [H3].FormulaR1C1 또는
　　　　　 [H3].AutoFill [H3:H9] 명령문을 사용하면 동일한 수식 기록

<過제11-7> **수식 추가2**

아래는 어느 학교 학생들의 성적 집계표입니다.

<u>데이터의 총 행의 수가 정해져 있지 않은(범위를 고정할 수 없음) 데이터이며 [F]열의 평</u>
균 항목에 수식을 추가하는 프로시저를 작성하세요.

   (Do While ~ Loop문, 일괄 수식 각각 사용)

   ※ 수식 작성 예) [F3]셀의 수식 : = Average(C3:E3)

A	B	C	D	E	F
1					
2	성명	국어	영어	수학	평균
3	정정기	58	69	99	
4	양석관	58	92	90	
5	한철강	71	87	93	
6	이석강	71	56	68	
	(중략)				
126	김기재	50	72	57	
127	김영재	100	57	68	
128	황일재	100	84	53	
129	신기험	74	55	70	
130	이연재	99	99	63	

<프로시저> Do While ~ Loop 문

- [B3]셀 기준으로 4열 오른쪽에 수식을 기록 후 한 셀씩 아래쪽으로 이동하면서 수식 기록

```
  Sub 기초15( )        311_15
     Set 시트A = Worksheets("기초5")
①    시트A.[B3].Select
②    Do While ActiveCell <> ""
③        ActiveCell.Offset(0, 4) = "=Average(RC[-3]:RC[-1])"
④        ActiveCell.Offset(1, 0).Select
     Loop
  End Sub
```

① [B3]셀 선택 : [B3]셀 활성화(ActiveCell)

② Do While ~ Loop 문 : 활성화 셀이 빈 문자열("")이 아니면(즉, Active 셀에 데이터가 있으면)
   Do ~ Loop 문 순환

③ 활성화 셀에서 4열 오른쪽 셀에 R1C1형 상대 참조 수식 기록

    (이 명령을 실행해도 ActiveCell = [B3]셀)

④ 활성화 셀에서 1행 이동하여 셀 선택

    ([B3]셀부터 아래쪽으로 마지막 셀까지 차례로 선택)

<프로시저> 일괄 수식 기록

    - n 변수 : End(xlDown).Row 문을 사용하여 총 행수 Count

    - Range("F3:F" & n) = Formula R1C1 형식으로 수식 기록

```
Sub 기초16( )      311_16
   Set 시트A = Worksheets("기초5")
①   n = 시트A.[B3].End(xlDown).Row
②   시트A.Range("F3: F" & n) = "=Average(RC[-3]:RC[-1])"
End Sub
```

① n = [B3].End(xlDown).Row (Part II. Range개체의 End 속성 참조)

    - [B3]셀에서 아래쪽으로 데이터가 입력된 마지막 셀의 행 번호를 n 변수에 할당

② [F3]셀부터 아래쪽으로 마지막 셀 범위에 수식 기록

4) 배열 변수 활용

<과제11-8> 배열 변수 활용

아래의 왼쪽 판매 실적 소스 데이터를 활용하여 오른쪽 집계표를 완성하는 프로시저를 작성하세요. (1차원 배열 변수 활용)

	A	B	C	D	E	F
1	일자	제품명	판매금액		<집계표>	
2	01월 02일	AAA	813,140		제품명	판매금액
3	01월 03일	EEE	269,240		AAA	
4	01월 04일	AAA	923,100		BBB	
5	01월 04일	BBB	800,620		CCC	
6	01월 05일	DDD	765,400		DDD	
7	01월 05일	BBB	475,280		EEE	
8	01월 08일	DDD	317,420			
9	01월 09일	BBB	1,984,800			
10	01월 10일	EEE	229,180			
11	01월 10일	AAA	553,060			
12	01월 10일	CCC	1,133,740			
13	01월 10일	BBB	308,700			
14	01월 11일	AAA	417,420			
15	01월 11일	CCC	1,221,640			
16	01월 11일	DDD	384,660			
17	01월 11일	EEE	672,960			

<프로시저> For Each ~ Next 문

- **배열 변수 '판매' 설정** (변수의 개수 : 5개) : 각 제품명의 판매금액
  . 제품 AAA의 판매금액→판매(0), BBB의 판매금액→판매(1), ~~~

- 왼쪽 **소스** 데이터의 제품명 범위 [B2:B17]를 차례로 한 개씩 '판매' 배열 변수에 할당
  . For Each ~ Next 문을 사용하여 순환
  . Select Case문을 사용하여 제품 별 판매금액을 '판매' 변수에 할당

- 누적된 '판매' 배열 변수를 [F3:F7]셀에 기록

Sub 기초17( )   **311_17**

①   Dim 판매(4) As Long
     Set 시트A = ThisWorkbook.Worksheets("배열")
②   For Each 제품 In 시트A.[B2:B17]
       SA = 제품.Value

```
③        Select Case SA
              Case "AAA": n = 0
              Case "BBB": n = 1
              Case "CCC": n = 2
              Case "DDD": n = 3
              Case Else: n = 4
         End Select
④        ba = 제품.Offset(0, 1)
⑤        판매(n) = 판매(n) + ba
⑥        시트A.Cells(n + 3, 6) = 판매(n)
      Next
    End Sub
```

① 배열 변수 '판매' 선언

② [B2:B17]셀을 한 셀씩 이동하면서 개체 변수 '제품'에 할당

③ SA 변수(제품 셀의 값)의 제품별 (AAA, BBB 등)로 '판매' 배열 변수의 인덱스 번호 (n) 할당
  - AAA의 n = 0, BBB의 n = 1, ~~

④ ba 변수에 '제품' 셀의 오른쪽 셀 값(판매 금액) 할당

⑤ 새 '판매(n)' 변수 = 종전의 '판매(n)' 변수 + ba 변수에 값 할당 (판매 금액 누적)
  ※ 판매(0) : AAA의 판매 금액, 판매(1): BBB의 판매 금액, ...

⑥ 집계표의 판매 금액 항목에 '판매' 배열 변수값(해당 제품의 판매 금액) 기록

1-2. 순환문 활용

1) 파일병합 I

<과제12-1> 파일병합 I

아래는 '명단'과 '정보' 시트로 구성된 엑셀 파일입니다.

'정보' 시트의 입사일, 차량번호, 전화번호를 명단 시트에 기록하는 파일 병합 프로시저를 작성하세요.(For ~ Next 문, For Each ~ Next 2중 순환문 각각 사용)

 (두 시트의 사번을 비교하여 일치할 경우 정보 시트의 해당 열의 내용을 명단 시트의 해당 열에 기록)

※ 명단과 정보 시트의 데이터 수가 정확히 일치하지 않으므로 명단 시트에 기록하지 못한 정보 시트의 이름은 [G1]셀에 기록하세요.

<명단> 시트

	A	B	C	D	E	F
1	부서	사번	이름	입사일	차량번호	전화번호
2	생산부	1001	도경조			
3	판매부	1003	구경만			
4	생산부	1011	박광호			
5	경리부	1031	배관석			
				(중략)		
47						
48	인사부	1485	문경호			
49	정비부	1487	방권규			
50	생산부	1496	김경희			
51	정비부	1497	김근국			

병합　　　병합

<정보> 시트

	A	B	C	D	E
1	사번	이름	입사일	차량번호	전화번호
2	1001	도경조	2008-07-24	-	010-8220-9407
3	1003	구경만	2009-06-09	37나5453	010-6061-3544
4	1011	박광호	2000-06-03	45고3753	010-2002-3713
			(중략)		
49	1502	구영렬	2017-05-03	18나1547	010-4065-2452
50	1512	김진수	2017-05-03	24차8640	010-9089-9339
51	1515	김근식	2017-06-15	61사3763	010-8523-3049
52	1518	손지석	2017-07-08	-	010-1755-8871
53	1519	긴관옥	2017-11-20	-	010-3526-7764

【 프로그래밍 방향 】

아래 2가지 방법으로 프로시저를 작성합니다.

(a) For ~ Next 2중 순환문 ☞ '활용1' 프로시저

- ✓ **외부 순환문** : j = 2 to n (n은 정보 시트의 마지막 데이터가 있는 셀의 행 번호)
  - 정보 시트의 사번을 한줄씩 체크하여('사번B' 변수)

- ✓ **내부 순환문** : i = 2 to m (m은 명단 시트의 마지막 데이터가 있는 셀의 행 번호)
  - 명단 시트의 사번을 읽어('사번A' 변수) '사번B' 변수와 일치하는지 체크

- ✓ **일치할 경우** (사번A = 사번B)
  - 명단 시트에 정보 시트의 입사일, 차량번호, 전화번호 기록

- ✓ **마지막 행까지 일치하지 않으면** (병합할 수 없는 데이터)
  - 동적 배열 변수 '이름'에 할당하여 누적 후 순환이 완료되면 [G1]셀에 '이름' 변수 기록 (명단 시트에 기록하지 못한 정보 시트의 누락된 '이름' 변수 기록)

(b) For Each ~ Next 2중 순환문 ☞ '활용2' 프로시저

- ✓ **외부 순환문**
  - 정보 시트의 사번 열([A]열)의 2행([A2]셀)부터 마지막 데이터가 있는 행까지 차례로 한 셀씩 '사번B' 변수에 할당

- ✓ **내부 순환문**
  - 명단 시트의 사번 열(B]열)의 2행부터 마지막 데이터 행 까지 차례로 한 셀씩 '사번A' 변수에 할당

- ✓ **일치할 경우**(사번A = 사번B)
  - 명단 시트에 정보 시트의 데이터 기록(Offset 문 사용)

- ✓ **마지막 행까지 일치하지 않으면**
  - 동적 배열 변수 '이름'에 할당한 후 순환문 완료 후 MsgBox로 '이름' 변수 표시

<프로시저1> For ~ Next 2중 순환문

```
     Sub 활용1( )        312_01

①   Dim 이름( ) As String
     Set 시트A = ThisWorkbook.Worksheets("명단")
     Set 시트B = ThisWorkbook.Worksheets("정보")
②   m = 시트A.[B2].End(xlDown).Row
③   n = 시트B.[A1].End(xlDown).Row
     For j = 2 To n
④     사번B = 시트B.Cells(j, 1)
      For i = 2 To m
⑤       사번A = 시트A.Cells(i, 2)
⑥       If 사번A = 사번B Then
⑦         시트A.Cells(i, 4) = 시트B.Cells(j, 3)
           시트A.Cells(i, 5) = 시트B.Cells(j, 4)
           시트A.Cells(i, 6) = 시트B.Cells(j, 5)
⑧         Exit For
         End If
⑨       If i = m And 사번A <> 사번B Then
⑩         ReDim Preserve 이름(p)
⑪         이름(p) = 시트B.Cells(j, 2)
⑫         p = p + 1
         End If
      Next
     Next
⑬   시트A.[G1] = "명단에 없는 사람 : " & Join(이름, "/")

     End Sub
```

① 동적 배열 변수 '이름' 변수 선언(동적 배열 변수 선언은 필수)

② m 변수에 명단 시트의 마지막 데이터가 있는 셀의 행 번호 할당

③ n 변수에 정보 시트의 마지막 데이터가 있는 셀의 행 번호 할당

④ '사번B' 변수에 정보 시트의 사번 할당

⑤ '사번A' 변수에 명단 시트의 사번 할당

⑥ 순환하면서 '사번A'와 '사번B' 변수가 일치하면

⑦ 명단 시트의 [D], [E], [F] 열에 정보 시트의 [C], [D], [E] 열의 값(입사일, 차량번호, 전화번호) 기록

⑧ 기록이 완료되면 내부 순환(i) 종료

  (순환문 효율화 : 한번 기록한 데이터는 더 이상 순환할 필요가 없음)

⑨ 명단 시트의 마지막 행까지 사번이 일치하지 않으면

⑩ 동적 배열 변수 '이름' 변수 재선언('이름' 변수가 추가되어 재선언 필요)

  ('이름' 변수 : 순환하면서 명단에 없는 정보 시트의 이름을 계속 누적하는 동적 배열 변수)

⑪ 마지막 행까지 일치하는 사번이 없으면 해당 사번의 이름을 '이름(p)' 동적 배열 변수에 할당
  (p는 인덱스 번호)

⑫ 동적 배열 변수의 인덱스 번호 증가

⑬ '명단' 시트의 [G1]셀에 '이름' 변수의 결과 값을 '/'로 연결하여 "명단에 없는 사람 : " & "이름"
  형식으로 기록

《실행 결과》

(병합한 결과 : '명단'시트)

	A	B	C	D	E	F
1	부서	사번	이름	입사일	차량번호	전화번호
2	생산부	1001	도경조	2008-07-24	-	010-8220-9407
3	판매부	1003	구경만	2009-06-09	37나5453	010-6061-3544
4	생산부	1011	박광호	2000-06-03	45고3753	010-2002-3713
5	경리부	1031	배관석	2011-03-28	68거5163	010-6147-8696
6	판매부	1043	수경석	2007-01-09	93바5089	010-6413-5979

([G1]셀에 동적 배열 변수를 기록한 결과)

G	H	I	J
명단에 없는 사람 : 박광철/김진수/김근식/손지석/긴관옥			

(병합하지 못하고 남은 데이터 기록)

<프로시저2> For Each ~ Next 2중 순환문

```
     Sub 활용2( )        312_02
        Dim 이름( ) As String
        Set 시트A = ThisWorkbook.Worksheets("명단")
        Set 시트B = ThisWorkbook.Worksheets("정보")
        m = 시트A.[B2].End(xlDown).Row
        n = 시트B.[A1].End(xlDown).Row
①      For Each 사번B In 시트B.Range("A2:A" & n)
②        For Each 사번A In 시트A.Range("B2:B" & m)
            If 사번A = 사번B Then
③              사번A.Offset(0, 2) = 사번B.Offset(0, 2)
                사번A.Offset(0, 3) = 사번B.Offset(0, 3)
                사번A.Offset(0, 4) = 사번B.Offset(0, 4)
                Exit For
              End If
④            If 사번A.Offset(1) = "" And 사번A <> 사번B Then
                ReDim Preserve 이름(p)
⑤              이름(p) = 사번B.Offset(0, 1)
                p = p + 1
              End If
            Next
        Next
⑥      MsgBox ("명단에 없는 사람 : " & Join(이름, "/"))
     End Sub
```

① 정보 시트의 [A]열을 차례로 한 셀씩 개체 변수 '사번B'에 할당(외부 순환)

② 명단 시트의 [B]열을 차례로 '사번A' 변수에 할당(내부 순환)

③ 사번이 일치하면 명단 시트의 '사번A' 셀의 오른쪽 2 ,3, 4열에 정보 시트의 '사번B'의 오른쪽
   2, 3, 4열의 정보를 각각 기록

④ 명단 시트의 마지막 행까지 사번이 일치하지 않으면

⑤ '이름' 동적 배열 변수에 정보 시트 사번의 오른쪽 1열(이름) 할당

⑥ MsgBox로 '이름' 동적 배열 변수를 '/'로 연결하여 표시

2) 파일 병합 II

> **<과제12-2> 파일 병합 II**
>
> '파일 병합 I' 과제에서 명단 시트와 정보 시트의 데이터가 각각 수만 개 이상의 데이터일 경우 실행 시간이 많이 소요됩니다.
>
> 이 경우 명단과 정보 시트의 데이터를 사번 기준으로 정렬한 후 병합하면 조금 더 효율적으로 병합할 수 있습니다.
>
> 정렬이 된 데이터를 병합하는 효율적인 프로시저를 작성하세요.

※ 정렬이 된 경우와 안된 경우의 프로시저 비교

(a) 데이터가 정렬이 안된 경우 ☞ '활용1', '활용2' 프로시저

2중 순환문(프로시저 내에 Exit For 문이 없을 경우)은 산술적으로 두 시트의 데이터수의 곱만큼 데이터 실행 필요

☞ 각 시트의 데이터가 1만개인 경우 1억 회 순환 : 1만 x 1만

(b) 데이터가 정렬이 된 경우 ☞ '활용3' 프로시저

정보 시트의 한 행을 명단 시트에 기록한 후 다음 순환의 시작은 먼저 기록한 다음 행부터 순환하면 되므로 실행 회수를 절반으로 줄일 수 있음

(예시) 정보 시트 사번 '1042'의 정보를 명단 시트에 기록한 후 정보 시트의 다음 사번 '1055'를 찾기 위해

- 정렬이 안 된 경우 : 명단 시트의 첫 행 (2행)부터 순환해야 하지만
- 정렬이 된 경우 : 최종 기록한 다음 행부터 순환하면 되므로 프로시저를 효율화할 수 있음

	A	B	C	D
1	부서	사번	이름	입사일
2	생산부	1001	도경조	
3	판매부	1003	구경만	
4	생산부	1011	박광호	
5	경리부	1031	배관석	
6	판매부	1042	손경성	
7	경리부	1055	박규한	
8	생산부	1069	서근갑	

다음 순환 시작 행 →

	A	B	C	D
1	사번	이름	입사일	차량t
2	1001	도경조	2008-07-24	-
3	1003	구경만	2009-06-09	37나5
4	1011	박광호	2000-06-03	45고3
5	1031	배관석	2011-03-28	68거5
6	1042	손경성	2007-01-08	83보5
7	1055	박규한	2010-09-11	56조3
8	1069	서근갑	2003-10-20	22가4

명단 / 정보 (+)

<프로시저> For ~ Next 2중 순환문 효율화

```
      Sub 활용3( )          312_03
       Dim 이름( ) As String
       Set 시트A = ThisWorkbook.Worksheets("명단")
       Set 시트B = ThisWorkbook.Worksheets("정보2")          '정렬한 파일
       m = 시트A.[B2].End(xlDown).Row
       n = 시트B.[A1].End(xlDown).Row
 ①     k = 2
       For j = 2 To n
         사번B = 시트B.Cells(j, 1)
 ②       For i = k To m
           사번A = 시트A.Cells(i, 2)
           If 사번A = 사번B Then
             시트A.Cells(i, 4) = 시트B.Cells(j, 3)
             시트A.Cells(i, 5) = 시트B.Cells(j, 4)
             시트A.Cells(i, 6) = 시트B.Cells(j, 5)
 ③           k = i
             Exit For
           End If

          ------중략-------

       Next
       시트A.[G1] = "명단에 없는 사람 : " & Join(이름, "/")
      End Sub
```

<활용3>프로시저 : '활용1' 프로시저에 다음 3가지를 반영하여 프로시저 효율화

① 내부 순환문(명단 시트)의 시작 값 변수 k = 2 정의

② k부터 순환 시작(내부 순환)

③ 내부 순환에 기록한 행 번호를 k 변수에 할당(다음 순환할 때는 k부터 시작)

3) 집계표 만들기

<과제12-3> 판매 실적 집계

아래는 어느 회사에서 1월 ~ 6월까지 6개월간 지역별로 제품을 판매한 자료입니다.
판매 실적의 결과를 아래 <집계표>에 기록하는 프로시저를 작성하세요.

	A	B	C	D
1	일자	제품명	지역	판매금액
2	2018-01-02	AAA	기타	813,140
3	2018-01-03	AAA	경기	269,240
4	2018-01-04	AAA	서울	923,100
5	2018-01-04	BBB	기타	800,620
6	2018-01-05	DDD	서울	765,400
7	2018-01-05	BBB	인천	475,280
		(중략)		
296	2018-06-27	DDD	서울	811,600
297	2018-06-28	AAA	서울	1,230,000
298	2018-06-28	BBB	서울	1,128,780
299	2018-06-29	BBB	서울	1,412,320
300	2018-06-29	CCC	기타	693,460
301	2018-06-29	CCC	기타	261,840

※ 합계 항목은 수식이 기록되도록 작성 (예) [K3]셀 수식 : = Sum(G3:J3)

< 집계표 >

F	G	H	I	J	K
<집계표>					
제품명	서울	경기	인천	기타	합계
AAA					
BBB					
CCC					
DDD					

아래 3가지 방법으로 300개 소스 데이터를 집계표에 기록하는 프로시저를 작성하세요

(a) Do While ~Loop 문 활용
(b) For ~ Next 문 활용
(c) For Each ~ Next 문 활용

<프로시저1> 한 행씩 읽어 셀에 기록(비효율적 방법)

(Do While ~ Loop 문, If ~ Else If 문, Select Case 문 사용)

- **Do While ~ Loop 문** : Offset 명령문 활용
- **If ~ Else If ~ End If 문, Select Case 문** :
  한 행씩 제품명과 지역을 Check하여 집계표의 해당 셀에 판매 금액을 직접 기록

```
      Sub 활용4( )      312_04
      Dim 시트A As Worksheet, m As Integer, n As Integer
①     Set 시트A = ThisWorkbook.Worksheets("활용1")
②     시트A.[G3:K6].ClearContents

③     Do While [B2].Offset(n) <> ""
④        SA = 시트A.[B2].Offset(n).Value
         SB = 시트A.[B2].Offset(n, 1).Value
⑤        ba = 시트A.[B2].Offset(n, 2).Value

⑥        If SA = "AAA" Then
⑦           Select Case SB
⑧              Case "서울": aa1 = [G3]: [G3] = aa1 + ba
               Case "경기": aa2 = [H3]: [H3] = aa2 + ba
               Case "인천": aa3 = [I3]: [I3] = aa3 + ba
               Case Else: aa4 = [J3]: [J3] = aa4 + ba
            End Select
         ElseIf SA = "BBB" Then
            Select Case SB
               Case "서울": ab1 = [G4]: [G4] = ab1 + ba
               Case "경기": ab2 = [H4]: [H4] = ab2 + ba
               Case "인천": ab3 = [I4]: [I4] = ab3 + ba
               Case Else: ab4 = [J4]: [J4] = ab4 + ba
            End Select
         ElseIf SA = "CCC" Then
            Select Case SB
               Case "서울": ac1 = [G5]: [G5] = ac1 + ba
               Case "경기": ac2 = [H5]: [H5] = ac2 + ba
               Case "인천": ac3 = [I5]: [I5] = ac3 + ba
               Case Else: ac4 = [J5]: [J5] = ac4 + ba
            End Select
```

```
            Else
                Select Case SB
                    Case "서울": ad1 = [G6]: [G6] = ad1 + ba
                    Case "경기": ad2 = [H6]: [H6] = ad2 + ba
                    Case "인천": ad3 = [I6]: [I6] = ad3 + ba
                    Case Else: ad4 = [J6]: [J6] = ad4 + ba
                End Select
            End If
⑨          n = n + 1
⑩    Loop

⑪    시트A.[K3:K6] = "=Sum(RC[-4]:RC[-1])"
      End Sub
```

① Set 문을 사용한 개체 변수 정의

② [G3:K6]셀의 내용 지우기(생략 가능)
   - 이전에 실행한 데이터가 있을 경우 누적될 수 있으므로 지우기

③ Do While 문을 사용하여 소스 데이터의 [B2]셀 기준으로 Offset 문으로 한 행씩 이동하면서 셀
   값이 빈 문자열("")일 때까지 진행 (n 값 : 0부터 1씩 증가)

④ SA 변수에 [B2].Offset(n)의 값(제품명) 할당
   - 'SB' 변수에 [B2].Offset(n, 1)의 값(지역) 할당 (SA 셀의 오른쪽 셀 값)

⑤ ba 변수에 SA 셀 오른쪽 2번째 셀 값(판매 금액) 할당

⑥ If 조건문 사용 : SA = 'AAA' 제품의 경우 다음 코드 진행

⑦ Select Case SB : SB 변수값의 해당 조건(서울, 경기, 인천, 기타)과 일치하면 다음 진행

⑧ Case "서울": aa1 = [G3]: [G3] = aa1 + ba (':'는 줄바꾸기 기호)
   SB 변수의 값이 '서울' 이면 aa1 변수에 [G3]셀 값을 할당하고 다시 [G3]셀에 aa1 + ba 값 기록
   ☞ 이전의 [G3]셀 값(aa1)과 새로운 ba 값을 더하여 [G3]셀에 기록

⑨ 한 행 이동(Offset(n))을 위해 n 값에 1을 더하기

⑩ Loop(순환)

⑪ Formula R1C1 형식으로 [K3:K6]셀에 합계 수식 기록
   ※ [K6]셀의 수식 예) : = Sum(G6:J6)

<프로시저2> 좌표 형식으로 셀에 기록(For ~ Next문, Select Case문 사용)

- **For ~ Next 문** : 한 행씩 데이터 순환
- **Select Case 문** : 제품명과 지역에 따라 x, y 좌표를 부여하여 집계표의 해당 좌표에 '판매금액' 기록

예) AAA 제품, '서울' 지역의 경우 [G3]셀 : 3행(x) 7열(y)

```
       Sub 활용5( )      312_05
       Dim 시트A As Worksheet, n As Integer
       Set 시트A = ThisWorkbook.Worksheets("활용1")
       시트A.[G3:K6].ClearContents
①      n = 시트A.[B2].End(xlDown).Row

②      For i = 2 To n
③          SA = 시트A.Cells(i, 2)
            SB = 시트A.Cells(i, 3)
            ba = 시트A.Cells(i, 4)
④          Select Case SA
                Case "AAA": x = 3
                Case "BBB": x = 4
                Case "CCC": x = 5
                Case "DDD": x = 6
            End Select
⑤          Select Case SB
                Case "서울": y = 7
                Case "경기": y = 8
                Case "인천": y = 9
                Case Else: y = 10
            End Select
⑥          bb = 시트A.Cells(x, y).Value
⑦          시트A.Cells(x, y) = bb + ba
        Next i

⑧      For j = 3 To 6
            시트A.Cells(j, 11) = "=Sum(RC[-4]:RC[-1])"
        Next j
       End Sub
```

① '활용1' 시트의 [B]열 아래쪽으로 마지막 데이터 행 번호를 n 변수에 할당

② For ~ Next 문(2 ~ n까지 순환)

③ [B], [C], [D] 열의 i 행 값을 각각 변수 SA, SB, ba 변수에 할당

④ 기록할 좌표 x 변수에 SA 변수(제품명)별로 할당

⑤ SB 변수(지역)에 따라 기록할 좌표 y 변수에 할당

⑥ 이전까지의 합이 기록된 Cells(x, y)의 값을 bb 변수에 할당

⑦ Cells(x, y)셀에 ba 변수(i 행의 판매 금액) + bb(이전까지의 합) 기록

⑧ 합계 항목에 수식 기록

<프로시저3> 2차원 배열 변수 활용 (For Each ~ Next 문, Select Case 문 사용)

- **For Each ~ Next 문** : 한 셀씩 제품명 데이터 순환

  Offset 문 사용 : 이웃 데이터(지역, 판매량)의 값을 변수에 할당

- **Select Case 문** :

  제품명, 지역에 따라 2차원 배열 변수 '판매(x, y)'의 인덱스 번호 x, y에 할당하고 각 '판매'
  변수에 판매 금액을 누적하여 집계표의 해당 셀에 배열 변수 기록

```
    Sub 활용6( )        312_06
    Dim 시트A As Worksheet, n As Integer
    Dim 제품 As Range
①   Dim 판매(4, 4) As Long
    Set 시트A = ThisWorkbook.Worksheets("Case문")
    시트A.[G3:K6].ClearContents
    n = 시트A.[B2].End(xlDown).Row
    For Each 제품 In 시트A.Range("B2:B" & n)
②     SA = 제품.Value
③     SB = 제품.Offset(0, 1)
      ba = 제품.Offset(0, 2)
④     Select Case SA
          Case "AAA": x = 0
          Case "BBB": x = 1
          Case "CCC": x = 2
          Case Else: x = 3
      End Select
```

```
④        Select Case SB
            Case "서울": y = 0
            Case "경기": y = 1
            Case "인천": y = 2
            Case Else: y = 3
         End Select
⑤       판매(x, y) = 판매(x, y) + ba
⑥       시트A.Cells(x + 3, y + 7) = 판매(x, y)

⑦       시트A.[K3:K6] = "=Sum(RC[-4]:RC[-1])"
      Next
   End Sub
```

① 2차원 배열 변수 '판매(4, 4)' 선언

② Range("B2:B" & n] 범위를 한 셀씩 이동하여 개체 변수 '제품'에 할당

③ 해당 개체 변수(제품명)의 셀 값을 SA 변수에 할당하고 오른쪽 1열, 2열의 값을 각각 SB 변수(지역), ba 변수(판매 금액)에 각각 할당

④ SA 변수에 따라 '판매' 1차원 배열 변수의 인덱스 번호(x) 할당 (0 ~ 3)
   SB 변수에 따라 '판매' 2차원 배열 변수의 인덱스번호(y) 할당 (0 ~ 3)

⑤ 배열 변수 '판매'의 새값 = 이전의 '판매' 변수 + 해당 제품의 판매금액(ba 변수) : 순환하면서 판매금액 누적

⑥ 제품별, 지역별 셀에 배열 변수 '판매'의 새 값 기록

⑦ 집계표의 합계 항목 ([K3:K6]셀)에 합계 수식 기록

4) 달력 만들기

<과제12-4> 달력 만들기

아래 그림과 같은 달력을 자동 기록하는 달력 만들기 프로시저를 작성하세요. (1~12월)

	A	B	C	D	E	F	G
1	공란 : 1행						
2				**1 월**			
3	일	월	화	수	목	금	토
4						1	2
5	3	4	5	6	7	8	9
6	10	11	12	13	14	15	16
7	17	18	19	20	21	22	23
8	24/31	25	26	27	28	29	30
9	공란 : 1행						
10				**2 월**			
11	일	월	화	수	목	금	토
12		1	2	3	4	5	6
13	7	8	9	10	11	12	13

(시작 → F4의 1 / 5행 : 4~8행)

<작성 조건>

(a) 1월 1일은 금요일로 시작

(b) 2월의 일수는 28일

(c) 공란 1행 : 매월 시작 전 1행 공란

(d) 각 월은 7행으로 구성 : 총 행수(공란 포함) 96행 = 8행 x 12월

　　　1행 : ?월 표시(글자 크기 : 16, 글꼴 : 굵게)

　　　2행 : 요일 표시(일, 월, 화, 수, 목, 금, 토)

　　　3~7행(총 5행) : 월별 달력 내용(일수)

(e) 월별 달력 내용이 6행이 되는 경우는 '/' 표시(예: 24/31)

(f) 각 월별 외곽선 그리기

【프로그래밍 방향】

(a) 변수 정의

 k : 365일 일련 번호 (1월 1일 : 1, 2월 1일 : 32, ~,~)

 n : 월별 일수 기록 행 일련 번호 (매월 1일 : n = 1, 2주차 : n = 2)

 nn : 월별 일수 (1월 : 31, 2월 : 28, 3월 : 31, ...)

 m : 월별 1일을 기록할 기준 절대 행 번호 (아래 참조)

 kk (요일 변수) : 일자의 요일 해당 번호 (일=1, 월=2, ~~ 토=7)

(b) 월 : For ~ Next 문 사용 (i 변수 : 1 ~ 12까지 순환)

 ✓ If 문 사용하여 월별 일수 지정 (nn 변수)

  - 2월 : 28일, 4, 6, 9, 11월 : 30일, 그 외(Else) : 31일

 ✓ 매월 8행으로 구성 : 공란 + 월 표시 + 요일 각 1행, 달력 5행

  - 변수 m : 매월 1일의 기록할 행 번호 산출을 i 변수로 산출

  m = i * 8 − 4 (1월 = 4, 2월 = 12, 3월 = 20 ....)

월별(i)	1	2	3	4	....	10	11	12
m	4	12	20	28	....	76	84	92

   ☞ 월 표시 행 = m − 2행, 요일 표시 행 = m − 1행을 의미

 ✓ 월 표시 : 매 i 마다 m - 2행에 월 표시 (굵은 문자, 크기 16)

 ✓ 요일 표시 : Array 배열 함수를 사용하여 요일 변수를 지정한 후 m − 1행에 요일 기록

(c) 일 : For ~ Next 내부 순환문 (j 변수 : 1 ~ nn까지)

 ✓ kk 값(요일 변수) 환산식 : k에서 환산 (kk = (k+4) Mod 7 + 1)

   예) 2월 5일 (k=36) : kk = (36+4) Mod 7 + 1 ☞ 6 (금요일)

  - Mod(나머지) 연산자를 사용하여 요일 상당 번호 산출

  - 1/1일이 금요일이므로 kk = 6가 되어야 하므로 k + 4 필요

  - Mod의 최소값은 0이 되므로 +1 필요 (일요일 = 1)

 ✓ 월의 마지막 행이 6행이 되면(n = 6일 경우) '/' 표 사용하여 5행에 표시 (24/31)

<프로시저> 달력 만들기

```vb
Sub 활용7( )         312_07
    Set 시트A = ThisWorkbook.Worksheets("달력")
①    시트A.Columns("A:G").HorizontalAlignment = xlCenter
②    k = 1                                    '일자 일련 번호 (1 ~ 365일)
③    n = 1
④    For i = 1 To 12                          '1~12월
⑤      If i = 2 Then
            nn = 28                           'nn : 월별 일수
        ElseIf i = 4 Or i = 6 Or i = 9 Or i = 11 Then
            nn = 30
        Else: nn = 31
        End If
⑥      m = i * 8 - 4
⑦      With 시트A.Cells(m - 2, 4)
            .Value = i & " 월"
            .Font.Size = 16
            .Font.Bold = True
        End With
⑧      Range("A" & m - 1 & ":G" & m - 1) = Array("일", "월", "화", "수", "목", "금", "토")
        For j = 1 To nn                       '월별 1 ~ nn일
⑨        kk = (k + 4) Mod 7 + 1
⑩        If n < 6 Then
⑪            시트A.Cells(m + n - 1, kk).Value = j
          Else: 시트A.Cells(m + n - 2, kk).Value = j - 7 & "/" & j
          End If
          If kk = 7 Then n = n + 1
⑫        k = k + 1
⑬      Next j
        Range("A" & m - 2 & ":G" & m + 4).BorderAround Weight:= xlThin
⑭      n = 1
⑮    Next i
End Sub
```

① [A:G]열의 수평 맞춤을 가운데 맞춤

   ※ 참고 : 이전에 실행된 달력을 삭제하려면 프로시저의 3행에 시트A.[A1:G100].Clear 추가

② k = 일자 일련 번호 (1년 365일 일련 번호 : 초기값 k = 1)
- 1/1일 : k = 1 ...... 12/31일 : k = 365
- 일자 별 요일 환산에 사용

③ n = 매월 해당 일자의 기록 행 일련 번호 (1 ~ 5행)
- 매월 1주차 : n = 1, 2주차 : n = 2, ... 마지막 주 : n = 5

④ For ~ Next 외부 순환문 (월(i) 변수 : 1~12까지 순환)

⑤ 월별 일수 할당 조건문 (If ~ ElseIf ~ Else ~ End If 문) : nn 변수
- 2월의 경우 : nn = 28
- 4월, 6월, 9월, 11월 : nn = 30
- 그 외(Else) : nn = 31

⑥ m 변수 : 월별 1일을 시작하는 기준 행(앞 페이지 <프로그래밍 방향> 설명 참조)

⑦ 월 표시 글꼴 지정 (With ~ End With 문 사용)
- 매월 월 표시 글꼴 : 굵은 문자, 크기 16

⑧ 매월 요일 기록 : [A:G]열의 m - 1행에 요일 기록
- Array 함수 ("일", "월", ~~, "토")로 [A:G]열에 순서대로 기록
(Part II.의 배열 변수 및 Array 함수 참조)
- Array 함수 대신에 Split 함수로 대체 가능 ☞ Split ("일,월,화,수,목,금,토", ",")

⑨ For ~ Next 내부 순환문 (일자 변수 j : 1 ~ nn 까지 순환)

⑩ kk 변수 : 요일 환산 변수 (앞 페이지 <프로그래밍 방향> 설명 참조)

⑪ 월별 행 일련 번호 변수 n < 6일 경우 월의 마지막 행(m + n – 1)의 kk 열에 일자 값 j 기록
(월의 첫 행의 행 번호는 m행이므로 마지막 행은 -1 필요)
- Else (n = 6일 경우) : 이전 행(m + n – 2) 에 j - 7 + "/" + j 값 기록
(n = 6이므로 마지막 행은 2를 빼야 함)

⑫ kk = 7(토)일 경우 : 1행 증가 (n = n + 1)

⑬ 1회 순환할 때 마다 일수 일련 번호 k 증가 (k = k + 1)

⑭ 매월 달력 외곽 테두리선 그리기
- [A:G]열의 m - 2 행부터 m + 2 행까지 가는 선 (xlThin) 그리기
(Part II. Range 개체.BorderAround 속성 명령문 참조)

⑮ 월이 바뀔 때 월별 행 일련 번호 n = 1로 초기화

1-3. 서식 작성

프로시저로 집계표를 만들거나 자료를 추가할 때 서식 작성이 필요한 경우가 있습니다. 서식 작성은 Font, Borders, Interior와 같은 Range 개체.속성 명령문으로 서식을 작성할 수 있습니다.

이 장에서는 프로시저로 서식을 작성하는 방법에 대해 알아보겠습니다.

1) 새 서식 작성

<과제13-1> 서식 작성

'서식1' 시트의 [A1:F5]셀에 아래와 같이 서식이 작성되어 있습니다.
[A7:F11]범위에 동일한 서식을 작성하는 프로시저를 작성하세요.

	A	B	C	D	E	F
1	제품명	서울	경기	인천	기타	합계
2	AAA					
3	BBB					
4	CCC					
5	DDD					

(a) 서식 작성 내용

- [A1:F5]범위 : 경계선 LineStyle : xlContinuous
  글자 가로 맞춤 : 가운데 맞춤
- [A1:F1]범위 : 아래 경계선 Weight : xlMedium
- [A2:F5]범위 : 안쪽 가로선 Weight : xlHairline

(b) 글자 입력

- [A1:F5]범위 : 제품명, 서울, 경기, 인천, 기타, 합계를 순서대로 각 셀에 입력
  글꼴 : 맑은 고딕, 굵은 문자
- [A2:A5]범위 : AAA, BBB, CCC, DDD를 순서대로 각 셀에 입력

<프로시저> 서식 작성

```
    Sub 서식1( )        313_01

①       [A7:F11].Borders.LineStyle = xlContinuous
②       [A7:F11].HorizontalAlignment = xlCenter

③       With [A7:F7]
            .Font.Name = "맑은 고딕"
            .Font.Bold = True
            .Borders(xlEdgeBottom).Weight = xlMedium
            .Interior.ColorIndex = 27
            .Value = Split("제품명,서울,경기,인천,기타,합계", ",")
        End With

④       [A8:F11].Borders(xlInsideHorizontal).Weight = xlHairline
⑤       SA = Split("AAA,BBB,CCC,DDD", ",")
⑥       For n = 0 To 3
            Cells(8 + n, 1) = SA(n)
        Next

    End Sub
```

① [A7:F11]범위의 경계선 : 실선

② [A7:F11]범위의 글자 수평 맞춤 : 가운데

③ With ~ End With문 : [A7:F7]의 글자 및 경계선 꾸미기
   - 글꼴 : 맑은 고딕
   - 굵은 문자
   - 아래쪽 경계선 : 중간 굵기(xlMedium)
   - 셀의 배경색 색상 번호 : 27(연노랑색)
   - 기록 내용 : '제품명, 서울, 경기, 인천, 기타, 합계'의 내용을 ','로 분리하여 각각 기록
              (Split 배열 함수 참조)

④ [A8:F11] 범위의 안쪽 가로선 Weight : xlHairline

⑤ 배열 변수 SA에 'AAA,BBB,CCC,DDD'의 내용을 ','로 분리하여 배열 변수에 할당
   - SA(0) = AAA, SA(1) = BBB, ~~

⑥ For ~ Next 문을 사용하여 [A8:A11]셀에 각각 배열 변수 SA 기록

 ※ [A8:A11].Value = Split("AAA,BBB,CCC,DDD", ",") 형식의 명령문은 사용 불가
   이 결과는 모든 셀에 'AAA'가 기록됨 (Part II 1-4. 배열 변수 참조)

《실행 결과》

	A	B	C	D	E	F
1	제품명	서울	경기	인천	기타	합계
2	AAA					
3	BBB					
4	CCC					
5	DDD					
6						
7	제품명	서울	경기	인천	기타	합계
8	AAA					
9	BBB					
10	CCC					
11	DDD					

※ 서식을 복사하는 방법

프로시저로 서식을 작성하면 코드의 수가 다소 많아집니다. 따라서, 가장 효율적인 서식 작성은 복사하는 방법입니다. 동일한 양식이 시트에 있을 경우 직접 그리는 프로시저보다는 복사하는 프로시저를 작성하면 코드를 단순화할 수 있습니다.

(복사 프로시저 사례)

아래 복사하는 간단한 프로시저는 '서식1' 프로시저와 동일한 결과를 얻을 수 있습니다.

```
Sub 서식2( )        313_02

①    [A1:F5].Copy
②    ActiveSheet.Paste [A7]
③    Application.CutCopyMode = False

End Sub
```

① [A1:F5]범위 복사

② [A7]셀에 붙여넣기 : [A7:F11]범위에 복사

③ 이동 테두리 해제 Application 문(복사 영역의 이동 테두리 없애기)

2) 매크로 자동 기록을 활용한 서식 작성

프로시저를 작성할 때 적용할 명령문이 생각나지 않을 때는 매크로 자동 작성 기능을 활용하면 프로시저 작성에 도움이 됩니다.

자동 기록된 매크로는 불필요한 코드가 많지만(특히 서식 작성 시 많음) 매크로를 자동 작성한 후, 필요한 코드만 골라 프로시저에 반영하면 사용자의 프로시저 작성에 도움이 될 것입니다.

<과제13-2> 자동 매크로 서식 작성 연습

매크로 자동 작성 기능을 활용하여 [A1:F5] 범위에 아래와 같은 서식을 작성하면서 프로시저가 자동으로 기록되게 하겠습니다.

	A	B	C	D	E	F
1						
2						
3						
4						
5						

<작성 방법>

(a) 매크로 기록 : 엑셀 상단 [개발 도구] 탭 > [매크로 기록] 클릭
- 매크로 이름 : '서식3' 입력 후 [확인] 단추 클릭

(b) 선 그리기 : 아래와 같은 선 그리기 항목을 한 개씩 실행
- [A1:F5] 범위 : 경계선 LineStyle → xlContinuous 그리기
- [A1:F1] 범위 : 아래 경계선 Weight → xlMedium 그리기
- [A2:F5] 범위 : 안쪽 가로선 Weight → xlHairline 그리기

(c) 기록중지 : [개발 도구] 탭 > **[기록 중지]** 단추 클릭

<프로시저 자동 작성 결과>

자동으로 매크로를 기록한 결과, 다음과 같이 복잡한 프로시저가 작성되었습니다.

```
   Sub 서식3 ( )     313_03   ' 매크로 자동 작성 결과
   '
   ' 서식3 Macro
   "
   '
       Range("A1:F5").Select
①    Selection.Borders(xlDiagonalDown).LineStyle = xlNone
       Selection.Borders(xlDiagonalUp).LineStyle = xlNone
②    With Selection.Borders(xlEdgeLeft)
           .LineStyle = xlContinuous
           .ColorIndex = 0
           .TintAndShade = 0
           .Weight = xlThin
       End With
       With Selection.Borders(xlEdgeTop)
          - 중 략 -
       End With
       With Selection.Borders(xlEdgeBottom)
          - 중 략 –
       End With
       With Selection.Borders(xlEdgeRight)
          - 중 략 –
       End With
       With Selection.Borders(xlInsideVertical)
          - 중 략 -
       End With
       With Selection.Borders(xlInsideHorizontal)
          - 중 략 -
③    End With
④    Range("A1:F1").Select
       Selection.Borders(xlDiagonalDown).LineStyle = xlNone
       Selection.Borders(xlDiagonalUp).LineStyle = xlNone
       With Selection.Borders(xlEdgeLeft)
          - 중 략 -
       End With
```

```
        With Selection.Borders(xlEdgeTop)
           - 중략 –
        With Selection.Borders(xlEdgeBottom)
           - 중략 –
        With Selection.Borders(xlEdgeRight)
           - 중략 –
        With Selection.Borders(xlInsideVertical)
           - 중략 –
        End With
⑤      Selection.Borders(xlInsideHorizontal).LineStyle = xlNone
⑥       Range("A2:F5").Select
           - 중략 –
        With Selection.Borders(xlEdgeTop)
           - 중략 –
        With Selection.Borders(xlEdgeBottom)
           - 중략 –
        With Selection.Borders(xlEdgeRight)
           - 중략 –
        With Selection.Borders(xlInsideVertical)
           - 중략 –
        With Selection.Borders(xlInsideHorizontal)
           .LineStyle = xlContinuous
           .ColorIndex = 0
           .TintAndShade = 0
           .Weight  = xlHairline
⑦      End With
     End Sub
```

(1) 자동 작성된 매크로의 특징

✓ 모든 수작업으로 작성/조작하는 내용을 모두 코드화하므로 불필요한 코드가 많음

✓ 특히, 대화 상자를 포함하는 엑셀 기능을 사용할 경우 코드가 과다

   예) 표를 작성할 때 엑셀에 내장된 셀 서식의 테두리 기능 등 대화 상자의 모든 옵션
       이 포함되므로 코드가 길어짐

   ☞ 매크로 자동 작성 후 필요한 코드만 선택, 편집하여 사용하면 코드 단순화 가능

(2) 코드 설명 및 단순화 작업

① 대각선 그리기 (불필요한 코드)

②~③ [A1:F5] 범위 경계선 실선 그리기(대부분 불필요한 코드임)
- 모든 선에 대해 각각 선 그리기를 정의함(대부분 불필요)
  범위내의 좌측선, 상단선, 우측선, 하단선, 가로 중앙선, 세로 중앙선의 각각에 대해
  LineStyle, ColorIndex, TintAndShade(선 밝기), Weight 등을 지정하므로 코드 과다

　☞ 이 모든 코드의 내용은 아래 코드로 대체 가능
　　　[A1:F5].Borders.LineStyle = xlContinuous

④~⑤ [A1:F1]범위 아래쪽 중간 굵기선 그리기

　☞ 아래 코드로 대체 가능
　　　[A1:F1].Borders(xlEdgeBottom).Weight = xlMedium

⑥~⑦ [A2:F5]범위 안쪽 가로선 Hairline 그리기

　☞ 아래 코드로 대체 가능
　　　[A2:F5].Borders(xlInsideHorizontal).Weight = xlHairline

<편집한 프로시저> 자동 작성된 매크로 → 편집
　　　아래 프로시저는 자동 작성된 프로시저(서식3)를 단순화한 것입니다.

```
    Sub 서식4 ( )    313_04    '자동_편집

        Set 시트B = Worksheets("자동")
①      시트B.[A1:F5].Borders.LineStyle = xlContinuous
②      시트B.[A1:F1].Borders(xlEdgeBottom).Weight = xlMedium
③      시트B.[A2:F5].Borders(xlInsideHorizontal).Weight = xlHairline
    End Sub
```

① [A1:F5]범위의 경계선 = xlContinuos

② [A1:F1]범위의 아래쪽 경계선의 Weight = xlMedium

③ [A2:F5]범위의 안쪽 가로 경계선의 Weight = xlHairline

서식을 작성할 때 글꼴 또는 셀의 바탕색, 경계선 색상 등 서식에 색상을 추가하는 경우가 있습니다. 이 경우 색상표를 활용하면 효과적으로 서식을 작성할 수 있습니다.

색상에 대한 이해를 돕기 위해 ColorIndex 번호(1~56)별 색상표를 작성하겠습니다.

<과제13-3> 색상표 작성
(Part II.의 Range 개체.속성의 Color 속성 참조)

엑셀 워크시트 '색상'에 아래와 같은 색상표를 기록하는 프로시저를 작성하세요.

<작성방법>

- 단순 순환문 사용 : i 순환 변수 1 to 56

- 56개 셀에 번호 별 색 표현

- 새로 방향으로 우선 기록하고 매 10번마다 열을 바꿈

- 색상표에 색 번호 기록(굵은 문자)

<프로시저> 색상표 작성

```
     Sub 서식5( )      313_05

        Set 시트A = Worksheets("색상")
①     For i = 1 To 56
②       m = (i - 1) Mod 10
③       n = (i - 1) ₩ 10              '매 i = 10 마다 열 바꾸기
④       With 시트A.Cells(m + 1, n + 1)
⑤          .Interior.ColorIndex = i
⑥          .Value = i
⑦          .Font.Bold = True
        End With
     Next i


     End Sub
```

① For ~ Next 문 (1 To 56)

②③ 행 변수 m과 열 변수 n의 정의

   - Mod(나머지), ₩(몫) 연산자 활용 : m, n의 최소값 = 0
   - ④에서 기록할 셀 주소의 행, 열 번호는 0보다 크야 하므로 m과 n값에 1을 더해야 하며,
   - 기록할 셀 주소를 감안하여 -1을 한 후 나머지와 몫을 구함

④ m, n 변수의 최소값이 0이므로 +1을 함

⑤ 해당 셀에 배경색 기록 : ColorIndex 번호에 해당하는 색상

⑥ 해당 셀에 색상 번호 기록(.Value)

⑦ 글꼴 굵게

※ 참고 : 색상표와 ColorIndex 번호

서식에 색상을 추가하거나 프로시저의 명령문에 색상을 인용하는 경우가 있으므로 아래의 엑셀 색상표에 색상별 ColorIndex 번호를 참고하여 프로시저 작성에 활용하세요.

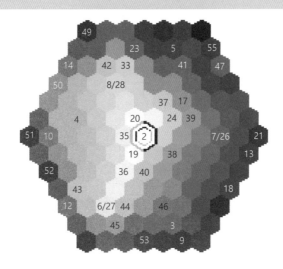

1-4. 파일 조작

엑셀 문서를 편집할 때 다른 파일의 내용을 가져와서 편집하는 경우가 많습니다. 이 경우 다른 파일의 시트를 새로운 파일로 이동 또는 복사하여 사용할 필요가 있습니다.

이 장에서는 특정한 파일을 열어 그 파일의 시트를 이동 또는 복사하여 새로운 파일을 만드는 파일 조작 프로시저에 대해서 알아보겠습니다.

1) 파일 조회, 열기

파일의 경로(디렉토리)에 특정 파일이 작성되어 있는지 조회하고 그 파일을 열어 다른 이름으로 저장는 프로시저에 대해 알아보겠습니다.

> <과제14-1> 파일 조회, 열기
>
> 파일 조회, 열기 프로시저를 작성할 파일이 활성화되어 있습니다.
>
> - 프로시저를 작성할 파일의 저장된 경로를 조회하고
> - 조회된 경로에 '연습.xlsx' 파일이 작성되어 있는지를 조회하여
> - 파일이 없으면 Msgbox 대화 상자로 '해당 파일이 작성되지 않았습니다.'라 표시한
>   후 프로시저를 종료하고
> - 파일이 있을 경우에는 그 파일을 열어 다른 이름 '집계.xlsx' 파일로 저장
>
> 하는 프로시저를 작성하세요.
>
> 단, 프로시저를 실행하여 파일을 다른 이름 '집계.xlsx'로 저장할 때 동일한 이름의 파일이 있을 경우 자동적으로 경고 메시지가 표시되는데 이 경고 메시지가 표시되지 않도록(파일 덮어 쓰기) 작성하세요.

<프로시저> 파일 열기, 저장

```
Sub 파일1()              314_01
    Dim 경로 As String, 파일명 As String, 파일 As String
①   경로 = ActiveWorkbook.Path
```

```
②    파일 = 경로 & "₩연습.xlsx"
③    파일검색 = Dir(파일)
④    Application.DisplayAlerts = False
⑤    If 파일검색 = "" Then
⑥      MsgBox "해당 파일이 '" & 경로 & "' 경로에 작성되지 않았습니다."
⑦      Exit Sub
⑧    Else
        Workbooks.Open Filename:=파일
      End If
⑨    ActiveWorkbook.SaveAs Filename:=경로 & "₩집계.xlsx"
⑩    Application.DisplayAlerts = True
⑪    ActiveWorkbook.Close
    End Sub
```

① '경로' 변수에 현재 활성화된 파일의 경로(디렉토리) 할당

② '파일' 변수에 '경로 & "연습.xlsx"' 할당

③ '파일검색' 변수에 Dir(파일) 할당

 - Dir(파일) → 경로가 포함된 '연습.xlsx' 파일이 경로에 작성되어 있는지 검색

④ Application.DisplayAlerts = False : 경고 표시가 되지 않도록 설정

 - 파일을 다른 이름으로 저장할 때 해당 파일이 있을 경우 아래 경고가 표시하지 않도록 설정
   (아래 ⑨항목 실행 시 경고를 방지하고 파일 덮어쓰기 실행)

⑤ '파일'이 경로에 없으면(파일검색 = "")

⑥ MsgBox 대화 상자로 해당 메시지를 표시

⑦ Exit Sub : 프로시저(Sub ~ End Sub문) 종료(더 이상 진행할 필요가 없으므로 종료)

⑧ 파일이 있을 경우(Else) '연습.xlsx' 파일 열기

⑨ 활성화된 파일(연습.xlsx)을 같은 경로에 '집계.xlsx' 이름으로 저장

⑩ 다시 경고 표시가 되도록 설정

⑪ '집계.xlsx' 파일 닫기

2) 입력 받아 파일 열기

앞에서 학습한 내용은 프로시저 안에서 파일 이름을 지정하여 파일 열기를 하였습니다.
이번에는 InputBox 또는 워크시트에서 파일 이름을 입력받아 그 파일이 경로에 작성되어
있는지 검색한 후 파일을 열어 다른 이름으로 저장하는 방법에 대해 알아보겠습니다.

> <과제14-2> 입력 받아 파일 열기/저장 I
>
> 프로시저에서 파일 이름을 지정하지 않고 InputBox로 파일 이름을 입력받아 처리하는
> 프로시저를 작성하세요.

<프로시저> 파일 열기, 저장2

```
    Sub 파일2( )        314_02
        경로 = ActiveWorkbook.Path
①    Do While Not 파일명 Like "*.xlsx"
②        파일명 = InputBox(경로 & "에서 열기할 파일 이름을 입력하세요", _
                "파일열기", "XXXX.xlsx")
        If 파일명 = "" Then Exit Sub
        Loop
        파일 = 경로 & "₩" & 파일명
            ~~~ 이하 생략 : '파일1' 프로시저와 동일 ~~
    End Sub
```

① Do While ~ Loop 문 : '파일명' 변수의 형식이 "*.xlsx"가 아닐 경우 계속 순환
   (변수 이름 Like 형식 명령문 : Part II. 연산자 참조)

② 표시할 메시지 : '경로 & ~~~ 하세요', 제목 : '파일열기', 표시되는 초기값 : 'XXXX.xlsx'

   ※ 파일명 = "" : 파일명을 입력하지 않거나 InputBox에서 [취소] 단추를 눌렀을 때

《Input Box 실행 결과 예》InputBox에서 파일명을 입력받아 파일 열기

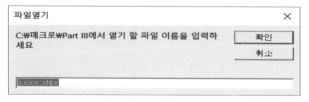

<과제14-3> 입력받아 파일 열기/저장 II

<과제14-2>에서 사용한 InputBox 대신에 워크시트의 셀에서 파일 이름을 입력받아 처리하는 프로시저를 작성하세요.

(파일 형식 : 콤보 상자 컨트롤을 활용하여 '.xlsx'와 '.xlsm' 중 선택)

【 프로시저 작성 순서 】

① 워크시트 입력 메뉴 작성 : 파일 이름 입력란, 프로시저 실행 단추 작성
② 실행 프로시저 작성
③ 매크로 지정 : 시트에 작성한 실행 단추가 실행 프로시저를 실행하도록 매크로 지정

【 프로시저 작성 】

(a) 워크시트 입력 화면 작성

아래와 같이 프로시저와 연결할 실행 단추 등을 작성합니다.

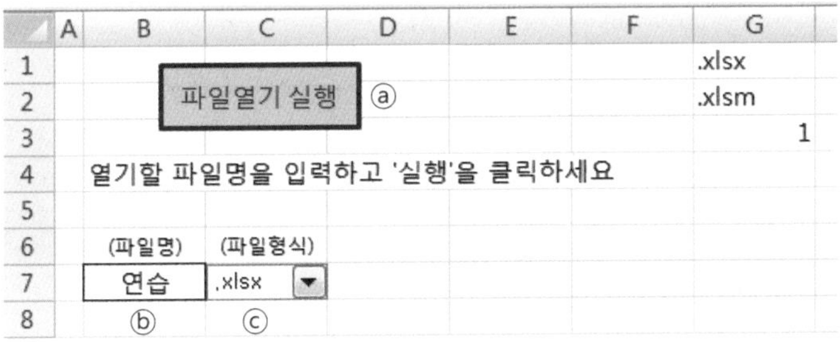

✓ **실행 단추ⓐ 작성** : 도형 작성(위 그림 참조)

✓ **파일명 입력 셀ⓑ 및 파일 형식 지정 콤보 상자ⓒ 작성**

- 파일명 입력 : [B7]셀에 '파일명' 입력란 작성
- 파일 형식 선택 콤보 상자 : [C7]셀에 파일 형식을 선택할 콤보 상자 작성
  . 콤보 상자의 서식 설정 : 입력 범위 ☞ 범위 [$G$1:$G$2] 지정
  　　　　　　　　　　　　 셀 연결 ☞ 셀[$G$3] 지정 → 선택 결과가 표시되는 셀

(b) 실행 프로시저 작성 : '파일3' 프로시저

(c) 실행 단추 매크로 지정

- 도형을 선택하고 매크로 지정 ('파일3' 프로시저)

<프로시저> 파일 열기, 저장3

```
Sub 파일3( )        314_03

   경로 = ActiveWorkbook.Path
①  파일명 = ActiveSheet.[B7]
②  확장자 = Choose([G3], ".xlsx", ".xlsm")
③  파일 = 경로 & "₩" & 파일명 & 확장자
   파일검색 = Dir(파일)


   ~~~ 이하 생략 '파일1' 프로시저와 동일 ~~~


End Sub
```

① [B7]셀에서 '파일명' 변수를 입력받음

② Choose 문 : [C7]셀의 콤보 상자에서 선택하는 파일 형식이 [G3]셀에 표시되며 선택되는 숫자에 따라 '확장자' 변수에 해당 값 할당
   - [G3] 셀의 값이 1이면 확장자 = '.xlsx'
                    2이면 확장자 = '.xlsm'

③ '파일' 변수 정의

Chapter 2. 프로그래밍

이 장에서는 여러 가지 간단한 매크로 프로그래밍 사례를 소개하고 사례별로 1~3종류의 다른 프로시저 작성 사례를 통해 각종 코드의 활용 기법을 학습합니다.

2-1. 다차원 집계표 작성

1) 작성 과제 : 작성할 프로시저의 과제에 대한 설명
2) 2차원 배열 변수 사용 : For Each~Next, Offset, Select Case 문, 2차원 배열 변수, R1C1형 수식 등
3) 3차원 배열 변수 사용 : For Each 문, Select Case 문, 3차원 배열 변수

2-2. 문자형 자료 집계

1) Sub 프로시저 활용 : 2중 For~Next문, IsNumeric, Val, Mid문 등을 활용한 문자형 자료 집계
2) 함수 프로시저 활용 : 사용자 정의 함수로 문자형 자료 집계 방법
   (글자색 또는 셀의 배경색으로 요일을 인식하여 함수에 활용)

2-3. 데이터 추가

1) 파일 검색, 서식 추가 : 열린 파일/시트 검색, On Error문, MsgBox문 등
2) 데이터 추가 : 폼 작성, 이벤트 프로시저, Offset문 등
3) 데이터 조회 : 콤보 상자 활용 방법과 목록 상자 활용 방법(2종류 소개)
   - 폼, 이벤트 프로시저, Find 메서드, Offset문 등

2-4. 파일 통합

1) 파일 통합 : 여러 파일의 시트를 통합하는 방법 3종류 소개
2) 메뉴 없이 통합 : 통합할 파일 경로/파일 검색, 순차적 파일 열기 후 파일 통합
3) 메뉴 화면 연계 통합 : 시트에 통합할 파일 이름 등을 입력받아 파일 통합
4,5) 폼 연계 파일 통합 : 사용자 정의 폼에 파일 이름 등을 입력받아 파일 통합

2-1. 다차원 집계표 작성

1) 집계표 작성 과제

이전에 학습한 매출 데이터 집계표 작성 사례를 이 장에서 다시 인용합니다.
이번에는 좀더 복잡한 데이터를 집계하는 프로시저에 대해 알아봅니다.

<과제21-1> 집계표 작성

아래와 같이 A 회사의 매출 실적 데이터가 있습니다.

	A	B	C	D
1	일자	제품명	지역	판매금액
2	2021-01-05	AAA	기타	813,140
3	2021-01-06	AAA	경기	269,240
4	2021-01-07	CCC	서울	923,100
		(중략)		
630	2021-12-31	BBB	경기	3,750,440
631	2021-12-31	CCC	서울	3,796,710
632	2022-01-03	AAA	서울	3,511,610
633	2022-01-03	BBB	기타	2,074,560

위의 소스 데이터를 월별, 제품별, 지역별로 집계하여 아래 집계표에 기록하는 프로시저를 작성하세요. (아래 2종류의 프로시저 작성)

(a) 2차원 배열 변수 활용 : 1차원('월'과 '제품명'의 복합 변수), 2차원('지역' 변수)

(b) 3차원 배열 변수 활용 : 1차원('월' 변수), 2차원('제품명' 변수), 3차원('지역' 변수)

※ '합계' 항목 작성(집계표의 [H39:K41]셀) : 순환문을 사용하여 수식을 자동 완성

<집계표>

---

2) 2차원 배열 변수 활용

A) 프로그래밍 방향

(a) 배열 변수의 설정

✓ **1차원 배열 변수** : '월' 변수 12개(0~11) x '제품명' 변수 3개(0~2) = 36개(0 ~ 35)

☞ 1차원 인덱스 번호(x1) = '월' 변수(m1) x 3   (AAA 제품)

= '월' 변수(m1) x 3 + 1 (BBB 제품)

= '월' 변수(m1) x 3 + 2 (CCC 제품)

✓ **2차원 배열 변수** : '지역' 변수 4개 (0~3)

☞ 2차원 인덱스 번호(y1) : 0(서울), 1(경기), 2(인천), 3(기타)

✓ **배열 변수의 총 개수** : 36개 x 4개 = 144개

☞ 배열 변수 (판매A)의 정의 : 판매A(x1, y1) = 판매A(35, 3)

(b) 프로그래밍 방향

✓ **For Each ~ Next 문 사용** : 소스 데이터를 한 줄씩 순환

- 순환하면서 제품별, 월별, 지역별 인덱스 번호 x1, y1 할당
- 각 행을 '판매A(x1, y1)' 배열 변수에 누적하면서 저장
- 누적된 배열 변수를 해당 셀(x1 + 3, y1 + 8)에 기록하면서 진행
  (기록할 위치가 3행 H열(8열)부터 시작하므로 각각 3, 8을 더함)

✓ **[F39:K41] 범위의 합계** : 월별 셀 주소를 인용한 합계 수식 기록

예) [H39] 셀의 수식 : = Sum(H3, H6, ~~~, H36)

- For ~ Next문 활용하여 자동 완성되도록 프로시저 작성

✓ **행의 합계** : 오른쪽 [L3:L43]셀에 합계 수식 기록

예) [L3] 셀의 수식 : = Sum(H3:K3)

B) 프로시저 작성

```
        Sub 집계1()              321_01
        Dim 시트A As Worksheet, n1 As Integer
        Dim 제품A As Range, 수식 As Variant
①       Dim 판매A(35, 3) As Long
②       Set 시트A = ThisWorkbook.Worksheets("매출")
③       시트A.[H3:K38].ClearContents
        n1 = 시트A.[B2].End(xlDown).Row
④       For Each 제품A In 시트A.Range("B2:B" & n1)
          SA1 = 제품A.Value
⑤          m1 = Month(제품A.Offset(0, -1)) - 1
          SB1 = 제품A.Offset(0, 1)
⑥          ba1 = 제품A.Offset(0, 2)
⑦          Select Case SA1
            Case "AAA": x1 = 3 * m1              '1차원 인덱스 번호
            Case "BBB": x1 = 3 * m1 + 1
            Case "CCC": x1 = 3 * m1 + 2
          End Select
⑧          Select Case SB1
            Case "서울": y1 = 0                  '2차원 인덱스 번호
            Case "경기": y1 = 1
            Case "인천": y1 = 2
            Case Else: y1 = 3
          End Select
⑨          판매A(x1, y1) = 판매A(x1, y1) + ba1
⑩          시트A.Cells(x1 + 3, y1 + 8) = 판매A(x1, y1)
        Next
⑪       수식 = "= Sum(R[-36]C"
        For i = 11 To 1 Step -1
            수식 = 수식 & ", R[-" & 3 * i & "]C"
        Next
⑫       [H39:K41] = SS1 & ")"
⑬       시트A.[L3:L41] = "=Sum(RC[-4]:RC[-1])"
        End Sub
```

① 2차원 배열 변수 '판매A' 정의 : 1차원 변수 36개, 2차원 변수 4개

② 워크시트 개체 변수 '시트A' 정의

③ 집계표의 기존 데이터 내용 지우기(초기화)

④ For Each ~ Next 문 : [B]열의 2행부터 아래쪽으로 마지막 데이터가 있는 행(n1)까지 범위를 한
셀씩 이동하면서 그 셀을 '제품A' 변수에 할당
 - '제품A' 셀의 값을 SA1 변수에 할당

⑤ m1 변수에 '제품A' 셀의 왼쪽 셀(일자)의 월(Month 함수) – 1 할당
 - 월 변수 m1 값은 0 ~ 11까지 변하며 1월의 m1 값 = 0
 - SB1 변수에 '제품A' 셀의 오른쪽 셀(지역) 값 할당

⑥ ba1 변수에 '제품A'셀의 오른쪽 두 번째 셀(판매금액) 값 할당

⑦ SA1 변수('AAA' 등)와 월 변수 m1에 따라 1차원 인덱스 번호(x1)값 할당

<'SA1'과 'm1'값에 따른 'x1'값>

월	1	2	3	...	10	11	12
m1	0	1	2	...	9	10	11
x1 (AAA)	0	3	6	...	27	30	33
x1 (BBB)	1	4	7	...	28	31	34
x1 (CCC)	2	5	8	...	29	32	35

⑧ SB1 변수의 값에 따라 2차원 인덱스 번호 y1 값 할당

⑨ 변수 '판매A'의 새 값 = 기존의 '판매A' 변수값 + 새로 읽은 판매 금액 변수 ba1 할당

⑩ 배열 변수 '판매A'에 대응하는 셀(x1 + 3, y1 + 8)에 배열 변수 '판매A'의 값을 기록하고 순환
(다음 셀로 이동)
 - Cells(x1 + 3, y1 + 8) : x1, y1의 변동에 따른 기록할 셀 위치
 - 판매A(x1, y1) : x1, y1의 변동에 따른 '판매A' 변수의 값

⑪~⑫ 제품별 합계 수식을 각 월별 셀 항목으로 자동 완성하여 [H39:K41] 범위에 완성된 수식 기록

 ※ 수식 자동 완성 예) ([H39]셀 수식) : "= Sum(H3, H6, ~~~, H36)"

  - 수식 = "= Sum(R[-36]C" ☞ "= Sum(H3" ([H39]셀에서 -36행)
  - i = 11 to 1 ☞ 차례로 ", H6, H9, ~~, H36" 추가
  - 수식 = 수식 & ")" ☞ 이전까지 만들어진 수식에 오른쪽 괄호를 추가하여 수식 완성
  - 완성된 수식을 [H39:K41] 범위에 기록

⑬ [L3:L41]셀에 각 행의 합계 수식 기록

3) 3차원 배열 변수 활용

A) 프로그래밍 방향

(a) 배열 변수의 설정

- ✓ 1차원 배열 변수 : '월' 변수 12개(0~11)
  - ☞ 1차원 인덱스 번호 (m2) : 0(1월), 1(2월), ... 11(12월)

- ✓ 2차원 배열 변수 : '제품명' 변수 3개(0~2)
  - ☞ 인덱스 번호(x2): 0(AAA), 1(BBB), 2(CCC)

- ✓ 3차원 배열 변수 : '지역' 변수 4개 (0~3)
  - ☞ 인덱스 번호(y2) : 0(서울), 1(경기), 2(인천), 3(기타)

- ✓ 변수의 총 개수 : 12개 x 3개 x 4개 = 144개
  - ☞ 배열 변수 '판매B'의 정의 : 판매B(m2, x2, y2) = 판매B(11, 2, 3)

(b) 프로그래밍 방향

- ✓ For Each ~ Next 문 사용하여 소스 데이터를 한 줄씩 순환(이동)
  - 순환하면서 제품별, 월별, 지역별 인덱스 번호 m2, x2, y2 값 할당
  - 총 144개의 판매B(11, 2, 3) 변수에 누적하면서 저장
  - 누적된 변수를 해당 셀(3 * m2 + x2 , y2 + 8)에 기록하면서 순환

- ✓ 집계표의 아래쪽 [H39:K41]셀에 자동 완성된 합계 수식 기록

- ✓ 오른쪽 [L3:L43]셀에 합계 수식 기록

B) 프로시저 작성

```
    Sub 집계2()                321_02

        Dim 시트B As Worksheet, n2 As Integer
        Dim 제품B As Range, 수식 As Variant
①      Dim 판매B(11, 2, 3) As Long
            ~~ 중략 ~~ '집계1' 프로시저와 동일

②      For Each 제품B In 시트B.Range("B2:B" & n2)
            ~~ 중략 ~~
③          Select Case SA2
            Case "AAA": x2 = 0
            Case "BBB": x2 = 1
            Case "CCC": x2 = 2
        End Select
        Select Case SB2
            ~~ 중략 ~~
        End Select
④      판매B(m2, x2, y2) = 판매B(m2, x2, y2) + ba2
        시트B.Cells(3 * m2 + x2, y2 + 8) = 판매B(m2, x2, y2)
    Next
        ~~ 이하 생략 ~~

    End Sub
```

① 3차원 배열 변수 '판매B' 정의

  - 1차원 변수 12개, 2차원 변수 3개, 3차원 변수 4개

② For Each ~ Next 문 : 한 셀씩 이동하면서 그 셀을 '제품B' 변수에 할당

③ 제품명 SA2 변수에 따라 2차원 배열 변수 인덱스 번호(x2) 값 할당

④ 3차원 배열 변수 '판매B'의 값에 누적하여 해당 셀에 기록

2-2. 문자형 자료 집계

실무에서 자료는 숫자 자료뿐만 아니라 문자 자료 또는 문자와 숫자가 합쳐진 문자형 자료도 많이 있습니다.

이 장에서는 문자형 자료를 숫자화하여 집계하는 프로시저에 대해 알아보겠습니다.

1) 프로시저 활용

<과제22-1> 근태 기록 집계

아래 표는 A회사에서 2월 1일부터 10일까지 근태 현황을 기록한 자료입니다.
오른쪽 집계표에 특근 시간을 기록하는 프로시저를 작성 하세요.

<표 설명>

(a) 정상 근무 시간 : 평일(흑색 일자)에 근무한 시간 (8시간)

- **주간(S)** : 주간 8시간 근무

- **교대(A,B,C)** : 교대 8시간 근무

  . A(1근 근무 : 06:00~14:00), B(2근 근무 : 14:00~22:00), C(3근 근무 : 22:00~06:00)

(b) 특근시간 : 정상 근무 시간 외에 근무한 시간

✓ 평일 특근 시간 : 평일에 추가 근무한 시간 (시간외 근무)

☞ 표기 방법 및 의미 : S3(주간 근무 후 3시간 특근), A3(1근 근무 후 3시간 특근)

✓ 휴일 특근 시간 : 휴일(청색(토요일), 적색(일요일) 일자)에 근무한 시간

- 주간 근무 : 휴일의 숫자 시간만큼 특근

- 교대 근무 : A(1근), B(2근), C(3근) 각 8시간 휴일 특근

- 야간 할증 근무 시간 : C(3근) 근무하면 8시간 야간 할증 근무 시간 인정

<프로시저> 특근 시간 계산

    - 휴일 특근 시간 : 일자의 글꼴이 굵은 문자이면 휴일로 판단
        . 휴일 A,B,C (8시간 휴일근무), 그 외 숫자(숫자 상당 시간 휴일 근무)

    - 시간 외 특근 시간 : 평일의 S, A, B, C의 오른쪽 숫자의 합

    - 야간 할증 근무 시간 : 야간 근무(C) 시 8시간

```
     Sub 문자형( )             322_01
        Set 시트A = ThisWorkbook.Worksheets("근태")
①       aa = 0                        '시간외 근무 시간
        ab = 0                        '휴일 근무 시간
        ac = 0                        '야간 근무 시간
②       시트A.[P4:R9].ClearContents

③       For j = 1 To 10
          For i = 4 To 9
④           SB = 시트A.Cells(i, j + 4).Value
⑤           If 시트A.Cells(3, j + 4).Font.Bold = True Then
⑥             If IsNumeric(SB) = True Or SB = "" Then
                  ab = SB
⑦             Else: ab = 8           'A, B, C인 경우
              End If
⑧           Else:  aa = Val(Mid(SB, 2, 2))
            End If
⑨           If SB = "C" Then ac = 8

⑩           fa = 시트A.Cells(i, 16).Value
            fb = 시트A.Cells(i, 17).Value
            fc = 시트A.Cells(i, 18).Value
⑪           시트A.Cells(i, 16) = fa + aa
            시트A.Cells(i, 17) = fb + ab
            시트A.Cells(i, 18) = fc + ac
⑫           aa = 0: ab = 0: ac = 0
          Next i
        Next j
     End Sub
```

① 변수 aa, ab, ac에 특근 시간 초기값 할당

② 특근 시간 집계표에 기록된 내용 삭제(생략 가능)

   (프로시저를 한번 실행한 후 재 실행하면 먼저 기록된 데이터가 누적되므로 초기화)

③ 이중 순환문 i, j

④ SB 변수에 차례로 셀 값(개인별, 일자 별 근태 내용) 할당

⑤ 3행(일자)의 글꼴이 굵은 문자이면 If 문 이하 실행

⑥ SB 셀의 값이 숫자이거나 빈 문자열("")이면 ab = SB 값(시간 외) 할당

⑦ ⑥번 항에 해당되지 않은 경우 (A, B, C일 경우), ab = 8 시간 할당

⑧ ⑤번 항에 해당되지 않는 경우(평일), ab = Val(Mid(SB,2,2))

   즉, SB값의 2번째 문자부터 2개 취하여 숫자로 전환

⑨ SB = C일 경우는 야간 할증 시간(ac) = 8 시간 할당

⑩ 이전까지의 특근 시간에 기록된 값을 fa, fb, fc 변수에 할당

⑪ 누적 특근 시간 기록 : 이전 기록된 특근 시간 + aa, ab, ac 값

⑫ 변수 aa, ab, ac 초기화(= 0)

2) 사용자 정의 함수 활용

경우에 따라서는 문자형 자료를 계산할 때 함수 프로시저를 활용한 사용자 정의 함수를 사용하면 더 효율적인 경우도 있습니다.

<과제22-2> 근태 기록 집계

<과제22-1>에서 인용한 근태 기록 자료에서 함수 프로시저를 활용한 수식으로 집계표에 특근 시간을 기록하세요.

<사용자 정의 함수 이름>

시간외 : 평일 시간 외 특근 시간

휴일 : 휴일 특근 시간

야간 : 야간 근무 할증 시간

NO	성명	근무 형태	1	2	3	4	5	6	7	8	9	10	시간외	휴일	야간
1	김광형	주간	S2	S	6		S	S	S4	S	S				
2	이기현	주간	S	S3	8		S	S	S3	S	S4	5			
3	서래한	주간	S	S	4	5	S	S	S2	S	S3				
4	김봉표	교대	A	A2	A		B	B3	B	B	B	B			
5	목상택	교대	B5	B	B		C	C	C	C	C				
6	유창식	교대	C	C		A	A	A	A3	A4	A	A			

(2월 근태현황 / 특근시간 집계)

휴일 여부의 검색 조건은 다음 두 가지로 각각 작성하세요.

(a) 날짜의 글자색 : ColorIndex = 3 (빨강 : 일요일), 5 (청색 : 토요일)
(b) 셀의 배경색: ColorIndex = 7 (보라 : 일요일), 8 (하늘색 : 토요일)

(프로시저 작성 후 수식 입력 예)

[P5] 셀 : = 시간외(E5:N5)   ☞ 결과 : 10

[Q5] 셀 : = 휴일(E5:N5)   ☞ 결과 : 13

[R5] 셀 : = 야간(E5:N5)   ☞ 결과 : 0

<프로시저1> 날짜의 글자 색으로 요일 판단

    - **시간외** 함수 : 평일 시간외 특근 시간   ☞ = 시간외(범위)
    - **휴일** 함수   : 휴일 특근 시간   ☞ = 휴일(범위)
    - **야간** 함수   : 야간 근무 할증 시간   ☞ = 야간(범위)

```
①  Function 시간외(범위1 As Range) As Integer   322_02  "시간외" 함수
       Dim 항목1 As Range, 색1 As String,  m1 As Integer
②  For Each 항목1 In 범위1
③      m1 = 항목1.Column
④      색1 = Cells(3, m1).Font.ColorIndex
⑤      If Not (색1 = 3 Or 색1 = 5) Then
⑥          시간외 = 시간외 + Val(Mid(항목1, 2, 2))        "시간외" 특근 시간
        End If
    Next
    End Function
```

```
⑦  Function 휴일(범위2)          322_03                "휴일" 함수
       For Each 항목2 In 범위2
⑧      m2 = 항목2.Column
        색2 = Cells(3, m2).Font.ColorIndex
⑨      If 색2 = 3 Or 색2 = 5 Then
⑩          If 항목2.Value = "A" Or 항목2 = "B" Or 항목2 = "C" Then
                hh1 = 8
⑪          Else: hh1 = 항목2.Value
            End If
⑫          휴일 = 휴일 + hh1                          "휴일" 특근 시간
        End If
    Next
    End Function
```

```
⑬  Function 야간(범위3)          322_04                "야간" 함수
       For Each 항목3 In 범위3
⑭      If Left(항목3, 1) = "C" Then
⑮          야간 = 야간 + 8                            "야간" 할증 시간
        End If
    Next
    End Function
```

① 사용자 정의 함수 '시간외' 함수

② '시간외' 함수의 인수 '범위1'를 차례로 한 셀씩 '항목1' 변수에 할당

③ m1 변수에 '항목1' 셀의 열 번호 할당

④ '항목1'셀의 해당 날짜 셀(Cells(3, m1))의 글자색의 ColorIndex를 '색1' 변수로 정의

⑤ '색1' 변수가 3(빨강색) 또는 5(파란색)가 아닐 경우(평일의 경우)

⑥ '시간외' 함수 값 = 이전의 '시간외' 함수 값 + '항목1' 셀의 숫자값
　　- 셀을 이동하면서 함수 값을 누적
　　- Val(Mid(항목1,2,2) : '항목1' 셀 값의 2번째 문자부터 2개를 취한 숫자값

⑦ 사용자 정의 함수 '휴일' 함수

⑧ m2 변수에 '항목2' 셀의 열 번호 할당
　　- '항목2'셀의 해당 날짜 셀의 글자색의 ColorIndex를 '색2' 변수로 정의

⑨ '색2' 변수가 3(빨강) 또는 5(파란색)일 경우 (휴일의 경우)

⑩ '항목2' 셀의 값이 A or B or C의 경우
　　- 휴일 특근 시간을 hh1 변수에 8시간 할당

⑪ ⑩에 해당되지 않을 경우 hh1 변수에 '항목2' 셀 값 할당.

⑫ '휴일' 함수값 = 이전 '휴일' 함수값 + hh1 값

⑬ '야간' 함수

⑭ '항목3' 셀의 값이 C일 경우 (야간 근무)

⑮ '야간' 함수값 = 이전 '야간' 함수값 + 8시간

<사용자 정의 함수 입력 예> 사용자 정의 함수를 활용한 수식 입력 및 결과의 예입니다.

(수식의 결과)　　　　　　　　　(수식 입력)

특근시간 집계		
시간외	휴일	야간
6	6	-
10	13	-
5	9	-
5	16	-
5	8	40
7	16	16

특근시간 집계		
시간외	휴일	야간
=시간외(E4:N4)	=휴일(E4:N4)	=야간(E4:N4)
=시간외(E5:N5)	=휴일(E5:N5)	=야간(E5:N5)
=시간외(E6:N6)	=휴일(E6:N6)	=야간(E6:N6)
=시간외(E7:N7)	=휴일(E7:N7)	=야간(E7:N7)
=시간외(E8:N8)	=휴일(E8:N8)	=야간(E8:N8)
=시간외(E9:N9)	=휴일(E9:N9)	=야간(E9:N9)

<프로시저2> 셀의 배경색으로 휴일 판단

     - **시간외2** 함수 : 평일 시간외 특근 시간   ☞ = 시간외2(범위)
     - **휴일2** 함수   : 휴일 특근 시간   ☞ = 휴일2(범위)

---

① **Function 시간외2**(범위4 As Range) As Integer   **322_05**
    Dim 항목4 As Range, 색4 As String
    For Each 항목4 In 범위4
②   색4 = 항목4.Interior.ColorIndex
③   If Not (색4 = 7 Or 색4 = 8) Then
      시간외2 = 시간외2 + Val(Mid(항목4, 2, 2))   ''시간외' 특근 시간
      End If
    Next
End Function

---

④ **Function 휴일2**(범위5)   **322_06**
    For Each 항목5 In 범위5
    색5 = 항목5.Interior.ColorIndex
    If 색5 = 7 Or 색5 = 8 Then
      If 항목5.Value = "A" Or 항목5 = "B" Or 항목5 = "C" Then
        hh2 = 8
      Else: hh2 = 항목5.Value
      End If
      휴일2 = 휴일2 + hh2   "휴일" 특근 시간
    End If
    Next
End Function

① 사용자 정의 함수 '시간외2' 함수
  - '시간외' 함수는 '프로시저1'에서 이미 정의가 되었기 때문에 '시간외2' 함수로 정의

② '항목4' 셀의 배경색의 ColorIndex를 '색4' 변수로 정의

③ '색4' 변수가 7(보라색) 또는 8(하늘색)이 아닐 경우(평일의 경우)

④ 사용자 정의 함수 '휴일2' 함수

<과제22-3> 근태기록 집계2

아래 표는 <과제22-2>의 근태표에 '휴일 근무일수' 항목을 추가하였습니다.

휴일 근무 일수 및 휴일 휴무 일수를 계산하는 함수 프로시저(사용자 정의 함수)를 작성하세요.

	P	Q	R	S	T
	특근시간 집계			휴일근무일수	
	시간외	휴일	야간	근무	휴무
	6	6	-		
	10	13	-		
	5	9	-		
	5	16	-		
	5	8	40		
	7	16	16		

← 추가한 서식

함수 프로시저를 작성할 때 옵션 인수를 활용하며 다음 두 가지 함수로 작성하세요.

(a) 휴일 근무 **일수** 계산 : 근무와 휴무를 동일 수식 사용

   - 휴일 근무 일수(옵션 기본값)   ☞ 수식 예) =휴일근무(E4:N4)
   - 휴일 휴무 일수(옵션값)   ☞ 수식 예) =휴일근무(E4:N4, False)

(b) 휴일근무**시간/일수** 계산 : 시간/근무/휴무를 동일 수식 사용

   - 휴일 근무 시간(옵션 기본값)   ☞ 수식 예) =휴일근무2(E4:N4)
   - 휴일 근무 일수(옵션="W")   ☞ 수식 예) =휴일근무2(E4:N4, "W")
   - 휴일 휴무 일수(옵션="O")   ☞ 수식 예) =휴일근무2(E4:N4, "O")

<프로시저1> 근무 일수 계산('휴일근무' 함수)

    - 휴일 근무 일수의 수식   ☞ =휴일근무(범위)
    - 휴일 휴무 일수의 수식   ☞ =휴일근무(범위, False)

① **Function 휴일근무**(범위7, Optional 근무인수 As Boolean = True)
                                               322_07

    For Each 항목7 In 범위7
②   색7 = 항목7.Interior.ColorIndex
③   If 색7 = 7 Or 색7 = 8 Then
      If 항목7.Value = "" Or 항목7 = 0 Then
④   휴휴무1 = 휴휴무1 + 1   '휴일 휴무 일수
⑤   Else: 휴근무1 = 휴근무1 + 1   '휴일 근무 일수
      End If
    End If
    Next
⑥   If 근무인수 = True Then
⑦   휴일근무 = 휴근무1   '휴일 근무 일수
⑧   Else: 휴일근무 = 휴휴무1   '휴일 휴무 일수
    End If
⑨   '휴일근무 = IIf(근무인수, 휴근무1, 휴휴무1)

End Function

① 사용자 정의 함수 '휴일근무' 함수
  - 함수 형식 : =휴일근무(함수 범위, 옵션 인수)
  - 옵션 인수 '근무인수'의 초기값 : True (생략 시 True로 인식)

② '색7' 변수에 '항목7'셀의 배경색 할당

③ '색7' 변수(배경색)가 7(분홍) 또는 8(하늘색)일 경우(휴일)

④ '휴휴무1' 변수(휴일 휴무 일수)의 값 = 이전 값 + 1

⑤ Else(휴근무1) : 휴일 근무 일수 = 이전 값 + 1

⑥ '근무인수'의 값이 True 일 경우

⑦ 사용자 정의 함수 '휴일근무' 함수의 값 = 휴근무1(휴일 근무 일수)
  - 함수 입력 예) : = 휴일근무(E4:N4)

⑧ Else : '휴일근무' 함수의 값 = 휴휴무1 (휴일 휴무 일수) 할당

   - 함수 값 입력 예) = 휴일근무(E4:N4, False)

⑨ 위의 ⑥~⑧항 IF 부터 ~ End If 까지 코드를 이 코드로 대체 가능

   - 근무인수 = True (휴일 근무 일수) ☞ '휴일근무' 함수값 = 휴근무1

   - 근무인수 = False (휴일 휴무 일수) ☞ '휴일휴무' 함수값 = 휴휴무1

<사용자 정의 함수 입력 예>

(수식의 결과)

휴일근무일수	
근무	휴무
1	2
2	1
2	1
2	1
1	2
2	1

⇐

(수식입력)

휴일근무일수	
근무	휴무
=휴일근무(E4:N4)	=휴일근무(E4:N4, False)
=휴일근무(E5:N5)	=휴일근무(E5:N5, False)
=휴일근무(E6:N6)	=휴일근무(E6:N6, False)
=휴일근무(E7:N7)	=휴일근무(E7:N7, False)
=휴일근무(E8:N8)	=휴일근무(E8:N8, False)
=휴일근무(E9:N9)	=휴일근무(E9:N9, False)

<프로시저2> 휴일 근무 시간/근무 일수 계산 ('휴일근무2' 함수)

　　　- 휴일 특근 시간의 수식　　☞ =휴일근무2(범위)
　　　- 휴일 근무 일수의 수식　　☞ =휴일근무2(E4:N4, "W")
　　　- 휴일 휴무 일수의 수식　　☞ =휴일근무2(E4:N4, "O")

```
①  Function 휴일근무2(범위8, Optional 휴인수 As String = "Hr")      '322_08

        For Each 항목8 In 범위8
            색8 = 항목8.Interior.ColorIndex
②       If 색8 = 7 Or 색8 = 8 Then
            If 항목8.Value = "A" Or 항목8 = "B" Or 항목8 = "C" Then
              hh8 = 8
            Else: hh8 = 항목8.Value
            End If
③       휴시간 = 휴시간 + hh8                    '휴일 특근 시간
            hh8 = 0
            If 항목8 = "" Or 항목8 = 0 Then
④          휴휴무2 = 휴휴무2 + 1                '휴일 휴무 일수
            Else: 휴근무2 = 휴근무2 + 1          '휴일 근무 일수
            End If
          End If
        Next

⑤      If 휴인수 = "Hr" Then
            휴일근무2 = 휴시간                    '휴일 특근 시간
⑥      ElseIf 휴인수 = "W" Then
            휴일근무2 = 휴근무2                   '휴일 근무 일수
        Else
            휴일근무2 = 휴휴무2                   휴일 휴무 일수
        End If

⑦      '휴일근무2 = Switch(휴인수 = "Hr", 휴시간, 휴인수 = "W", 휴근무2, _
                휴인수 = "O", 휴휴무2)

    End Function
```

① 사용자 정의 함수 '휴일근무2' 함수 정의
  - 옵션 인수는 '휴인수' 이며 인수의 초기값은 Hr

② '색8' 변수가 7(보라) 또는 8(하늘색) 일 경우
  - '항목8'의 값이 A, B, C이면 hh8(근무 시간) = 8 Hr
  - 아닌 경우, hh8 = '항목8' 셀의 값

③ '휴시간' 변수 (휴일 특근 시간) 값 = 이전 값 + 8
  - hh8 = 0 (입력 후 hh8 값 초기화)

④ '휴휴무2' (휴일 휴무 일수) 및 '휴근무2' (휴일 근무 일수) 재계산
  - 조건이 맞으면 1씩 더하기

⑤ '휴인수' 인수값 = Hr (초기값 : 생략 시) 이면
  - '휴일근무2' 함수 값 = '휴시간'으로 설정

⑥ '휴인수' 인수값 = 'W'이면 '휴일근무2' 함수값 = '휴근무2'
  Else (이외의 값 : 'O' 포함) : '휴일근무2' 함수값 = '휴휴무2'

⑦ ⑤번 If 부터 ~ End If 까지 코드를 ⑦로 대체 가능

<사용자 정의 함수 입력 예>

아래와 같이 수식을 입력하면 프로시저1(322_07)과 같은 결과를 얻을 수 있습니다.

특근시간 집계	휴일근무일수	
휴일	근무	휴무
=휴일근무2(E4:N4)	=휴일근무2(E4:N4, "W")	=휴일근무2(E4:N4, "O")
=휴일근무2(E5:N5)	=휴일근무2(E5:N5, "W")	=휴일근무2(E5:N5, "O")
=휴일근무2(E6:N6)	=휴일근무2(E6:N6, "W")	=휴일근무2(E6:N6, "O")
=휴일근무2(E7:N7)	=휴일근무2(E7:N7, "W")	=휴일근무2(E7:N7, "O")
=휴일근무2(E8:N8)	=휴일근무2(E8:N8, "W")	=휴일근무2(E8:N8, "O")
=휴일근무2(E9:N9)	=휴일근무2(E9:N9, "W")	=휴일근무2(E9:N9, "O")

2-3. 데이터 추가, 조회

실무에서 주기적으로 관리하고 있는 데이터 자료에 데이터를 추가하고 삭제하는 경우가 있습니다.

이번에는 자료에 서식을 추가한 후 데이터를 추가 기록하는 프로시저 작성 방법에 대해 알아보겠습니다.

1) 파일/시트 검색 및 서식 추가

<과제23-1> 서식 추가

아래는 어느 회사의 급여 파일의 '급여' 시트입니다.

직원의 전입으로 직원을 추가하기 위해 아래의 내용이 포함된 서식 추가 프로시저를 작성하세요.

(a) 파일이 열려 있는지 조회
- 급여 파일('급여.xlsx')이 열려 있는지 조회하여 열려 있지 않은 경우 MsgBox로 경고 메시지를 표시한 후 프로시저 종료
- 파일이 열려 있는 경우, 그 파일에 '급여' 시트가 있는지 조회하여 없을 경우 경고 메시지를 표시한 후 종료

(b) 서식 추가(서식만 추가하는 프로시저 작성)
- 6행에 서식 1행 추가
- 데이터의 마지막 행에 서식 2행 추가

	성명	직책	기본급	직책수당	시간외수당	휴일수당	합계
3	이기환	팀장	5,250,000	500,000	114,495	686,970	6,551,465
4	배영기	주임	4,120,000	200,000	235,776	265,248	4,821,024
5	홍석철	사원	4,030,000	-	336,863	242,541	4,609,404
6	서영석	사원	3,940,000	-	296,183	180,285	4,416,468
7	오진석	사원	3,850,000		122,790	392,928	4,365,718
8	김일수	사원	4,030,000		175,169	323,388	4,528,557
9	이형섭	사원	4,288,000		425,208	485,952	5,199,160
10	합계		29,508,000	700,000	1,706,483	2,577,312	34,491,795

<프로시저> 파일/시트 검색 및 서식 추가

    - '급여.xlsx' 파일이 열려 있는지 검색(For Each ~ Next 문)

    - '급여' 시트 검색 : On Error Resume Next 문과 Set 문 사용하여 시트 유무 검색

    - 6행에 행 추가 : 추가되는 행의 서식이 기존과 동일하므로 행만 추가

    - 마지막에 2행 추가 : 행 추가 후 위쪽 행의 서식 복사

        (추가된 행의 서식이 기존 서식과 다르므로 위의 8~9행 서식 복사)

```
Sub 추가1()                    323_01

    Dim 파일명 As String
    파일명 = "급여.xlsx"

①   For Each 파일 In Workbooks
        If 파일.Name = 파일명 Then Exit For
        n = n + 1
②       If n = Workbooks.Count Then
            MsgBox "해당파일이 열려 있지 않습니다."
            Exit Sub
        End If
    Next

③   On Error Resume Next
④   Set 시트 = Workbooks(파일명).Worksheets("급여")
⑤    If Err Then
        MsgBox "해당시트가 없습니다."
        Exit Sub
    End If
③   On Error GoTo 0

⑥   시트.[B6:H6].Insert Shift:=xlDown
⑦   시트.[B11:H12].Insert Shift:=xlDown
⑧   시트.[B9:H9].Copy
⑨   시트.[B11:H12].PasteSpecial xlPasteFormats
    시트.[B12].Select
⑩   Application.CutCopyMode = False

End Sub
```

① '급여.xlsx' 파일이 열려 있는지 검색
   - For Each ~ Next 문으로 열려 있는 모든 파일 검색
   - 한 파일씩 검색하여 파일 이름이 맞으면(파일이 열려 있음) 순환 종료 (Exit For)

② n 값이 Workbooks.Count (열려있는 파일의 수)이면(파일이 없을 경우) MsgBox로 경고 메시지를 표시하고 프로시저 종료(Exit Sub)

③ On Error Resume Next : 오류가 발생해도 무시하고 진행
   On Error Goto 0 : ③의 오류 무시 명령문을 회복 시키는 명령문
   (오류 처리 문을 시트 검색에 활용 : 아래 ④번 참조)

④ Set 개체 변수 명령문 : '급여' 시트 개체가 시트 컬렉션에 없을 경우 아래와 같은 오류 창이 표시되지만 ③명령문으로 오류가 무시됨

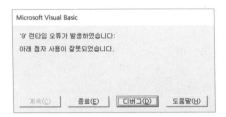

⑤ 오류가 발생되면 MsgBox로 경고 메시지를 표시하고 프로시저 종료(Exit Sub)
   ('급여' 시트가 없다는 것을 의미)

⑥⑦ [B6:H6], [B11:H12] 범위에 셀 추가(서식 추가 : 원 자료는 아래쪽으로 밀기)

⑧ [B9:H9] 범위의 셀을 복사하여

⑨ [B11:H12] 범위에 복사 내용의 서식 붙여넣기
   (⑥에서 한 행을 추가하여 원 자료의 9행 내용이 10행이 되므로 [B11:H12] 범위에 붙여 넣기)

⑩ 복사 후 Application 문으로 이동 테두리 해제

《실행 결과》

	B	C	D	E	F	G	H
2	성명	직책	기본급	직책수당	시간외수당	휴일수당	합계
3	이기환	팀장	5,250,000	500,000	114,495	686,970	6,551,465
4	배영기	주임	4,120,000	200,000	235,776	265,248	4,821,024
5	홍석철	사원	4,030,000	-	336,863	242,541	4,609,404
6							
7	서영석	사원	3,940,000	-	296,183	180,285	4,416,468
8	오진석	사원	3,850,000	-	122,790	392,928	4,365,718
9	김일수	사원	4,030,000	-	175,169	323,388	4,528,557
10	이형섭	사원	4,288,000	-	425,208	485,952	5,199,160
11							
12							
13	합계		29,508,000	700,000	1,706,483	2,577,312	34,491,795

서식추가

2) 데이터 추가/삭제

서식을 추가한 후 데이터를 추가하려면 시트에 직접 데이터를 입력할 수도 있지만 폼을 활용하여 데이터를 기록하면 훨씬 효과적으로 데이터를 추가할 수 있습니다.

<과제23-2> 데이터 추가

<과제23-1>에서 인용한 '급여.xlsx' 파일이 현재 열려 있습니다.

'급여' 시트에 데이터를 추가하고 삭제하는 프로시저를 작성하세요.

데이터 추가는 사용자 정의 폼 '직원추가' 메뉴로 입력받아 추가된 서식에 기록하며 폼 작성시 아래 사항을 반영하여 작성하세요.

<컨트롤 속성>

항목	컨트롤	초기값	표시 형식
성명	텍스트상자	-	-
직책	콤보상자	사원	-
기본급	텍스트상자	3,850,000	"#,##0"
직책수당	텍스트상자	0	"#,##0"
시간외수당			
휴일수당			
합계	인접 셀과 동일 유형의 수식 기록		

A) 프로그래밍 방향

(실행 단추) [직원추가]

(a) 직원 추가/삭제 '실행' 프로시저 작성

- 시트에 실행 단추 '직원추가' 작성 (단추 클릭 시 '실행' 프로시저 실행)
- '실행' 프로시저 작성 : 사용자 정의 폼이 실행되는 프로시저 작성

(b) 사용자 정의 폼 작성 및 이벤트 프로시저 작성

- **사용자 정의 폼 작성 :** 폼 작성, 각종 컨트롤 추가
- **컨트롤 편집 :** 폼에 성명, 직책, 기본급 등을 입력할 수 있는 컨트롤 추가 후 편집
- **이벤트 프로시저 작성 :** 폼_초기화, 각 컨트롤을 조작하는 이벤트 프로시저 작성

【 실행 순서 】 위의 프로시저를 작성한 후 실행되는 순서

① 엑셀 시트에 작성된 도형 '직원추가' 단추 클릭

② '실행' 프로시저 실행(자동 실행)

③ 사용자 정의 폼 '직원추가' 실행(자동 실행)

④ 폼 '직원추가'에 데이터를 입력한 후 '추가' 단추 클릭

⑤ '급여' 시트에 데이터 기록(자동 실행)

B) 사용자 정의 폼 작성

아래와 같이 사용자 정의 폼(직원 추가/삭제 할 메뉴 화면)을 작성합니다.

(1) 사용자 정의 폼

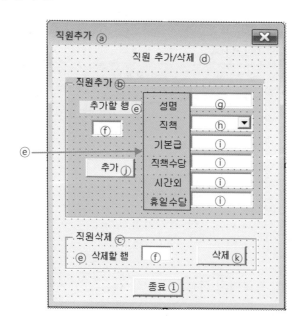

【 직원 추가 】 직원 정보를 입력한 후 '추가' 단추를 클릭하여 직원 추가

성명 등 직원의 기본 정보를 입력한 후 추가할 행ⓕ을 입력하고 '추가' 단추
ⓙ를 클릭하여 엑셀 시트에 직원 정보를 추가 기록

【 직원 삭제 】 삭제할 행 입력 ↘'삭제' 단추 클릭

삭제할 행ⓕ을 입력한 후 '삭제' 단추ⓚ를 클릭하여 시트의 정보 삭제

(폼/컨트롤 속성 설정)

컨트롤	(이름)	Caption	설정내용
ⓐ 사용자 정의 폼	UserForm1	직원추가	-
ⓑ 프레임	초기값	직원추가	배경색 (BackColor)
ⓒ 프레임		직원삭제	-
ⓓ 레이블	초기값	직원추가/삭제	이벤트 프로시저에서 서식 설정
ⓔ 레이블	초기값	추가할 행, 성명, ~~~,삭제할 행 등	
ⓕ 텍스트 상자	추가행 등	-	UserForm_Initialize( ) 프로시저에서 초기값 등 설정 - 표시할 초기값 - 표시형식 등 기타 이벤트 프로시저 작성
ⓖ 텍스트 상자	성명	-	
ⓗ 콤보 상자	직책	-	
ⓘ 텍스트 상자	기본급 등	-	
ⓙ 명령 단추	추가	추가	이벤트 프로시저 작성
ⓚ 명령 단추	삭제	삭제	
ⓛ 명령 단추	종료	종료	

(2) 작성할 프로시저

작성 내용	Sub 프로시저	사용자 정의 폼	이벤트 프로시저	설명
'실행' 프로시저	O			사용자 폼 실행 프로시저
'직원추가' UserForm		O		직원 정보 입력 메뉴 화면
폼_초기화			O	폼 초기 화면 설정 이벤트
기본급_변경			O	기본급 입력 시 실행되는 이벤트
직책수당_변경			O	직책수당 〃
시간외_변경			O	시간외 〃
휴일수당_변경			O	휴일수당 〃
추가_클릭			O	'추가' 단추 클릭 시 실행되는 이벤트
삭제_클릭			O	'삭제' 〃
종료_클릭			O	'종료' 〃

C) 프로시저 작성

\<프로시저\> 폼 실행

```
Sub 실행()                323_02
    UserForm1.Show              '사용자 정의 폼 'UserForm1' 실행
End Sub
```

\<프로시저\> 폼_초기화 이벤트

- 폼 초기 화면 설정 프로시저 : 컨트롤 별 초기값, 콤보 상자의 드롭다운 항목, 커서 위치 등

```
    Private Sub UserForm_Initialize()        323_03
①   With Label1.Font
        .Size = 16
        .Bold = True
    End With
②   추가행.Value = 1
③   With 직책
        .AddItem "부장"
        .AddItem "팀장"
        .AddItem "주임"
        .AddItem "사원"
    End With
④   직책.Value = "사원"
⑤   기본급.Text = Format(2700000, "#,##0")
⑥   직책수당.Value = 0
    시간외.Value = 0
    휴일수당 = 0
    삭제행.Value = 1
⑦   성명.SetFocus
    End Sub
```

\<폼 실행결과\>

① Label1(직원 추가/삭제) 글꼴 지정 (With ~ End With 문)

② 텍스트 상자(추가행)의 초기 표시값 = 1 설정

  (코드 단순화 목적으로 4행부터 9행까지만 추가 가능 : 4행 이하, 9행 이상의 행을 입력하였을
  때 가능하게 하려면 조건별 코드를 추가 작성 필요)

③ 콤보 상자(직책)의 드롭다운 메뉴 설정

④ 콤보 상자(직책)의 초기 표시값 설정

⑤ 텍스트 상자(기본급)의 초기값과 표시 형식 설정

⑥ 직책수당, 시간외, 휴일수당, 삭제행의 초기 표시값 설정

⑦ 커서(입력할 위치) 위치 설정

<프로시저> 기본급_변경(Change) 등 이벤트

```
     Private Sub 기본급_Change()     323_04          '기본급' 입력 시 실행
①    기본급.Text = Format(기본급.Value, "#,##0")
     End Sub
```

```
     Private Sub 직책수당_Change()     323_05
①    직책수당.Text = Format(직책수당.Value, "#,##0")
     End Sub
```

```
     Private Sub 시간외_Change()     323_06
①    시간외.Text = Format(시간외.Value, "#,##0")
     End Sub
```

```
     Private Sub 휴일수당_Change()     323_07
①    휴일수당 = Format(휴일수당.Value, "#,##0")
     End Sub
```

① 텍스트 상자 (기본급, 직책수당, 시간외, 휴일수당)에 입력시 입력되는 내용의 표시 형식 설정
    ☞ 폼 (직원 추가)에 '#,##0" 형식으로 표시되도록 설정

《실행 결과 예》

※ '직책수당'에 '300000'을 입력하면 자동으로 '300,000' 형식으로 변경 표시

<프로시저> 추가_클릭 이벤트

- '추가' 단추를 클릭할 때 실행되는 프로시저 : 폼에 입력된 정보를 시트에 기록

```
        Private Sub 추가_Click()    323_08      "추가' 단추를 클릭하면 실행
①       Set 시트 = Worksheets("급여")
②       시트.Range("B" & 추가행 & ":H" & 추가행).Insert Shift:=xlDown
③       If 추가행 = 3 Or 추가행 = 시트.[B2].End(xlDown).Row Then
            시트.[B4:H4].Copy
            시트.Range("B" & 추가행 & ":H" & 추가행).PasteSpecial xlPasteFormats
④           Application.CutCopyMode = False
        End If
⑤       With 시트.Cells(추가행, 2)
            .Value = 성명
            .Offset(, 1) = 직책
            .Offset(, 2) = 기본급.Value
            .Offset(, 3) = 직책수당.Value
            .Offset(, 4) = 시간외.Value
            .Offset(, 5) = 휴일수당.Value
⑥           .Offset(, 6) = "=Sum(RC[-4]:RC[-1])"
        End With
⑦       기본급 = 3700000
⑧       성명.SetFocus
        End Sub
```

① Set 명령문 : 시트 개체 변수 정의

② 사용자 정의 폼에서 입력된 '추가행' 삽입
   - 원 자료는 아래쪽으로 밀기(Shift:=xlDown)

③ '추가행'이 첫 번째 행 또는 마지막 행일 경우(서식이 다름)
   - 이웃하는 행의 서식 (여기서는 4행 선택) 복사하여 서식 붙여 넣기

④ 복사 후 이동 테두리(선택영 역) 해제

⑤ 폼 메뉴에서 입력된 항목을 추가된 행의 각 셀에 기록

⑥ '합계' 항목에 Formula R1C1형 수식 기록

⑦ ⑥번까지 시트에 데이터 기록 후 '기본급' 텍스트 상자에 초기값 표시

⑧ '성명' 텍스트 상자에 키서 위치

《실행 결과 예》

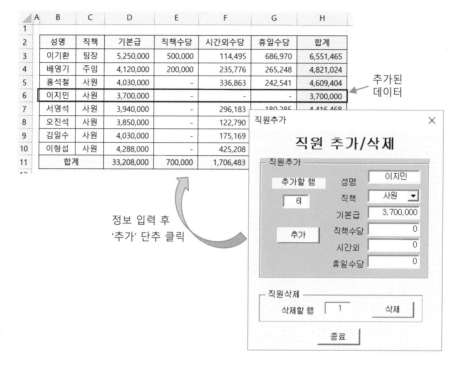

	A	B	C	D	E	F	G	H
1								
2		성명	직책	기본급	직책수당	시간외수당	휴일수당	합계
3		이기환	팀장	5,250,000	500,000	114,495	686,970	6,551,465
4		배영기	주임	4,120,000	200,000	235,776	265,248	4,821,024
5		홍석철	사원	4,030,000	-	336,863	242,541	4,609,404
6		이지민	사원	3,700,000	-	-	-	3,700,000
7		서영석	사원	3,940,000	-	296,183	180,285	4,416,468
8		오진석	사원	3,850,000	-	122,790		
9		김일수	사원	4,030,000	-	175,169		
10		이형섭	사원	4,288,000	-	425,208		
11		합계		33,208,000	700,000	1,706,483		

추가된 데이터

정보 입력 후
'추가' 단추 클릭

직원추가 ✕
직원 추가/삭제

직원추가
추가할 행   성명   이지민
6   직책   사원 ▼
기본급 3,700,000
추가   직책수당   0
시간외   0
휴일수당   0

직원삭제
삭제할 행   1   삭제

종료

<프로시저> 삭제_클릭, 종료_클릭 이벤트

```
Private Sub 삭제_Click()        323_09      "삭제' 단추를 클릭하면 실행
①   Worksheets("급여").Range("B" & 삭제행 & ":H" & 삭제행).Delete Shift:=xlUp
    기본급 = 3700000
    성명.SetFocus
    End Sub
```

```
Private Sub 종료_Click()       323_10      "종료' 단추를 클릭하면 실행
②   Unload UserForm1
    End Sub
```

① 폼에서 입력받은 '삭제행' 삭제

② 폼 메뉴(UserForm1) 닫기

3) 데이터 조회/수정

사용자 정의 폼으로 소스 데이터의 정보를 확인하는 조회 화면을 만들어 직원의 정보를 조회하고 그 정보를 수정하여 기록하는 프로시저에 대해 알아보겠습니다.

<과제23-3> 데이터 조회/수정

<과제23-1>에서 인용한 '급여' 시트를 다시 인용합니다.

아래와 같이 [B]열에 사번을 추가하고 시트 이름을 '조회'로 변경하였습니다.
사용자 정의 폼을 활용하여 직원 정보를 조회하고 그 직원의 정보를 수정하여 '조회' 시트에 기록하는 프로시저를 작성하세요. (직원 정보를 조회할 때 사번 기준으로 검색)

A	B	C	D	E	F	G	H	I
1								
2	사번	성명	직책	기본급	직책수당	시간외수당	휴일수당	합계
3	101	이기환	팀장	5,250,000	500,000	114,495	686,970	6,551,465
4	105	배영기	주임	4,120,000	200,000	235,776	265,248	4,821,024
5	108	홍석철	사원	4,030,000	-	336,863	242,541	4,609,404
6	110	이지민	사원	3,700,000	-	-	-	3,700,000
7	113	서영석	사원	3,940,000	-	296,183	180,285	4,416,468
8	118	오진석	사원	3,850,000	-	122,790	392,928	4,365,718
9	135	김일수	사원	4,030,000	-	175,169	323,388	4,528,557
10	146	이형섭	사원	4,288,000	-	425,208	485,952	5,199,160
11	합계			33,208,000	700,000	1,706,483	2,577,312	38,191,795

A) 프로그래밍 방향

이 장에서는 폼을 활용하여 소스 데이터의 정보를 조회하여 그 정보를 수정할 사항이 있을 경우 조회 화면에서 수정하여 시트에 수정 내용을 기록하는 프로시저입니다.

- 데이터 조회/수정 사용자 정의 폼 작성
  (사번을 기준으로 급여 현황을 조회한 후 데이터 수정)
- 폼, 컨트롤 이벤트 프로시저 작성 : 폼_초기화, 사번_선택, 조회_클릭, 수정입력_클릭 등
- 폼 실행 프로시저 작성(전역 변수 활용)

B) 사용자 정의 폼 작성

작성할 사용자 정의 폼 및 프로시저는 다음과 같습니다.

(1) 사용자 정의 폼

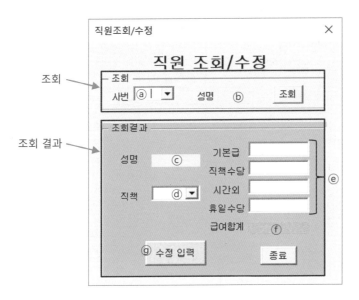

【 조회 】사번을 선택하여 성명을 확인하고 '조회' 단추를 클릭하여 직원 조회

　콤보 상자ⓐ에서 사번을 선택하면 '성명'ⓑ 레이블에 선택한 사번에 해당하는 직원의 성명이 표시되고 '조회' 단추를 클릭하면 아래 조회 결과 화면에 직원의 정보가 표시됨

【 조회 결과 】조회한 직원의 정보 표시

　☞ 수정 사항을 수정한 후 '수정입력' 단추를 클릭하면 시트에 데이터 수정 기록

　ⓒ 조회한 직원의 성명 표시

　ⓓ 조회한 직원의 직책이 표시되며 콤보 상자를 클릭하여 수정 가능

　ⓔ 기본급 등의 급여 정보가 조회되며 조회된 내용을 수정하여 입력 가능

　ⓕ 조회한 직원의 급여 합계가 표시되며

　ⓖ '수정입력' 단추를 클릭하면 메뉴 화면에서 수정한 정보를 시트에 기록

(폼/컨트롤 속성 설정)

컨트롤	(이름)	Caption	설정내용
ⓐ 콤보 상자	사번	-	UserForm_Initialize( ) 프로시저에서 초기 값 등 설정
ⓑ 콤보 상자	직책	-	
ⓒ 레이블	성명1	-	사번 변경 시 성명 표시
ⓓ 레이블	성명2	-	'조회' 클릭 시 성명 표시
ⓔ 텍스트 상자	기본급 등	-	기본급_변경 등 이벤트 프로시저 작성
ⓕ 레이블	합계	-	합계 표시 (수정_ 클릭 시 재계산)
ⓖ 명령 단추	수정	수정 입력	수정_클릭 이벤트 프로시저 작성

(2) 작성할 프로시저

작성 내용	Sub 프로시저	사용자 정의 폼	이벤트 프로시저	비고
'실행' 프로시저	O			사용자 정의 폼 실행 프로시저
'직원조회' UserForm		O		직원 조회 메뉴 화면 (폼)
폼_초기화			O	폼 초기 화면 설정 이벤트
사번_변경			O	사번 입력 시 실행되는 이벤트
조회_클릭			O	'조회' 단추 클릭 시 〃
기본급_변경			O	기본급 입력 시 실행되는 이벤트
직책수당_변경			O	직책수당 〃
시간외_변경			O	시간외 〃
휴일수당_변경			O	휴일수당 〃
수정입력_클릭			O	'수정입력' 단추 클릭 이벤트
종료_클릭			O	'종료' 〃

C) 프로시저 작성

<프로시저> 폼 실행

```
①  Public 셀A As Range
    Sub 조회()
        UserForm2.Show                    '폼 'UserForm2' 실행
    End Sub
```

① 각 이벤트 프로시저에서 공통으로 사용할 개체 변수 '셀A'를 전역 변수로 선언

- 셀 개체 변수 '셀A' : 사번_Change 이벤트 프로시저(다음 페이지 참조)에서 사번을 검색하여
  검색된 직원의 성명이 입력된 셀
- '셀A' 변수는 조회_Click과 수정_Click 이벤트 프로시저에서 공통으로 사용하는 전역 변수

<프로시저> 폼_초기화 이벤트

```
    Private Sub UserForm_Initialize()        323_11
        With Label1.Font
            .Size = 16
            .Bold = True
        End With
①      사번.RowSource = "조회!B3:B10"
②      With 직책
            .AddItem "부장"
            .AddItem "팀장"
            .AddItem "주임"
            .AddItem "사원"
        End With
③      사번.SetFocus
    End Sub
```

① '조회' 시트의 [B3:B10] 범위의 내용을 콤보 상자 '사번'의 드롭다운 항목에 표시

② 콤보 상자 '직책'의 드롭다운 항목 설정

③ 커스 위치를 콤보 상자 '사번'에 위치

\<프로시저\> 사번_변경(Change), 조회_클릭 이벤트

```
①   Private Sub 사번_Change()              '323_12
②     Set 셀A = Worksheets("조회").[B3:B10].Find(What:=사번).Offset(, 1)
③     성명1.Caption = 셀A.Value
      End Sub


④   Private Sub 조회_Click()                '323_13
      성명2.Caption = 셀A.Value
⑤     직책.Text = 셀A.Offset(0, 1).Value
      기본급.Text = Format(셀A.Offset(, 2), "#,##0")
      직책수당.Text = Format(셀A.Offset(, 3), "#,##0")
      시간외.Text = Format(셀A.Offset(, 4), "#,##0")
      휴일수당.Text = Format(셀A.Offset(, 5), "#,##0")
      합계.Caption = Format(셀A.Offset(, 6), "#,##0")
      End Sub


⑥   Private Sub 기본급_Change()
      기본급.Text = Format(기본급.Value, "#,##0")
      End Sub
```

① 콤보 상자 사번_변경 이벤트 프로시저

② '조회' 시트의 [B3:B10] 범위에서 사번을 검색하여 일치하는 셀의 오른쪽 셀을 개체 변수 '셀A'에
   할당

③ '성명1' 레이블에 '셀A' 값 표시

④ 명령 단추 조회_클릭 이벤트 프로시저

⑤ 시트에서 검색한 직원 정보를 각 컨트롤에 기록

⑥ 텍스트 상자 기본급_변경 이벤트 프로시저
   기본급을 입력하면 '#,##0' 형식으로 표시

('조회' 단추 클릭 결과)

```
①    Private Sub 수정_Click()                    '323_14
②        With 셀A
              .Offset(, 1) = 직책.Value
              .Offset(, 2) = 기본급.Value
              .Offset(, 3) = 직책수당.Value
              .Offset(, 4) = 시간외.Value
              .Offset(, 5) = 휴일수당.Value
          End With
③        합계.Caption = Format(셀A.Offset(, 6), "#,##0")
      End Sub
```

```
④    Private Sub 종료_Click()
          Unload UserForm2
      End Sub
```

① 수정_클릭 이벤트 프로시저(수정 기록)

② '셀A' 셀의 오른쪽 1열에 '직책' 변수를 기록하고 오른쪽으로 1열씩 이동하면서(Offset 문) 수정한 직원의 정보를 기록

③ 수정된 정보 기준으로 재계산한 결과를 '합계' 레이블에 표시

④ 명령 단추 종료_클릭 이벤트(폼 닫기)

4) 목록 상자 활용 데이터 조회

앞장의 3)에서는 콤보 상자로 한 개의 데이터만 조회할 수 있었으나 이 장에서는 목록 상자를 활용하여 여러 데이터를 조회하는 방법에 대해 알아보겠습니다.

> **<과제23-4>** 목록 상자를 활용한 데이터 조회/수정
>
> <과제23-3>에서 인용한 '급여' 시트를 다시 인용합니다. [C]열의 '성명' 항목의 이름을 한 글자 이상 입력하여 '검색' 단추를 클릭하면 목록 상자에 여러 행의 검색 결과가 표시되며 검색 결과에서 1행을 선택하여 조회할 수 있는 폼을 작성하고 폼에서 데이터를 수정하여 시트에 기록하는 프로시저를 작성하세요.

A) 사용자 정의 폼 작성

(1) 사용자 정의 폼

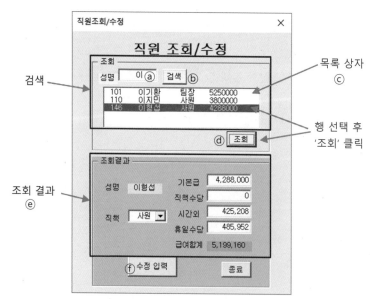

【 검색 】 '성명' 레이블에 조회할 직원의 이름을 입력하고 '검색' 단추 클릭

- '성명' 레이블ⓐ에 조회할 직원의 이름 입력 : 1자 이상 입력 (이름의 중간 글자도 가능)
- '검색' 단추ⓑ를 클릭하면 아래의 목록 상자ⓒ에 조회 결과 표시

【 조회 】목록 상자에서 조회된 직원 중 1행을 선택한 후 '조회' 단추 클릭

목록 상자ⓒ에서 원하는 행을 선택한 후 '조회' 단추ⓓ를 클릭하면 아래 '조회결과'ⓔ 화면에 조회한 직원의 정보 표시

【 수정 】조회 결과 화면에서 직원 정보를 수정한 후 '수정입력' 단추 클릭

조회 결과ⓔ에 조회된 내용을 수정한 후 '수정입력' 단추ⓕ를 클릭하면 수정한 직원의 정보를 워크시트에 수정하여 기록

(주요 컨트롤 속성 설정)

컨트롤	속성 항목	설정 내용
ⓐ 텍스트 상자	(이름)	성명C
ⓒ 목록 상자	(이름)	ListBox1 (초기값 유지)
	ColumnCount	4 (사번, 성명, 직책, 기본급 표시)
	ColumnWidths	35, 50, 35, 60 (35 pt;49.95 pt;35 pt;60 pt)

※ ColumnWidths : 속성창에 '35, 50, 35, 60' 형식으로 입력하면 위의( )안 형식으로 자동 전환됨

(2) 작성할 프로시저

작성 내용	Sub 프로시저	사용자 정의 폼	이벤트 프로시저	비고
'실행' 프로시저	O			사용자 정의 폼 실행 프로시저
'직원조회' UserForm		O		직원 조회 메뉴 화면 (폼)
폼_초기화			O	폼 초기 화면 설정 이벤트
검색_클릭			O	'검색' 단추 클릭 이벤트
조회_클릭			O	'조회' 단추 〃
기본급_변경			O	기본급 입력시 실행되는 이벤트
직책수당_변경			O	직책수당 〃
시간외_변경			O	시간외 〃
휴일수당_변경			O	휴일수당 〃
수정입력_클릭			O	'수정입력' 단추 클릭 이벤트
종료_클릭			O	'종료' 〃

B) 프로시저 작성

<프로시저> 폼_실행

```
①    Public 셀C As Range

     Sub 조회2()
        UserForm3.Show                   '폼 'UserForm3' 실행
     End Sub
```

① '셀C'를 전역 변수로 선언

- 셀 개체 변수 '셀C' : 조회_Click의 결과로 폼의 목록 상자에 검색된 결과가 표시되면 조회를 위해 1행을 선택한 직원의 '성명' 셀 개체
- 수정_Click 이벤트 프로시저에서 수정을 위해 다시 사용하는 전역 변수

<프로시저> 폼_초기화 이벤트

```
Private Sub UserForm_Initialize()
    With Label1.Font
       .Size = 16
       .Bold = True
    End With
    성명C.SetFocus
End Sub
```

<프로시저> 검색_클릭 이벤트

- 폼 '조회' 화면의 '성명' 항목에 입력된 '성명C' 변수를 검색하는 이름 찾기 프로시저

```
     Private Sub 검색_Click()                '323_15

①   Dim 검색() As Variant
②      On Error Resume Next
        Set 시트C = Worksheets("조회2")
③      Set 찾기 = 시트C.[C2:C10].Find(성명C)
④      kk = 찾기.Row
```

```
⑤       If 찾기 <> "" Then
⑥        Do
⑦          ReDim Preserve 검색(3, n)
⑧          Set 자료 = 찾기.Offset(, -1).Resize(1, 4)
⑨          For Each 셀 In 자료
              검색(m, n) = 셀.Value
               m = m + 1
            Next
⑩           n = n + 1
            m = 0
⑪          Set 찾기 = 시트C.[C2:C10].FindNext(찾기)
⑫        Loop While 찾기 <> "" And 찾기.Row <> kk
       End If
⑬     ListBox1.Column = 검색
⑭     If Err Then MsgBox "데이터가 존재하지 않습니다."
⑮     On Error GoTo 0
     End Sub
```

① 동적 배열 변수 '검색' 선언

② 오류 발생 시 무시(⑮'On Error GoTo 0' 문으로 회복)
   - Set 문은 해당 개체가 존재하지 않으면 오류가 발생하므로 오류가 무시되도록 설정

③ '조회' 시트의 [C3:C10] 범위에서 텍스트 상자 '성명C'에 입력된 내용을 검색하여 셀 개체 변수 '찾기'에 할당

④ '찾기' 셀의 행 번호를 kk 변수에 할당

⑤ '찾기'가 없지 않을 경우(찾은 경우)

⑥ Do ~ Loop While 문 실행

⑦ 동적 배열 변수 '검색' 재선언 : 2차원 배열 변수 (3, n)
   - 1차원 변수의 인덱스 번호 4개 : 0 ~ 3(가로 방향 데이터 4개)
   - 2차원 변수의 인덱스 번호 n + 1개 : 찾기 결과의 개수 만큼 Count

   ※ 2차원 동적 배열 변수는 2차원 개수만 변경이 가능하므로 행, 열을 바꾸어 (n, 3)이 아닌 (3, n)로 배열 변수를 정의

⑧ '찾기' 셀의 왼쪽 셀(Offset(, -1))에서 오른쪽으로 4열 확장한 범위(Resize(1, 4))를 '자료' 컬렉션 변수에 할당

⑨ '자료' 범위를 차례로 한 셀씩 '셀' 변수에 할당하여
  - '검색' 동적 배열 변수에 '셀' 값 할당
    ☞ 검색(0, n) = 사번, 검색(1, n) = 성명, 검색(2, n) = 직책, 검색(3, n) = 기본급
  - m = m + 1 : 한 셀씩 오른쪽으로 이동

⑩ n = n + 1 : 동적 배열 변수(m, n)의 2차원 인덱스 번호(n) 증가
  m = 0 : 1차원 변수의 인덱스 번호 초기화

⑪ 같은 범위를 다음 찾기(FindNext)하여 결과를 개체 변수 '찾기'에 할당

⑫ '찾기' 셀이 존재하고(찾은 경우) '찾기'의 행 번호가 kk(첫 번째 찾은 행)가 아닌 경우
  - 다음 찾기는 찾았던 데이터를 계속 찾으므로 다시 찾은 행 번호가 처음 찾은 행 번호 kk와
    같으면 순환문 종료

⑬ 행, 열을 바꾸어 (.Column 속성) 동적 배열 변수 '검색'의 값을 목록 상자 'ListBox1'에 표시

⑭ 오류가 발생되면 MsgBox로 해당 메시지 표시

⑮ 오류 무시 해제

<프로시저> 조회_클릭 이벤트

  - 목록 상자에 검색된 직원 중 1행을 선택하여 선택한 직원을 조회

```
    Private Sub 조회_Click()              '323_16
        Set 시트C = Worksheets("조회2")
①      For 행 = 0 To ListBox1.ListCount - 1
②          If ListBox1.Selected(행) = True Then
③              사번C = ListBox1.List(행, 0)
④              Set 셀C = 시트C.[B3:B10].Find(사번C).Offset(, 1)
⑤              성명2.Caption = 셀C.Value
⑥              직책.Text = 셀C.Offset(0, 1).Value
               기본급.Text = Format(셀C.Offset(, 2), "#,##0")
               직책수당.Text = Format(셀C.Offset(, 3), "#,##0")
               시간외.Text = Format(셀C.Offset(, 4), "#,##0")
               휴일수당.Text = Format(셀C.Offset(, 5), "#,##0")
⑦              합계.Caption = Format(셀C.Offset(, 6), "#,##0")
           End If
        Next
    End Sub
```

① 검색된 목록 상자 항목의 행 전체를 차례로 '행' 변수에 할당(행 = 0 ~ 총 행의 수 – 1)

② 목록 상자에서 행이 선택 선택되면(True)

③ 그 행의 1번 열(0)의 값을 '사번C' 변수에 할당

④ 시트의 [B3:B10] 범위에서 선택한 직원의 사번을 검색하여 찾은 셀의 오른쪽 1열 셀을 개체 변수 '셀C'에 할당

 아래 ⑤~⑦은 선택한 직원의 정보를 화면에 표시하기 위한 코드임

⑤ '성명2' 레이블에 '셀C' 셀의 값 표시

⑥ 직책, 기본급, 직책수당 등을 직원의 정보를 조회 결과 화면에 표시
  - '셀C'에서 오른쪽 1번 셀, 2번 셀 등(Offset 문)의 값 기록

⑦ '합계' 레이블 제목에 변경된 합계 값('셀C' 셀에서 오른쪽 6번 열의 값) 표시

<프로시저> 수정_클릭, 종료_클릭 이벤트

 - 수정_클릭 프로시저 : 조회 화면에서 수정한 직원의 정보를 시트에 기록

```
    Private Sub 수정_Click()                    '323_17
①      With 셀C
            .Offset(, 1) = 직책.Value
            .Offset(, 2) = 기본급.Value
            .Offset(, 3) = 직책수당.Value
            .Offset(, 4) = 시간외.Value
            .Offset(, 5) = 휴일수당.Value
        End With
②      합계.Caption = Format(셀C.Offset(, 6), "#,##0")
    End Sub

    Private Sub 종료_Click()
        Unload UserForm3
    End Sub
```

① 조회 화면에서 수정한 정보를 개체 변수 '셀C'를 기준으로 시트에 기록

② 변경된 시트의 합계 금액을 폼 화면의 '합계' 레이블에 다시 표시

2-4. 파일 통합

1) 파일 통합(합치기)

실무에서 여러 개의 엑셀 파일로부터 시트를 이동 또는 복사하여 한 개의 파일로 만들어 편집하는 경우가 있습니다.

이 장에서는 여러 개 파일의 시트를 복사하여 한 개의 파일로 통합한 후 새로운 파일 이름으로 저장하는 파일 통합 방법에 대해 알아보겠습니다.

\<과제24-1\> 파일 통합

아래와 같이 '\Part III\가상파일' 경로에 2021년 1월 ~ 6월까지 '가상' 파일이 저장되어 있습니다. 각 파일의 이름은 '202101가상.xlsx' 형식으로 저장되어 있으며 각 파일은 '근태' 시트와 '급여' 시트로 구성되어 있습니다.

이 파일들의 근태 시트만 복사하여 새로운 2021년 근태 현황 파일을 작성하는 프로시저를 작성하세요.(아래 3가지 방법으로 작성)

파일 이름은 '2021년 근태현황.xlsx'로 하며 시트 구성은 '01월', '02월', ~~~, '06월'로 작성하여 '\매크로\Part III' 경로에 저장하세요.

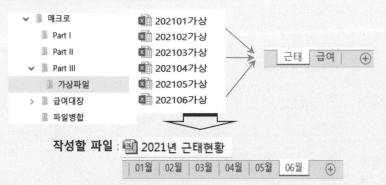

(작성할 프로시저는 아래 3종류로 작성)

(a) 메뉴 없이 통합하는 프로시저 작성 : 프로시저에 파일 정보를 포함하여 작성

(b) 시트의 메뉴 화면 활용 통합 : 시트에서 파일 정보를 받아 프로시저 실행

(c) 사용자 정의 폼의 메뉴 화면 활용 통합 : 폼 화면에서 파일 정보를 받아 실행

---

2) 메뉴 없는 통합 프로시저

메뉴 화면 없이 파일을 통합하는 프로시저를 작성합니다.
(파일 이름은 프로시저에서 지정하여 작성)

A) 프로그래밍 방향

(a) 파일 통합 프로시저 작성

- **파일 생성** : 첫 번째 파일(202101가상)을 열기하여 불필요한 '급여' 시트를 삭제하고 '근태' 시트 이름을 '01월'로 변경
- **생성 파일 저장** : 생성된 파일 이름을 '2021년 근태현황.xlsx'로 변경하여 저장
- **파일 통합** : For ~ Next 문으로 2월~6월까지 가상 파일을 차례로 열기하여 근태 시트를 새 파일에 복사한 후 시트 이름을 '02월', '03월' 형식으로 변경
- **통합된 파일 저장**

(b) '실행' 단추 작성

- 엑셀 시트에 '실행' 단추를 작성한 후 프로시저 실행을 위한 매크로 지정

B) 프로시저 작성 : 파일 통합

```
Sub 파일통합1()                          324_01

    Dim n As Integer, 경로 As String
    Dim 파일명 As String, 파일 As String

①   경로 = ThisWorkbook.Path & "₩"
    Application.DisplayAlerts = False
②   Workbooks.Open Filename:=경로 & "가상파일₩202101가상.xlsx"
③   ActiveWorkbook.Sheets("급여").Delete
④   ActiveWorkbook.Sheets("근태").Name = "01월"
⑤   ActiveWorkbook.SaveAs Filename:=경로 & "2021년 근태현황.xlsx"
⑥   For m = 2 To 6
⑦       파일명 = "20210" & m & "가상.xlsx"
⑧       파일 = 경로 & "가상파일₩" & 파일명
⑨       Workbooks.Open Filename:=파일
```

```
⑩        Set 가상 = Workbooks(파일명)
⑪        Set 근태파일 = Workbooks("2021년 근태현황.xlsx")
⑫        가상.Sheets("근태").Copy After:=근태파일.Sheets(m - 1)
⑬        근태파일.Sheets(m).Name = "0" & m & "월"
         급여대장.Close
    Next m
⑭        근태파일.Save
         Application.DisplayAlerts = True
    End Sub
```

① 매크로를 실행하는 파일의 경로를 '경로' 변수로 정의

② '경로'의 하부 경로 ₩가상파일에 있는 첫 번째 파일(202101가상.xlsx) 열기

③ 통합할 파일에 불필요한 '급여' 시트 삭제

④ '근태' 시트의 이름을 '01월'로 변경

⑤ '경로'에 통합할 파일을 다른 이름 '2021년 근태현황.xlsx'로 저장

⑥ For ~ Next 문 : 2~6월 '근태' 시트를 차례로 통합

⑦ '파일명' 변수 정의 : 예) 2월 파일 = "202102가상.xlsx"

⑧ '파일' 변수 정의 : 경로가 포함된 파일 이름

⑨ '파일' 열기 : 2월~6월 '가상' 파일을 차례로 열기

⑩ 월별 가상 파일(Workbooks) 개체 변수 '가상' 정의

⑪ 통합하여 만들어 지는 새로운 파일(Workbooks)의 개체 변수 '근태파일' 정의

⑫ 해당 월의 '근태' 시트를 작성하는 통합 파일의 마지막 시트 다음(Sheets(m-1)) 위치에 복사

⑬ 복사한 워크시트 이름을 해당 월 형식("0" & m & 월)으로 변경

⑭ 통합을 완료한 근태 파일 저장

《실행 결과》 '실행' 단추를 클릭하면 새 근태 현황 파일 작성

2021년 근태현황

| 01월 | 02월 | 03월 | 04월 | 05월 | 06월 | ⊕ |

3) 엑셀 시트에 메뉴 화면 활용

A) 메뉴 화면 구성

워크시트에 아래와 같은 메뉴표를 작성하고 컨트롤 서식을 설정합니다.

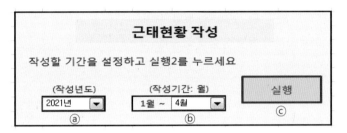

(1) 컨트롤 서식 설정

(a) (작성년도) 콤보 상자 ⓐ

- 입력 범위 : 셀 범위 [$J$1:$J$3] 지정(드롭다운 항목이 있는 셀 범위)

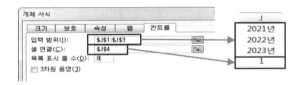

- 셀 연결 : 셀 [$J$4] ☞ 선택한 결과가 표시되는 셀

(b) (작성기간 : 월) 콤보 상자 ⓑ

- 입력 범위 : 셀 범위 [$K$2:$K$13] 지정
- 셀 연결 : 셀 [$K$1] 지정

(2) '실행' 매크로 지정

'실행' 단추ⓒ를 클릭할 때 실행되는 매크로 지정

- '실행' 단추에 마우스를 놓고 마우스 오른쪽 단추 클릭
- [매크로 지정] > 해당 프로시저(파일통합2) 선택 > [확인] 단추 클릭

  (매크로 지정 : Part I, 2-4 참조)

B) 프로시저 작성

메뉴 화면과 연계하여 실행되는 프로시저 코드를 작성합니다.

- **'년도' 변수** : (작성년도)의 콤보 상자에서 입력받은 '년도' 변수를 근태 파일 이름에 반영
- **'월' 변수** : (작성기간:월)에서 '월' 변수를 입력받아 순환하면서 해당 월의 '가상' 파일이 작성되어 있는지 검색하고 MsgBox로 표시

- 이하 코드는 '파일통합1' 프로시저와 동일 유형의 코드임

```
Sub 파일통합2()              324_02

    Dim 경로 As String, 년도 As String, 월 As Integer
    Dim 근태파일명 As String
    경로 = ActiveWorkbook.Path & "₩"
①   년도 = Format(ActiveSheet.[J4] + 2020, "####")
②   월 = ActiveSheet.[K1]
③   근태파일명 = 년도 & "년 근태현황.xlsx"
    Application.DisplayAlerts = False


④   For m = 1 To 월
⑤       검파일명 = 년도 & Format(m, "00") & "가상.xlsx"
⑥       경로파일 = 경로 & "가상파일₩" & 검파일명
⑦       파일검색 = Dir(경로파일)
        If 파일검색 = "" Then
            MsgBox 검파일명 & "이 작성되지 않았습니다."
            Exit Sub
        End If
    Next m
⑧   Workbooks.Open Filename:=경로 & "가상파일₩" & 년도 & "01가상.xlsx"
    ActiveWorkbook.Sheets("급여").Delete
    ActiveWorkbook.Sheets("근태").Name = "01월"
    ActiveWorkbook.SaveAs Filename:=경로 & 근태파일명

⑨   For m = 2 To 월
        파일명 = 년도 & Format(m, "00") & "가상.xlsx"
        파일 = 경로 & "가상파일₩" & 파일명
        Workbooks.Open Filename:=파일
```

```
⑩        Workbooks(파일명).Sheets("근태").Copy After:= Workbooks(근태파일명).Sheets(m - 1)
         Workbooks(근태파일명).Sheets(m).Name = "0" & m & "월"
⑪        Workbooks(파일명).Close
         Next m
         Workbooks(근태파일명).Save
         Application.DisplayAlerts = True
       End Sub
```

① '년도' 변수 값에 "####" 형식으로 [J4]셀의 값 + 2020 할당. (Format 함수)
  [J4] 셀 값 : 2021년 이면 1, 2022년이면 2로 표시

② '월' 변수 값에 작성할 마지막 월이 입력된 [K1]셀 값 할당

③ 통합 할 파일 이름을 '근태파일명'으로 정의

④ For ~ Next 문 : 파일 검색
  - (작성기간 : 월)까지 기간의 '가상' 파일이 작성되어 있는지 검색

⑤ '검파일명' 변수의 정의 : '202103가상.xlsx' 형식으로 할당
  ※ Format(1, "##") → "1", Format(1, "00") → "01"

⑥ 경로가 포함된 '검파일명'을 '경로파일' 변수에 할당

⑦ 경로에 파일(경로파일)이 작성되었는지 검색(Dir)하여 결과는 '파일검색' 변수에 할당하고 파일
  이 존재하지 않을 경우(파일검색 = "") MsgBox로 경고 표시를 하고 프로시저 종료 (Exit Sub)

⑧ 해당 년도의 1월 '가상' 파일을 열기한 후 '급여' 시트를 삭제하고 '근태' 시트 이름을 '01월'로
  변경하고 파일 이름을 '2021년 근태현황.xlsx'로 변경하여 저장

⑨ For ~ Next 문 : 2월 이후 근태 파일 열기
  - 2월 ~ 지정한 월의 '가상' 파일을 차례로 열기

⑩ 지정한 월의 '근태' 시트를 새 파일에 복사하고 시트 이름을 지정한 형식으로 변경

⑪ 복사를 완료한 '가상' 파일 닫기

4) 사용자 정의 폼 화면 활용

A) 메뉴 화면 작성

사용자 정의 폼 메뉴 '근태현황'을 작성합니다.

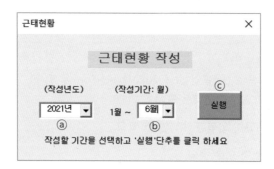

(1) 컨트롤 삽입

- 레이블 (5개) : 근태현황 작성, '작성하세요', (작성년도), (작성기간 : 월), 1월~
- 콤보 상자 (2개) : 작성년도ⓐ, 작성기간ⓑ
- 명령단추 (1개) : 실행ⓒ

(2) 폼/컨트롤 속성 설정

컨트롤	(이름)	Caption	변경된 주요 속성
사용자 정의 폼	근태	근태현황	-
레이블	기본값	근태현황 작성	배경색, 글자 크기
ⓐ 콤보 상자	년입력	-	드롭다운 목록 :
ⓑ 콤보 상자	월입력	-	UserForm_Initailze 이벤트 프로시저 에서 실행
ⓒ 명령 단추	기본값	실행	배경색

B) 워크시트 작성

워크시트에 사용자 정의 폼(근태현황)을 실행할 도형(폼 실행)ⓐ을 작성하고 사용자 정의 폼의 콤보상자2(월입력)의 드롭다운 항목을 [E1:E12]셀ⓑ에 작성합니다.

(1) '폼 실행' 단추 작성 및 매크로 지정

- 엑셀 시트에 '폼 실행' 도형ⓐ 삽입
- '폼 실행'을 클릭하면 '폼실행' 프로시저가 실행되도록 매크로 지정

☞ '폼 실행' 도형 선택 > 마우스 오른쪽 단추 클릭 > [매크로 지정] >
프로시저 '폼실행' 선택 > [확인] 단추 클릭

- '폼실행' 프로시저 : 사용자 정의 폼 '근태현황' 실행

(2) 사용자 정의 폼의 콤보 상자 '월입력'의 드롭다운 항목 작성

- 사용자 정의 폼에 작성된 콤보 상자 '월입력'의 드롭다운 항목을 [E1:E12]셀ⓑ에 작성 (1월~12월)

C) 프로시저 작성

작성이 필요한 프로시저는 다음과 같습니다.

- **'폼 실행' 프로시저** : 워크시트의 '폼 실행' 단추를 클릭하면 실행
- **폼_초기화 이벤트 프로시저** : UserForm_Initialize()
- **실행_클릭 이벤트 프로시저** : 폼의 '실행' 단추를 클릭하면 실행

<프로시저> 폼 실행

```
Sub 폼실행()                 324_03
    근태.Show               '사용자 정의 폼 '근태' 실행
End Sub
```

<프로시저> 폼_초기화 이벤트

```
     Private Sub UserForm_Initialize()        324_04
①       With Label1.Font
            .Size = 14
            .Bold = True
        End With
②       With 년입력
            .AddItem "2021년"
            .AddItem "2022년"
            .AddItem "2023년"
            .Value = "2021년"
        End With
③       월입력.RowSource = "통합3!E1:E12"
        월입력.Value = "6월"
     End Sub
```

① 사용자 정의 폼의 Label1(근태현황 작성)의 글꼴 지정
  - 크기 14, 굵게 (글자 색상과 배경색은 속성 창에서 설정)

② 콤보 상자(년입력)의 드롭다운 항목 설정
  - 드롭다운 항목 : '2021년', '2022년', '2023년'
  - 표시되는 초기값 : '2021년'로 설정

③ 콤보 상자(월입력)의 드롭다운 항목 설정
  - 드롭다운 항목 : '통합3' 시트의 [E1:E12] 범위의 내용이 표시되도록 설정
  - 표시되는 초기값 : '6월'로 설정

※ ②의 .AddItem 문으로 항목을 설정할 수도 있지만 항목이 많을 경우 워크시트에 지정하는 방법이 효과적입니다.

<프로시저> 실행_클릭 이벤트

```
①    Private Sub 실행_Click ()              324_05

        Dim m As Integer, n As Integer, 월 As Integer
        Dim 년도 As String, 경로 As String
        Dim 파일명 As String, 파일 As String
        경로 = ActiveWorkbook.Path & "₩"
②       년도 = Format(Left(년입력, 4), "0000")
③       월 = Val(월입력)
        근태파일명 = 년도 & "년 근태현황.xlsx"
        Application.DisplayAlerts = False
        For m = 1 To 월

        ~~ 이하 생략 ~~ '파일통합2' 프로시저와 동일한 Code임
```

① '실행' 단추를 클릭할 때 실행되는 이벤트 프로시저

② '년도' 변수에는 폼에 입력되는 '년입력'의 값을 왼쪽에서 4자리만 취하여(Left 함수), '0000' 형식으로 할당

③ '월' 변수는 폼에 입력되는 '월입력' 값의 숫자만 취하여 할당(정수형)

※ 참고 : 사용자 정의 폼 화면 활용 II

앞에서 학습한 폼 화면 활용의 내용은 파일통합을 이벤트 프로시저에서 모두 처리하였으나 이번에는 프로시저 일부를 분리한 사례를 소개합니다.

(실행_클릭 이벤트 프로시저의 '파일 통합' 부분을 일반 Sub 프로시저로 분리)

A) 메뉴 화면 구성

'실행2' 명령 단추ⓐ 추가

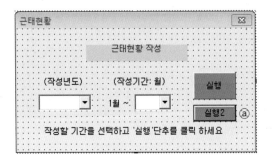

B) 프로시저 작성

- '폼실행' 프로시저 : 4)와 동일

- UserForm_Initialize() 프로시저 : 4)와 동일

- **실행_클릭 이벤트 프로시저**: 프로시저의 일부를 Sub 프로시저로 분리

  ☞ 실행2_클릭 이벤트 프로시저 + '파일통합' Sub 프로시저

<프로시저> 실행2_클릭 이벤트

```
        Private Sub 실행2_Click()          324_06
①       YY = 년입력
②       MM = 월입력
③       Call 파일통합3
        End Sub
```

① 'YY'변수에 '년입력' 개체의 입력 값 할당 (.Text or .Value 생략)

② 'MM' 변수에 '월입력' 개체의 입력 값 할당

③ 분리된 서브 프로시저 '파일통합3' 실행 (Call은 생략 가능)

<프로시저> 파일 통합

① Public YY As String
   Public MM As String

② Sub 파일통합3()   **324_07**
   경로 = ActiveWorkbook.Path & "₩"
   년도 = Format(Left(YY, 4), "0000")
   월 = Val(MM)
   근태파일명 = 년도 & "년 근태현황.xlsx"
   Application.DisplayAlerts = False

   ~~ **이하 생략** ~~'파일통합2' 프로시저와 동일한 Code

① 전역 변수 YY 및 MM 선언 : 이벤트 프로시저에서 정의된 변수를 Sub 프로시저에서 사용하기
   위해서 전역 변수로 선언

② '파일통합3' 프로시저 : '실행' 이벤트 프로시저에서 호출 받는 서브 프로시저

Chapter 3. 프로그래밍 사례

이 장에서는 실무에 활용한 프로그래밍 사례를 소개합니다.

3-1. '파일 병합' 매크로 만들기

　1) 2개 파일의 시트 데이터를 한 시트에 자동으로 병합할 수 있는 매크로 사례입니다.
　　예) A 파일의 'AA' 시트 구성

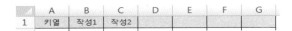

　　B 파일의 'BB' 시트 구성

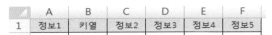

　　☞ 위의 'BB' 시트의 정보를 '키열' 기준으로 'AA' 시트에 데이터를 병합할 수 있는 범용
　　　매크로 입니다.([C]~[F]열의 데이터 → 'AA' 시트의 [D]~[G]열로 데이터 병합)

　2) 주요 내용 : 2종류 활용 방법 소개(폼 메뉴 활용, 시트 메뉴 활용)

3-2. '급여대장' 편집 매크로

이 파트에서 소개하는 사례는 사용자의 업무와 많이 다를 수 있지만 코드의 활용 방법은 사
용자의 프로시저 작성에 도움이 될 것입니다.

　1) 회사 직원의 급여 현황을 관리하는 월별 급여 대장을 매크로를 사용하여 자동적으로 여러
　　가지 양식으로 자동 편집하는 매크로 사례입니다.

　2) 주요 내용 : 'Main 메뉴'로 월별 급여 대장 자동 편집

　　a) 월별 급여 대장 소스 파일 : 각 근태, 급여 시트로 구성(함수 프로시저 포함)

　　b) 편집 'Main 메뉴'의 주요 기능

　　　- 직원 조회/수정, 추가/삭제(사용자 정의 폼 메뉴 사용)
　　　- 사용자 정의 함수를 사용한 '근태 집계표' 검증
　　　- '근태' 현황 편집 : 월별 현황, '근태집계' 시트 자동 작성
　　　- '급여' 현황 편집 : 월별 현황, 여러 가지 항목별 집계 시트 자동 작성

3-1. '파일병합' 매크로 만들기

1) '파일병합' 매크로 개요

'파일병합'이란 A 파일의 시트 데이터를 B 파일의 시트 데이터와 공통된 열을 기준으로 데이터를 합치기하는 것입니다. 실무에서 데이터 병합이 필요한 경우가 많습니다. 이 경우 수작업으로 병합하던지 병합할 때마다 프로시저를 작성하여 병합해야 합니다.

이런 번거로움을 피하기 위해 범용으로 파일을 병합할 수 있는 매크로 작성 사례를 소개합니다. 이 '파일병합' 매크로를 활용하면 사용자는 누구나 실무에서 편리하게 파일을 병합할 수 있습니다.

【 '파일병합' 매크로 작성 】

'파일병합' 매크로는 아래 2가지 방법으로 작성하였습니다.

(a) 사용자 정의 폼 메뉴 화면 활용 ☞ 2) 폼 메뉴를 활용한 '파일병합' 매크로 참조

  - 사용자 정의 폼 '파일병합' 작성
  - 이벤트 프로시저 작성 : 폼, 컨트롤 입력, 실행, 종료 이벤트

(b) 엑셀 시트 메뉴 화면 활용 ☞ 3) 시트 메뉴를 활용한 '파일병합' 매크로 참조

  - 메뉴 화면 작성(엑셀 시트)
  - 파일 병합 프로시저 작성

2) 폼 메뉴를 활용한 '파일병합' 매크로

2가지 활용 방법 중 먼저 사용자 정의 폼을 활용한 '파일병합' 매크로를 소개합니다.

A) 사용자 정의 폼 '파일병합' 작성

2개의 파일 시트를 병합할 때 아래 폼 메뉴 화면에서 병합을 위한 핵심 항목을 입력 또는 는 선택한 후 '병합시작' 단추를 클릭하면 자동으로 파일을 병합합니다.

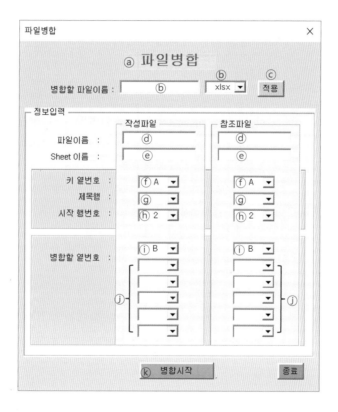

(1) 용어 설명

✓ **병합할 파일이름 :** 병합하여 완성할 파일 이름

✓ **작성파일, 참조파일**(파일 이름)

- 작성파일(= 병합할 파일 이름) : 병합하여 완성할 파일 이름
- 참조파일 : 작성파일에 병합할 대상이 되는 파일의 이름(작성파일과 같아도 됨)

✓ **Sheet이름** : 병합할 시트 이름(아래 그림의 작성파일, 참조파일의 시트 이름)

<참고 그림>

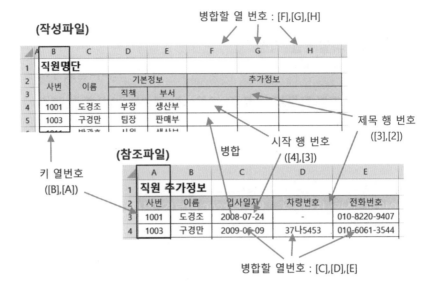

(작성파일)

병합할 열 번호 : [F],[G],[H]

제목 행 번호
([3],[2])

시작 행 번호
([4],[3])

병합

(참조파일)

키 열번호
([B],[A])

병합할 열번호 : [C],[D],[E]

✓ **키 열번호** : 병합할 때 두 시트의 기준이 되는 열의 번호(A~Z에서 선택 : 필수)

✓ **제목 행** : 열의 제목이 있는 행 번호 (공란, 1~10에서 선택 : 선택)

　　　　　　(공란을 선택하면 제목행은 제외하고 파일 병합)

✓ **시작 행번호** : 병합을 시작할 행 번호 (1~10에서 선택)

✓ **병합할 열번호** : 병합할 대상의 열 번호 (최대 6열까지 병합할 수 있음)

　　　- 1열은 필수 선택 (A~Z에서 선택 : 최소 한 개 열은 병합을 해야 함)
　　　- 2~6열은 선택 (공란, A~Z에서 선택 : 공란 선택 시 병합하지 않음)
　　　　(병합할 열의 수만큼 열 번호 선택)

(2) 메뉴 화면 설명

ⓐ '파일병합' 레이블 : 제목 표시 레이블
　　(폼_초기화 이벤트 프로시저에서 글꼴 등 속성 추가 설정)

ⓑ 병합할 파일의 이름(작성파일)을 입력하는 텍스트 상자와 확장자를 선택
　　- 확장자 선택 : 콤보 상자에서 파일 형식 선택(xlsx, xlsm 중 택 1)

ⓒ '적용' 단추를 클릭하면 확장자를 포함한 파일 이름이 ⓓ작성파일'과 '참조파일' 의 이름에 자동 기록

ⓓ '작성파일', '참조파일' 이름을 입력하는 텍스트 상자
  - '참조파일'의 파일 이름은 자동 기록된 이름이 '작성파일'과 다를 경우 수정하여 입력

ⓔ '작성파일'과 '참조파일'의 병합할 시트 이름을 입력하는 텍스트 상자

ⓕ 키 열번호 입력 (필수 입력) : 병합할 기준이 되는 열 번호(콤보 상자에서 1~10 중에 선택)

ⓖ '제목행' 입력 (선택 입력 : 빈 문자열, 1~10 중에서 선택)
  - 선택하면 '참조파일'의 '제목행' 셀의 제목이 '작성파일'의 '제목행'의 셀에 기록
    (빈 문자열을 선택하면 '제목행'을 기록하지 않음)

ⓗ 시작행 번호 입력(필수 입력 : 1~10 중에 선택)
  - '작성파일'과 '참조파일' 시트에서 병합을 시작하는 행 번호 선택

ⓘ 병합할 열 번호 선택 : 병합할 첫 번째 열 번호 입력 (필수 입력 : A~Z 중에 선택)
  - '작성파일'과 '참조파일' 시트의 첫번째 열 번호를 선택

ⓙ 병합할 2~6번째 열 번호(선택 : 빈 문자열, A~Z 중에 선택)
  - 파일을 병합할 열이 2~6열인 경우 병합할 열의 수만큼 선택
    (빈 문자열로 남겨 놓으면 병합하지 않음)

ⓚ '병합시작', '종료' 단추(명령 단추)
  - '병합시작' 단추를 클릭하면 위의 ⓑ ~ ⓙ까지 설정한 대로 자동으로 파일을 병합
  - '종료' 단추를 클릭하면 폼 닫기 실행

(3) 컨트롤 속성 설정

항목	컨트롤	(이름) 작성파일	(이름) 참조파일	비고
ⓐ '파일병합' 레이블	레이블	Label1		파일병합
ⓑ 병합할 파일 이름	텍스트 상자	파일		파일 이름 입력
ⓑ 파일 형식	콤보 상자	형식		파일 확장자 입력
ⓒ 적용	명령 단추	적용		파일&형식 적용
ⓓ 파일 이름	텍스트 상자	작파일	참파일	파일&형식 자동 입력 (수정가능)
ⓔ Sheet 이름	〃	작시트	참시트	입력
ⓕ 키 열번호	콤보 상자	작키열	참키열	A~Z 중 선택
ⓖ 제목 행번호	〃	제목a	제목b	빈 문자열, 1~10 중 선택
ⓗ 시작 행번호	〃	시작a	시작b	1~10 중 선택
병합할 행번호 ⓘⓙ	〃	열A1	열B1	A~Z 중 선택
	〃	열A2	열B2	빈 문자열, A~Z 중 선택
	〃	열A3	열B3	〃
	〃	열A4	열B4	〃
	〃	열A5	열B5	〃
	〃	열A6	열B6	〃
ⓚ 병합시작	명령 단추	시작		파일 병합 실행
종료	명령 단추	종료		사용자 정의 폼 닫기

※ 입력시 할당되는 각 변수의 이름은 (이름) 항목으로 할당됩니다.
　예) 참조 파일의 키 열 번호 B를 선택하면 '참키열' 변수 = B

B) 프로시저 작성

작성할 프로시저는 다음과 같습니다.

- 이벤트 프로시저

. UserForm_초기화 프로시저

. 적용_클릭 프로시저 : 작성파일과 참조파일의 이름 자동 입력

. 병합시작_클릭 프로시저 : 파일병합을 실행하는 프로시저

- Sub 프로시저 : '파일병합' 실행 프로시저('병합시작_클릭'의 서브 프로시저)

<프로시저> 폼_초기화 이벤트

```
      Private Sub UserForm_Initialize()        331_01    '폼 초기 화면 설정
①     With Label1.Font
          .Size = 16
          .Bold = True
      End With
②     With 형식
          .AddItem "xlsx"
          .AddItem "xlsm"
          .Value = "xlsx"                                "형식' 콤보 상자 초기 표시 값
      End With

③     작키열.RowSource = "병합!G2:G27"                    '드롭다운 항목 설정
④     작키열.Value = "A"                                  '초기값 설정
      참키열.RowSource = "병합!G2:G27"
      참키열.Value = "A"
      제목a.RowSource = "병합!H1:H11"
      제목b.RowSource = "병합!H1:H11"
      시작a.RowSource = "병합!H2:H11"
      시작a.Value = 2
      시작b.RowSource = "병합!H2:H11"
      시작b.Value = 2

⑤     열A1.RowSource = "병합!G2:G27"
      열A1.Value = "B"
      열B1.RowSource = "병합!G2:G27"
      열B1.Value = "B"
```

```
⑥    열A2.RowSource = "병합!G1:G27"
     열B2.RowSource = "병합!G1:G27"
     열A3.RowSource = "병합!G1:G27"
     열B3.RowSource = "병합!G1:G27"
     열A4.RowSource = "병합!G1:G27"
     열B4.RowSource = "병합!G1:G27"
     열A5.RowSource = "병합!G1:G27"
     열B5.RowSource = "병합!G1:G27"
     열A6.RowSource = "병합!G1:G27"
     열B6.RowSource = "병합!G1:G27"

⑦    파일.SetFocus
     End Sub
```

① '파일병합' 레이블의 글꼴 설정(문자 크기 : 16, 굵은 문자)

② 병합할 파일 이름의 확장자를 선택하는 콤보 상자의 드롭다운 항목('xlsx'와 'xlsm' 중 선택)

③ 키 열번호 콤보 상자(작키열)의 드롭다운 항목의 셀 주소 지정 : '병합' 시트의 [G2:G27]셀 내용

④ 키 열번호 콤보 상자(작키열)의 초기값 설정 = A

⑤ 병합할 첫 번째 행 번호를 선택할 콤보 상자의 드롭다운 항목 설정(A~Z)
   - 열A1.Value = "B" : 초기값 B로 설정

⑥ 병합할 두 번째 행 번호를 선택할 콤보 상자의 드롭다운 항목(빈 문자열, A~Z)
   ※ 빈 문자열 = 초기값 (병합 안 함)

⑦ 처음 커스를 위치할 개체 설정(텍스트 상자 '파일' 지정)

<프로시저> 적용_클릭 이벤트

```
Private Sub 적용_Click()            331_02
   작파일.Value = 파일.Value & "." & 형식.Value
   참파일.Value = 파일.Value & "." & 형식.Value
End Sub
```

텍스트 상자 '파일'에 파일 이름을 입력하면 결과가 '작성파일'과 '참조파일'의 파일 이름을 자동
으로 기록(파일 이름을 쉽게 입력하도록 자동회)

<프로시저> 병합시작_클릭 이벤트

```
        Private Sub 시작_Click()        331_03   "병합시작" 단추 클릭
①       파일A = 작파일.Value
        파일B = 참파일.Value
        시트명A = 작시트.Value
        시트명B = 참시트.Value
        키열a = 작키열.Value
        키열b = 참키열.Value
        제목행a = 제목a.Value
        제목행b = 제목b.Value
        시작행a = 시작a.Value
        시작행b = 시작b.Value
 |      작성열1 = 열A1.Value
        참조열1 = 열B1.Value
        작성열2 = 열A2.Value
        참조열2 = 열B2.Value
        작성열3 = 열A3.Value
        참조열3 = 열B3.Value
        작성열4 = 열A4.Value
        참조열4 = 열B4.Value
        작성열5 = 열A5.Value
        참조열5 = 열B5.Value
        작성열6 = 열A6.Value
①       참조열6 = 열B6.Value

②       Call 파일병합
        End Sub
```

①-① 사용자 정의 폼 '파일병합'의 각종 컨트롤에 입력된 결과를 새로운 변수로 정의

② '파일병합' 프로시저 실행

<프로시저> 파일병합(서브 프로시저)

ⓐ Public 파일A, 파일B, 시트명A, 시트명B, 키열a, 키열b
Public 제목행a, 제목행b, 시작행a, 시작행b
Public 작성열1, 작성열2, 작성열3, 작성열4, 작성열5, 작성열6
Public 참조열1, 참조열2, 참조열3, 참조열4, 참조열5, 참조열6

Sub 파일병합()   **331_04**

① Dim 누락() As String
 Set 시트M = ThisWorkbook.Worksheets("병합")

② On Error Resume Next
③ For Each 파일C In Workbooks
  If 파일C.Name = 파일A Then Exit For
  If n1 = Workbooks.Count - 1 Then
   MsgBox " '" & 파일A & "' 파일을 Open한 후 실행하세요"
   Exit Sub
  End If
  n1 = n1 + 1
③ Next
④ Set 파일명B = Workbooks(파일B)
 If Err Then
  MsgBox " '" & 파일B & "' 파일을 Open한 후 실행하세요"
  Exit Sub
 End If

⑤ Set 시트A = Workbooks(파일A).Worksheets(시트명A) '작성파일 시트
 Set 시트B = Workbooks(파일B).Worksheets(시트명B) '참조파일 시트
 If Err Then
  MsgBox "해당시트가 없습니다."
  Exit Sub
 End If
② On Error GoTo 0

 시트A.Activate
 m = 시트A.Cells(시작행a, 키열a).End(xlDown).Row
 n = 시트B.Cells(시작행b, 키열b).End(xlDown).Row

```
⑥        For j = 시작행b To n
              키열값B = 시트B.Cells(j, 키열b)
⑦            For i = 시작행a To m
                  키열값A = 시트A.Cells(i, 키열a)
⑧            If 키열값A = 키열값B Then
                  p = 1
⑨                For Each 작성열 In Array(작성열1, 작성열2, 작성열3, 작성열4, 작성열5, 작성열6)
                      참조열 = Choose(p, 참조열1, 참조열2, 참조열3, 참조열4, 참조열5, 참조열6)
⑩                If 작성열 <> "" Then
                      시트A.Cells(i, 작성열) = 시트B.Cells(j, 참조열)
⑪                If 제목행a <> "" Then
                      시트A.Cells(제목행a, 작성열) = 시트B.Cells(제목행b, 참조열)
                  End If
                  End If
                  p = p + 1
              Next
              Exit For
          End If
⑫            If i = m And 키열값A <> 키열값B Then
                  ReDim Preserve 누락(q)
                  누락(q) = 키열값B
                  q = q + 1
              End If
          Next
      Next
⑬    MsgBox ("누락된 데이터 : " & Join(누락, "/"))

    End Sub
```

ⓐ 앞에 설명한 병합시작_클릭 이벤트 프로시저에서 각 컨트롤에서 읽은 값을 할당한 변수를 정의
  하였으며 파일 병합 프로시저에서 공통으로 사용하는 변수에 대해 전역 변수로 선언

① 배열 변수 '누락' 선언 : 병합하지 못한 데이터를 이 변수에 차례로 할당한 후 프로시저 종료할
  때 MsgBox로 누락 정보 표시

② On Error Resume Next 문 : 오류가 발생할 경우, 무시하고 진행
  - Set 문은 인용하는 개체가 없을 경우 오류가 발생하므로 이를 활용하여 파일 또는 시트 검색
    (Part III, 2-3. 데이터 추가'의 프로시저 설명 참조)
  - ④파일이나 ⑤시트가 열려 있지 않으면 Set 문이 오류가 발생하므로 열린 파일 검색 가능

③ 통합할 파일이 열려 있는지 검색
  - 열려 있는 파일을 한 개씩 이동 하면서 '파일C' 변수에 할당
  - '파일C'의 이름이 '작성파일' 이름과 같으면 (파일이 열려 있으면) For ~ Next 문 종료(Exit For) 하고 아니면(파일이 열려 있지 않으면) MsgBox로 경고 표시 후 프로시저 종료

④⑤ On Error Resume Next 문과 Set 문을 활용하여 시트 검색(②번 설명 참조)

⑥ 외부 For ~ Next 문 : '참조파일' 시트의 '시작b'행 ~ 아래쪽 마지막 행까지 순환
  - '키열값B' 변수에 해당 행 '참키열'의 셀 값 할당('참조파일' 시트의 키열값)

⑦ 내부 For ~ Next 문 : '작성파일' 시트의 '시작a'행 ~ 아래쪽 마지막 행까지 순환
  - '키열값A' 변수에 해당행 '작키열'의 셀 값 할당('작성파일' 시트의 키열값)

⑧ 두 시트의 키열 값이 일치하면(키열값A = 키열값B)
  - 변수 P 정의 : '작성열' 값에 대응되는 ⑨항 '참조열' 값 설정을 위한 변수

⑨ 병합할 대상 열 정보 '열A1' ~ '열A6'를 한 개씩 '작성열' 변수에 할당
  (Part II. Array 배열 변수 참조)
  - 참조열 : 위의 '작성열'에 대응되는 '참조열' 값 할당(Part II의 Choose 문 참조)

⑩ '작성열'이 빈 문자열이 아닐 경우 '참조파일'의 셀 값을 '작성파일'의 셀에 기록

⑪ '제목a'가 빈 문자열이 아니면 열의 제목 기록
  - '참조파일' 열의 제목을 '작성파일' 열의 제목란에 기록

⑫ 누락된 데이터를 동적 배열 변수 '누락'에 할당
  내부 순환을 완료 (i = m) 하였으나 키열값이 일치하는 데이터가 없을 경우 동적 배열 변수 '누락(q)'에 키열값을 누적하면서 외부 순환

⑬ ⑫에서 저장된 동적 배열 변수 '누락(q)'을 '/'로 연결(Join 문)하여 MsgBox로 표시

<프로시저> 종료_클릭 이벤트

① Private Sub 종료_Click()   **331_05**
    ThisWorkbook.Activate
    Unload Me
End Sub

① '종료' 명령 단추를 클릭하면 실행되는 이벤트 프로시저
  - 사용자 정의 폼이 있는 파일을 활성화하고 사용자 정의 폼을 닫음(Unload Me)

C) 실행 프로시저 작성

작성된 '파일병합' 매크로의 여러 가지 방법으로 실행할 수 있습니다.

폼 실행 방법은 다음 3가지 방법을 많이 사용합니다.

(세부내용은 Part II. 9-3 폼 실행 참조)

- 엑셀 시트에 실행 단추 사용 : 아래 참조
- Auto_Open 방법 : 아래 참조
- 엑셀 메뉴 바의 실행 탭 사용

<프로시저> 사용자 정의 폼 실행 방법 2종류

```
①   Sub 폼실행()
        UserForm1.Show
     End Sub
```

```
②   Sub auto_open()
        UserForm1.Show
     End Sub
```

① 사용자 정의 폼을 실행하는 '폼실행' 프로시저

(실행 방법)
- 엑셀 화면에 실행하는 도형을 작성한 후 매크로 지정하여 '폼실행' 프로시저를 실행

(폼 실행 도형) **폼 실행**

- 수동으로 '폼실행' 매크로를 실행하여 사용

② 'auto_open' 프로시저를 작성하면
- '파일병합' 파일을 열면 자동으로 사용자 정의 폼 실행

D) 활용 사례

Chapter1에서 학습한 '파일병합I' 예문의 양식을 약간 변경하여 파일을 병합합니다.

'파일병합' 매크로를 실행한 후 폼 메뉴에 아래와 같이 입력하고 '병합 시작'을 클릭하면 자동으로 파일을 병합할 수 있습니다.

※ 첨부된 CD의 '샘플파일'과 '샘플파일2'를 열기한 후 아래 순서로 파일병합을 실행합니다.

【 실행 순서 】

병합할 파일 이름 입력 후
'적용' 단추 클릭

↓

'참조파일' 이름 변경
및 각 데이터 입력

↓

'병합 시작' 클릭

↓

실행 결과
(실행 전 시트)

(실행 후 시트)

(누락 정보)

'정보' 시트에 없는 정보 : 공란 표시

'명단' 시트에 없는 정보 : MsgBox 표시

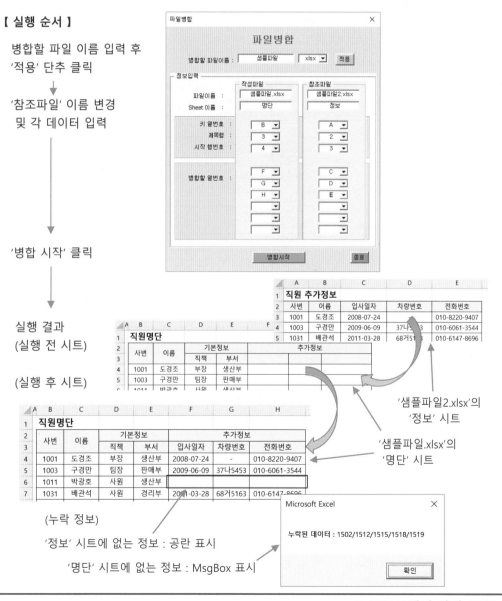

'샘플파일2.xlsx'의
'정보' 시트

'샘플파일.xlsx'의
'명단' 시트

3) 시트 메뉴를 활용한 '파일병합' 매크로

메뉴 화면을 사용자 정의 폼 대신에 엑셀 시트에 작성하여 활용할 수 있습니다. 아래는 엑셀 시트에 '파일병합' 메뉴를 작성한 사례입니다.

(사용의 편리성은 앞의 사용자 정의 폼 활용 사례보다 편리)

A) 메뉴 시트 작성

엑셀 시트에 아래와 같이 '파일병합' 메뉴 화면을 작성하고 각종 콤보 상자를 추가하여 서식을 지정합니다.

【 메뉴 화면 설명 】

ⓐ [C4]셀에 병합할 파일 이름을 입력하고 오른쪽 콤보 상자에서 파일 형식을 선택한 후 '적용' 단추ⓑ를 클릭하면

ⓒ 확장자를 포함한 파일 이름이 자동으로 입력이 되고 '참조파일'의 파일 이름은 '작성파일'의 이름이 다를 경우 수정 입력

ⓓ 각 항목을 입력하거나 선택한 후 '병합 시작' 단추를 클릭하여 파일 병합

B) 프로시저 작성

작성할 프로시저 : '적용' 프로시저, '파일병합B' 프로시저

<프로시저> 적용

입력된 파일 이름을 아래쪽 작성파일과 참조파일의 이름 항목에 자동으로 입력되도록 적용

```
   Sub 적용()                   331_06
①    [C8] = [C4].Value & Choose([D4].Value, ".xlsx", ".xlsm")
     [D8] = [C4].Value & Choose([D4].Value, ".xlsx", ".xlsm")
   End Sub
```

① '적용' 단추를 클릭하면 실행되는 프로시저이며
  - [C8] 셀과 [D8] 셀에 [C4] 셀에 입력된 값에 콤보 상자에서 선택한 확장자를 포함하여 기록
    (Choose문 : [D4] 셀의 값이 1이면 '.xlsx'가 선택되고 2이면 'xlsm' 선택)

<프로시저> 파일병합B

(앞에 설명한 폼 실행(파일 병합) 프로시저와 중복되는 코드는 설명 생략)

```
   Sub 파일병합B()                  331_07
   Dim 누락() As String               '동적 배열 변수 '누락' 선언
   Set 시트M = ThisWorkbook.Worksheets("병합")
①  파일A = 시트M.[C8].Value
   파일B = 시트M.[D8].Value
   시트명A = 시트M.[C9].Value
   시트명B = 시트M.[D9].Value

②  For Each 파일C In Workbooks
     If 파일C.Name = 파일A Then Exit For
   ~~ 중략 ~~  '파일병합' 프로시저와 동일
   On Error GoTo 0

③  키열a = 시트M.[C10]
   키열b = 시트M.[D10]
   제목행a = 시트M.[C11].Value - 1
   제목행b = 시트M.[D11].Value - 1
```

```
        시작행a = 시트M.[C12].Value
        시작행b = 시트M.[D12].Value

        m = 시트A.Cells(시작행a, 키열a).End(xlDown).Row
        n = 시트B.Cells(시작행b, 키열b).End(xlDown).Row

        For j = 시작행b To n
            키열값B = 시트B.Cells(j, 키열b)

            For i = 시작행a To m
                키열값A = 시트A.Cells(i, 키열a)
④               If 키열값A = 키열값B Then
                    위치a1 = 시트M.[C13] - 키열a
                    위치b1 = 시트M.[D13] - 키열b
⑤                   시트A.Cells(i, 키열a).Offset(0, 위치a1) = 시트B.Cells(j, 키열b).Offset(0, 위치b1)
                    r1 = 1
⑥                   Do While 시트M.[C13].Offset(r1) > 1
                        위치a2 = 시트M.[C13].Offset(r1) - 키열a - 1
                        위치b2 = 시트M.[D13].Offset(r1) - 키열b - 1
                        시트A.Cells(i, 키열a).Offset(0, 위치a2) = 시트B.Cells(j, 키열b).Offset(0, 위치b2)
                        r1 = r1 + 1
                    Loop
                    Exit For
                End If

⑦               If i = m And 키열값A <> 키열값B Then
                    ReDim Preserve 이름(q)
                    이름(q) = 시트B.Cells(j, 2)
                    q = q + 1
                End If
            Next
        Next

⑧       If 제목행a > 0 And 제목행b > 0 Then
            시트A.Cells(제목행a, 키열a).Offset(0, 위치a1) = 시트B.Cells(제목행b, 키열b)._
                Offset(0, 위치b1)
            r2 = 1
```

```
⑨        Do While 시트M.[C13].Offset(r2) > 1
            위치a3 = 시트M.[C13].Offset(r2) - 키열a - 1
            위치b3 = 시트M.[D13].Offset(r2) - 키열b - 1
            시트A.Cells(제목행a, 키열a).Offset(0, 위치a3) = 시트B.Cells(제목행b, 키열b)._
                Offset(0, 위치b3)
            r2 = r2 + 1
        Loop
    End If
⑩  MsgBox ("누락된 데이터 : " & Join(누락, "/"))
   End Sub
```

① 파일A = 시트M.[C8] : '작성파일'의 이름으로 [C8] 셀에 입력된 값을 '파일A' 변수로 할당
   - [D8] 셀이 입력된 값을 '파일B' 변수로 할당

② '파일병합' 프로시저 설명 참조

③ 병합 프로시저에 사용되는 각종 변수 값 정의
   - 변수 '키열a'에 시트M.[C10]의 셀값 할당 : 콤보 상자에서 A~Z열 중에서 선택하면 [C10]셀은
     1~26 기록됨 (A = 1. B = 2, ~~, Z = 26)
   - 변수 '제목행a'에 시트M.[C11]의 셀값 – 1 할당 : 제목행 콤보 상자에서 빈 문자열을
     포함하여 1~10까지 선택하여 입력할 수 있으므로 [C11]의 셀값은 1~11 (빈 문자열=1,
     1=2)이므로 -1을 해야함.

④ 외부, 내부 순환을 반복하면서 '키열값A' = '키열값B' 이면
   - 변수 '위치a1'과 '위치b1'의 셀 값 정의 : 첫번째 병합할 열이 '키열'과 떨어진 열의 수

⑤ '작성파일' 시트의 해당 셀에 '참조파일' 시트의 해당 셀 값을 기록

⑥ 2번째 열부터 병합하는 순환문
   - 변수 '위치a2'과 '위치a2' : 병합할 열이 '키열'과 떨어진(Offset) 열의 수

⑦ 누락된 데이터 기록 (동적 배열 변수 활용)

⑧⑨ 제목 행을 기록하는 명령문 (선택)
   - [C11], [D11] 셀이 빈 문자열(셀값 = 1) 보다 큰 경우는 '작성파일'의 제목 행의 셀에 '참조파
     일'의 제목 행 셀의 내용 기록

⑩ 저장된 동적 배열 변수(누락된 데이터)를 '/'로 연결하여 MsgBox로 표시

3-2. 급여대장 편집 매크로 사례

1) 파일 설명(급여 대장)

A 회사는 매월 직원의 급여 실적을 아래 형식으로 엑셀 파일을 작성하여 관리합니다.

파일 이름은 '년도 & 월 & 급여대장.xlsm' 형식으로 파일을 작성하여 ₩급여대장₩ 경로에 저장되어 있습니다.(예: 2021년 1월 급여대장 ☞ '202101급여대장.xlsm')

A) 시트 구성 및 파일 작성 현황

(1) 시트 구성

월별 급여 대장 파일은 '근태' 시트와 '급여' 시트로 구성되어 있습니다.

- **'근태' 시트** : 매월 날짜별 직원의 근무 실적을 관리하는 시트(근무 현황 기록)
- **'급여' 시트** : '근태' 시트의 근무 실적을 근거로 직원의 급여 현황을 기록

(2) 파일 작성 현황

₩급여파일₩ 경로에 2021년 1~6월까지 급여 대장 파일이 저장되어 있습니다.

- 202101급여대장.xlsm
- 202102급여대장.xlsm
- 202103급여대장.xlsm
- 202104급여대장.xlsm
- 202105급여대장.xlsm
- 202106급여대장.xlsm

<작성된 파일 현황>

※ 각 급여 대장 파일은 함수 프로시저가 작성되어
  '.xlsm' 파일 형식으로 저장됨

B) '근태' 시트

아래와 같은 시트 양식으로 월별 직원의 근무 현황을 수작업 관리, 기록합니다.

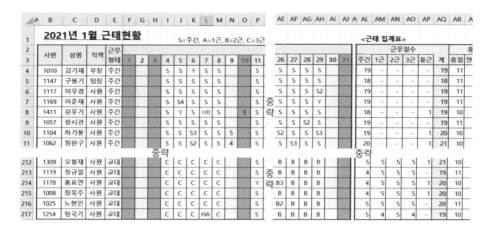

【 작성, 기록 방법 】

- **근무 형태** : 주간(주간 8시간 근무), 교대 (8시간씩 3교대 근무 : 1근, 2근, 3근)
- **휴일 구분**(셀의 배경색) : 토요일(하늘색), 일요일/휴일(분홍색), 평일(흰색)
- 근태 실적 기록
    - 평일 근무 : 주간 근무 = S, 교대 1근 = A, 교대 2근 = B, 교대 3근 = C로 작성
    - 휴일 특근 시간 : 근무 시간을 숫자로 기록 (교대 근무자는 A, B, C로 기록)
        예) 4 (휴일 4시간 근무), B (휴일 2근 8시간 근무)
    - 평일 특근 시간 (시간외 근무) : S, A, B, C 문자 뒤에 숫자로 특근 시간 기록
        예) S3 (주간 근무 후 3시간 특근), A3 (1근 근무 후 3시간 특근)
    - 휴무 실적 : Y=연차, HA=공가, HB=교육, HC=출장, HD=휴직, HE=결근

- **집계표 작성** : [AL:AX]열

    근태 시트의 오른쪽에는 아래와 같은 <근태 집계표>가 있으며 엑셀 수식과 <u>사용자 정의 함수</u>를 사용하여 자동 집계됩니다.

C) '급여' 시트

'급여' 시트는 특근 시간 등 근태 실적이 기록된 '근태' 시트의 근태 집계표와 연계하여 특근 수당 등이 수식으로 자동 계산됩니다.

2021년 1월 급여대장

사번	부서	성명	직책	근무 형태	기본금	직책수당	면허수당	계
1010	총무부	김기재	부장	주간	6,310,000	500,000	-	500
1147	총무부	구봉기	팀장	주간	5,630,000	300,000	-	300
1117	총무부	이우경	사원	주간	4,920,000	-	-	
1169	총무부	이준재	사원	주간	4,800,000	-	-	
1411	총무부	강우기	사원	주간	4,200,000	-	-	
중략								
1178	생산부	홍표연	사원	교대	4,100,000	-	-	
1008	생산부	정옥주	사원	교대	4,340,000	-	-	
1025	생산부	노현기	사원	교대	4,310,000	-	-	
1254	생산부	정국기	사원	교대	3,890,000	-	60,000	60
합계					892,090,000	4,200,000	1,020,000	5,220

건강보험	요양보험	고용보험	계	지급총액
212,470	22,610	44,260	862,990	5,947,010
185,020	19,690	38,540	647,600	5,282,400
193,170	20,560	40,240	621,670	5,569,544
156,210	16,620	32,540	492,270	4,514,433
136,680	14,540	28,470	431,830	3,949,034
중략				
249,420	26,540	51,960	720,660	7,273,513
154,200	16,410	32,120	452,630	4,489,584
152,170	16,190	31,700	458,030	4,419,103
137,980	14,680	28,740	409,910	4,012,590
31,323,120	3,333,050	6,524,590	95,290,220	908,657,618

【 '급여' 시트 기록 방법 】

- **특근 수당**(시간외, 휴일, 야간) : 근태 시트의 집계표와 연계하여 수식으로 자동 계산
- 기타 수식 : '지급총액' 등 항목은 엑셀 일반 함수를 사용하여 자동 계산

2) 급여 대장 편집 'Main 메뉴'

소스 파일인 급여 대장 파일의 데이터를 여러 가지 항목으로 자동 집계, 편집하기 위해
아래와 같이 'Main 메뉴'를 작성하였습니다.

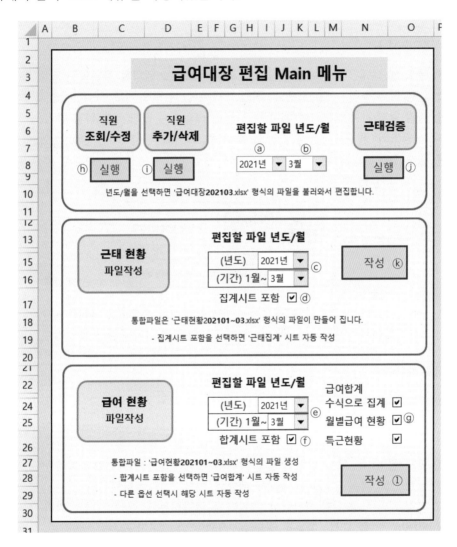

각 편집 메뉴 별로 편집할 기간(년도/월)을 선택하고 '집계시트 포함' 등 추가할 항목
을 체크하여 실행('실행' 단추 또는 '작성' 단추를 클릭)하면 자동으로 직원을 조회하거
나 각종 집계 파일이 만들어 집니다.

A) 'Main 메뉴' 설명

(1) 직원 조회/수정

월별 급여 대장 파일에서 직원의 급여 실적 등 기본 자료를 조회하고 변경할 때 사용합니다.

【 실행 순서 】

① **년도/월 선택** : 메뉴 화면의 콤보 상자에서 조회를 원하는 파일의 년도/월ⓐⓑ 선택
② **실행 단추 클릭** : 메뉴 화면의 '직원 조회/수정' 항목의 '실행' 단추ⓗ 클릭
③ **파일 열기**(자동 실행) : 선택한 년도/월에 해당하는 급여 대장 파일 열기
④ **'직원조회' 폼 표시** : 사용자 정의 폼 '직원조회' 화면에서 직원 정보 조회
⑤ **정보 수정** : 조회된 정보를 폼 화면에서 수정하여 실행하면 급여대장 파일의 정보를 수정하여 기록

예) 위의 그림과 같이 년도/월ⓐⓑ을 선택하고 '실행' 단추ⓗ를 클릭하면 '202103급여대장.xlsm' 파일을 열어 직원의 급여 실적 등을 조회하고 수정

(2) 직원 추가/삭제

퇴직자, 입사자 등 직원의 변동 사항이 있을 때 직원을 추가하고 삭제합니다.

【 실행 순서 】

① **년도/월 선택** : 메뉴 화면의 콤보 상자에서 직원을 추가/삭제할 파일의 년도/월 선택
② **실행 단추 클릭** : 직원 추가/삭제 메뉴의 '실행' 단추ⓘ 클릭
③ **파일 열기**(자동 실행) : 선택한 년도/월에 해당하는 급여 대장 파일 열기
④ **'직원추가' 폼 표시** : 사용자 정의 폼 '직원추가' 화면이 표시됨
⑤ **직원 추가/삭제** : '직원추가' 화면에서 직원을 추가하거나 삭제 실행

예) 위의 그림에서 년도/월ⓐⓑ을 선택하고 추가/삭제 항목의 '실행' 단추ⓘ를 클릭하면 '202103급여대장.xlsm' 파일을 불러 와서 직원을 추가하거나 삭제

(3) 근태 검증

월별 급여 대장 파일의 근태 시트의 근태 집계표는 사용자 정의 함수로 계산되는데 그 계산 결과를 검증하기 위한 메뉴 항목입니다.

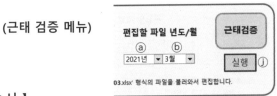

(근태 검증 메뉴)

【 실행 순서 】

① **년도/월 선택** : 근태검증 메뉴에서 근태 실적을 검증할 파일의 년도/월ⓐⓑ 선택
② **실행 단추 클릭** : 근태검증 메뉴의 '실행' 단추ⓙ 클릭
③ **파일 열기**(자동 실행) : 선택한 년도/월에 해당하는 급여 대장 파일 열기
④ **근태 검증** : 사용자 정의 함수로 계산한 근태 집계표와 이 프로시저로 계산되는 근태 결과를 비교하여 근태 집계표 내용(실적) 검증

(4) 근태 현황 파일 작성

월별 급여 대장 파일의 근태 시트를 통합하여 원하는 기간 동안의 근태 실적을 집계할 수 있는 메뉴입니다.

【 실행 순서 】

① **년도/월 선택** : 메뉴 화면에서 근태 현황을 작성할 기간의 년도/월ⓒ 선택
  - 옵션(집계시트 포함)ⓓ 선택 : 선택하면 '근태집계' 시트 추가 작성
② **작성 단추 클릭** : 메뉴 화면의 '근태 현황 파일작성' 항목의 '작성' 단추ⓚ 클릭
③ **파일 작성** : 선택한 기간의 급여 파일의 '근태' 시트를 복사하여 새 파일 자동 작성
  - 파일 이름은 '2021년 1~3월 근태현황.xlsx' 형식으로 파일 저장

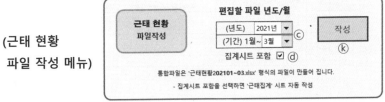

(근태 현황 파일 작성 메뉴)

예) 위의 그림과 같이 년도/월ⓒ을 선택하고 '작성' 단추ⓚ를 클릭하면
  - '2021년1~3월 근태현황.xlsx' 파일 새로 작성('근태집계' 시트 추가)

(5) 급여 현황 파일 작성

월별 급여 대장 파일의 급여 시트를 통합하여 원하는 기간 동안의 급여 실적을 집계할 수 있는 메뉴 항목입니다.

(급여 현황
파일 작성 메뉴)

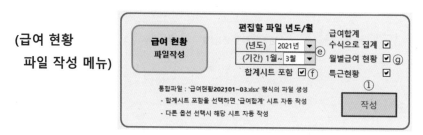

【 실행 순서 】

① **년도/월 선택** : 메뉴 화면에서 급여 현황을 작성할 기간의 년도/월ⓔ 선택
  - **옵션 선택** ⓕⓖ : 여러 가지 옵션 중 선택을 하면 선택한 시트 추가 작성
    (합계시트 포함, 수식으로 집계, 월별급여 현황, 특근현황)
② **작성 단추 클릭** : 급여 현황 파일작성 메뉴의 '작성' 단추① 클릭
③ **파일 작성** : 선택한 기간의 급여 파일의 '급여' 시트를 복사하여 새 파일 자동 작성
  - 파일 이름은 '2021년 1~3월 급여현황.xlsx' 형식으로 파일 저장

(작성되는 급여 현황 파일의 시트 구성 예) 옵션을 전부 선택할 경우

📄 2021년1~3월급여현황

| 급여합계 | 수식집계 | 월별급여 | 특근현황 | 01월 | 02월 | 03월 |

《실행 결과 예》 '수식집계' 시트

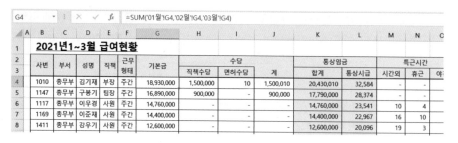

B) 'Main 메뉴' 서식 지정

※ 아래 ⓐⓑ~~번 번호는 Main 메뉴에 표시된 번호임

(1) 컨트롤 서식 지정

ⓐ '년도' 콤보 상자
- 입력 범위 [Q2:Q4] : 콤보 상자에 드롭다운 항목의 소스 데이터가 있는 셀 범위
- 셀 연결 [J8] : 드롭다운 항목에서 선택된 결과를 기록하는 셀
    (콤보 상자 뒤쪽의 셀 : [J8])

ⓑ '월' 콤보 상자 : 입력 범위 [R2:R13], 셀 연결 [K8] 지정

ⓒⓔ '년도', '월' 콤보 상자 : 입력 범위 = ⓐ, ⓑ와 동일한 방법으로 지정
- 셀 연결 : 각 콤보 상자 뒤의 셀 지정 (ⓒ'년도'의 경우 : [J15])

ⓓ 확인란 : 셀 연결 [Q15] 지정

ⓕⓖ 확인란 : 셀 연결 [Q20] ~ [Q23] 지정

【 컨트롤 서식 지정 내용 】

컨트롤	입력 범위	셀 연결
ⓐ '년도' 콤보 상자	[Q2:Q4]	[J8]
ⓑ '월' 콤보 상자	[R2:R13]	[K8]
ⓒ '년도 콤보 상자	[Q2:Q4]	[J15]
ⓒ '월' 콤보 상자	[R2:R13]	[J16]
ⓓ 확인란		[Q15]
ⓔ '년도' 콤보 상자	[Q2:Q4]	[J24]
ⓔ '월' 콤보 상자	[R2:R13]	[J25]
ⓕ 확인란		[Q20]
ⓖ 확인란		[Q21], [Q22], [Q23]

(2) 매크로 지정

<지정방법>

- 실행 단추 위에 마우스 포인트를 놓고 오른쪽 단추 클릭 < [매크로 지정] 클릭
- 매크로 창에서 실행할 매크로를 선택하고 [확인] 단추 클릭

ⓗ '실행' 단추 '직원조회' 지정
ⓘ '실행' 단추 '직원추가' 지정
ⓙ '실행' 단추 '근태검증' 지정
ⓚ '작성' 단추 '근태현황' 지정
ⓛ '작성' 단추 '급여현황' 지정

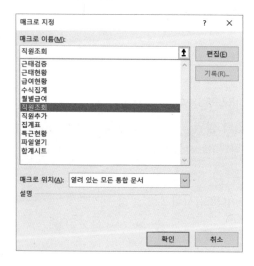

C) 작성된 프로시저 현황

파일명	항목	Sub 프로시저	사용자 정의폼	이벤트 프로시저	함수 프로시저	프로시저 이름	프로시저 No
월별 급여대장	근태				O	시간외	332_01
					O	휴근	332_02
					O	야간	332_03
급여대장 Main	직원조회	O				직원조회	332_04
		O				파일열기	332_05
			O			직원조회	
				O		UserForm_Initialize	332_06
				O		검색_Click	332_07
				O		조회_Click	332_08
				O		기본급_Change	332_09
				O		직책수당_Change	
				O		면허수당_Change	
				O		수정_Click	332_10
				O		종료_Click	332_11
	직원추가	O				직원추가	332_12
			O			직원추가	
				O		UserForm_Initialize	332_13
				O		기본급_Change	332_14
				O		직책수당_Change	
				O		면허수당_Change	
				O		삭제행_Change	332_15
				O		추가_Click	332_16
				O		삭제_Click	332_17
				O		종료_Click	
	근태검증	O				근태검증	332_18
	근태현황	O				근태현황	332_19
		O				집계표	332_20
	급여현황	O				급여현황	332_21
		O				합계시트	332_22
		O				수식집계	332_23
		O				월별급여	332_24
		O				특근현황	332_25

3) 근태 집계표 작성(함수 프로시저 활용)

근태 시트의 일자 별 근무 실적에는 문자형 데이터가 기록되어 있습니다.

근무 실적을 집계하는 근태 집계표는 엑셀 내장 함수로 계산이 어려운 일부 항목이 있습니다. 계산이 어려운 특근 시간 등은 함수 프로시저를 활용하여 사용자 정의 함수로 집계표에 적용하였습니다.

A) 근태 집계표와 사용자 정의 함수

아래 근태 집계표에서 흰색 부분은 엑셀 내장 함수를 사용하였으며 노란색 부분은 사용자 정의 함수를 사용하여 작성하였습니다.

<근태 집계표>

근무일수						휴무일수				특근시간		
주간	1근	2근	3근	휴근	계	휴일	연자	기타	계	시간외	휴근	야간

【 사용자 정의 함수 사용 항목 】

- **시간외** : 평일 특근 시간 계산   ☞ 수식 예) = 시간외(범위)

- **휴근**   : 휴일 근무 일수, 휴무 일수, 휴일 특근 시간 계산
  - ☞ 수식 예) 근무 일수 : = 휴근(범위,"W"), 휴무 일수 : = 휴근(범위,"O")
  - 특근 시간 : = 휴근(범위)

- **야간**   : 야간 할증 시간 계산 ☞ 수식 예) = 야간(범위)

B) 함수 프로시저 작성

근태 집계표에 사용자 정의 함수를 사용하기 위해 다음과 같이 함수 프로시저를 작성하였습니다.

- '시간외' 함수 프로시저 : 시간 외 특근 시간 계산
- '휴근' 함수 프로시저 : 휴일 특근 시간, 휴일 근무 일수, 휴일 휴무 일수 계산
- '야간' 함수 프로시저 : 야간 할증 근무 시간 계산

<프로시저> '시간외' 함수

- **시간외** 특근 시간 수식 : = 시간외(범위)

```
Function 시간외(범위1 As Range) As Integer    332_01  ''시간외' 함수
    Dim 항목1 As Range, 색1 As String
①   For Each 항목1 In 범위1
        색1 = 항목1.Interior.ColorIndex
②       If Not (색1 = 20 Or 색1 = 38) Then
            시간외 = 시간외 + Val(Mid(항목1, 2, 2))
        End If
    Next
End Function
```

① '시간외' 함수 : =시간외(범위1)
- 선택한 '범위1'의 각 셀을 순환하여 그 셀(항목1)의 배경색을 '색1' 변수에 할당

② '색1'이 하늘색(20) 또는 분홍색(38)이 아니면 (평일) '시간외' 변수 누적
- 문자와 결합된 숫자의 합 누적(Val, Mid 함수 사용) : S3 → 3

<프로시저> '휴근' 함수

    - 휴일 근무 시간 수식 : = 휴근(범위)

    - 휴일 근무 일수 수식 : = 휴근(E4:N4, "W")

    - 휴일 휴무 일수 수식 : = 휴근(E4:N4, "O")

```
①   Function 휴근(범위2, Optional 휴인수 As String = "Hr")    332_02
        For Each 항목2 In 범위2
            색2 = 항목2.Interior.ColorIndex
②       If 색2 = 20 Or 색2 = 38 Then
③           If 항목2.Value = "A" Or 항목2 = "B" Or 항목2 = "C" Then
                hh2 = 8
            Else: hh2 = 항목2.Value
            End If
            휴근시간 = 휴근시간 + hh2
            hh2 = 0
④           If 항목2 = "" Or 항목2 = 0 Then
                휴일휴무 = 휴일휴무 + 1
            Else: 휴일근무 = 휴일근무 + 1
            End If
        End If
    Next
⑤   If 휴인수 = "Hr" Then
        휴근 = 휴근시간
⑥   ElseIf 휴인수 = "W" Then
        휴근 = 휴일근무
    Else
⑦       휴근 = 휴일휴무
    End If
End Function
```

① '휴근' 함수 : = 휴근(범위2, 옵션) ※ 옵션 = 휴인수 (기본값 = 'Hr' : 생략 가능)

② '범위2'를 순환하면서 각 셀(항목2)의 바탕색이 휴일(색2 = 20 or 38) 이면

③ '항목2' 셀의 값이 'A', 'B', 'C'이면 휴일 근무 시간 (hh2) = 8, 아니면 hh2 = 셀 값

    - '휴근시간' 누적 : 휴근시간 = 휴근시간 + hh2

    - 'hh2' 변수 초기화 : hh2 = 0

④ '항목2' 셀 값이 없을 경우(공란 or 0) : '휴일휴무' 일수 누적
   - 아닐 경우(셀 값에 숫자가 있을 경우)는 '휴일근무' 일수 누적

⑤ 옵션 '휴인수' = "Hr" 이면 : 휴근 = 휴일 근무 시간 ☞ 수식 : = 휴근(범위2)

⑥ 옵션 '휴인수' = "W" 이면 : 휴근 = 휴일 근무 일수 ☞ 수식 : = 휴근(범위2, "W")

⑦ 그 외의 경우 : 휴근 = 휴일 휴무 일수 ☞ 수식 : = 휴근(범위2, "O")

<프로시저> '야간' 함수

   - 야간 할증 시간 수식 : = 야간(범위)

```
      Function 야간(범위3)          332_03        ' '야간' 함수
①        For Each 항목3 In 범위3
            If Left(항목3, 1) = "C" Then
                야간 = 야간 + 8
            End If
         Next
      End Function
```

① '야간' 할증 시간 함수 (= 야간(범위3))에서 선택한 '범위3'의 각 셀을 순환하면서 그 셀(항목3)의
   값이 'C'로 시작하면 '야간' 할증 시간 = 8시간씩 누적

4) 직원 조회/수정

급여 대장 파일에서 직원의 기본 정보와 급여 현황을 조회하고 조회한 결과를 수정하여 워크시트에 수정 기록할 때 사용할 수 있습니다.

A) 사용자 정의 폼 작성

사용자 정의 폼으로 '직원조회/수정' 메뉴를 작성합니다.

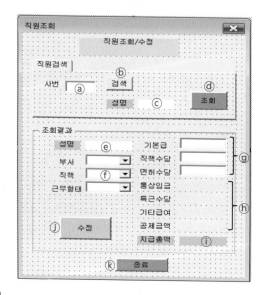

【 직원 조회 】

폼 메뉴에서 조회할 직원의 사번을 입력하고 '검색' 단추를 클릭하면 '성명' 레이블에 직원의 이름이 표시되면 확인한 후 '조회' 단추를 클릭합니다. 폼의 아래쪽 조회결과 화면에 조회한 직원의 기본 정보가 표시됩니다.

　조회 순서 : 사번ⓐ 입력 > '검색'ⓑ 클릭 > 성명ⓒ 표시 > ④'조회' 단추ⓓ 클릭
　　　☞ '조회결과' 화면 표시

【 정보 수정 】

조회된 '조회결과' 화면에서 기본 정보를 수정한 후 '수정' 단추를 클릭하면 폼에 입력한 내용으로 급여와 근태 시트에 수정 기록합니다.

　수정 순서 : 기본 정보ⓕⓖ 수정 >'수정' 단추ⓙ 클릭 ☞ 수정된 정보를 시트에 기록

---

(1) 컨트롤 속성 설정

항목		컨트롤	(이름)	초기값 설정
직원검색	ⓐ 사번	텍스트 상자	사번	1010
	ⓒ 성명	"	성명A	-
조회결과	ⓔ 성명	"	성명B	-
	ⓕ 직책 외	콤보 상자	직책 외	각각 설정
	ⓖ 기본급 외	텍스트 상자	기본급 외	"
	ⓗ 특근수당 외	레이블	특근수당 외	"
	ⓘ 지급총액	"	지급총액	"

(2) 직원 조회 순서

(a) 조회할 파일 열기 : 파일 조회 및 열기(직원 조회/수정 메뉴의 '실행' 단추 클릭)

- 경로에 조회할 파일이 작성되어 있는지 검색
- 검색하여 파일이 작성 안된 경우는 경고 메시지를 표시하고 파일 작성이 되어 있으면 파일 열기

(b) 폼 실행 및 정보 수정

- 사용자 정의 폼 '직원조회/수정' 메뉴 화면 표시
- 메뉴 화면이 표시되면 직원의 정보를 조회하고 수정

(c) 폼 닫기

B) 프로시저 작성

작성할 프로시저는 다음과 같습니다.

프로시저 종류	프로시저 이름	내용
Sub 프로시저	직원조회	실행 프로시저 (파일 열기, 사용자 정의 폼 실행)
	파일열기	직원 조회 프로시저의 서브 프로시저
사용자 정의 폼	직원조회	직원 조회, 수정 Main 화면
이벤트 프로시저	UserForm_Initialize	폼_초기화 (실행되는 폼 화면의 기본값 설정)
	검색_Click	사번을 검색하여 해당 직원 이름을 폼에 표시
	기본급_Change	기본급 항목 변경 시 실행되는 프로시저
	직책수당_Change	직책수당 항목 변경 시 〃
	면허수당_Change	면허수당 항목 변경 시 〃
	수정_Click	조회 화면에서 수정된 정보를 시트에 기록
	종료_Click	폼 닫기

<프로시저> 직원 조회

'Main 메뉴'에서 '직원 조회/수정' 메뉴의 년도/월을 선택하고 '실행' 단추를 클릭하면 '직원추가' 프로시저가 실행됩니다.

```
ⓐ   Public 파일명 As String
     Public mm As Integer          'mm=1 : 파일이 열려 있지 않은 정보
     Public 셀B As Range           '검색한 직원 이름

     Sub 직원조회()                 332_04
①      파일열기
②      If mm = 1 Then Exit Sub       '파일이 없으면 종료
③      UserForm1.Show
④      Workbooks(파일명).Save
⑤      ThisWorkbook.Worksheets("Main").Activate
     End Sub
```

ⓐ 2개 이상 프로시저에 공통으로 사용할 변수를 전역 변수로 선언

① 서브 프로시저 '파일열기' 프로시저 실행 ☞ 'Call 파일열기'로 대체 가능

② '파일열기' 서브 프로시저에서 가져온 프로시저 종료 정보 : mm 변수

　해당 급여 대장 파일이 없을 경우 '파일열기' 프로시저를 종료한 후 '직원추가' 프로시저도 종료해야 하므로 '파일열기'에서 종료를 위한 정보 mm 변수를 가져와서 종료

③ UserForm1.Show : 사용자 정의 폼 화면에 표시

④ 작업을 완료한 급여 대장 파일 저장

⑤ 'Main 메뉴'가 있는 'Main' 시트 활성화

<프로시저> 파일열기

　선택한 기간 동안의 급여 대장 파일이 열려 있는지 검색한 후 파일 열기

```
Sub 파일열기()                    332_05
    경로 = ActiveWorkbook.Path & "₩급여파일₩"
①   년도 = Format(ActiveSheet.[I8] + 2020, "####")
    월 = Format(ActiveSheet.[K8], "00")
    파일명 = 년도 & 월 & "급여대장.xlsm"
    Application.DisplayAlerts = False
②   For Each 파일 In Workbooks
③       If 파일.Name = 파일명 Then Exit For
        n = n + 1
        If n = Workbooks.Count Then
            경로파일 = 경로 & 파일명
            파일검색 = Dir(경로파일)
④           If 파일검색 = "" Then
                MsgBox 파일명 & "이 작성되지 않았습니다."
                mm = 1              "직원추가' 프로시저 종료를 위한 변수
                Exit Sub
            End If
⑤           Workbooks.Open Filename:=경로 & 파일명
        End If
    Next
    Application.DisplayAlerts = True
End Sub
```

① 급여 대장 편집 메뉴에서 입력된 '년도/월' 등의 변수를 '파일명'에 반영하여 파일 이름 정의

② 열려 있는 파일을 차례로 검색하여

③ 파일이 열려 있으면 For Each ~ Next 문 종료(다음 작업 진행할 수 있음)

④ 경로에 파일이 없으면 경고 메시지를 표시하고 프로시저 종료

⑤ 경로에 파일이 있으면 파일 열기

<프로시저> 폼_초기화 이벤트

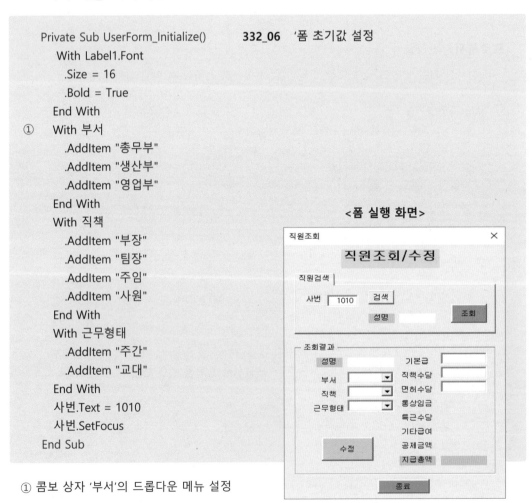

```
    Private Sub UserForm_Initialize()        332_06  '폼 초기값 설정
        With Label1.Font
            .Size = 16
            .Bold = True
        End With
①      With 부서
            .AddItem "총무부"
            .AddItem "생산부"
            .AddItem "영업부"
        End With
        With 직책
            .AddItem "부장"
            .AddItem "팀장"
            .AddItem "주임"
            .AddItem "사원"
        End With
        With 근무형태
            .AddItem "주간"
            .AddItem "교대"
        End With
        사번.Text = 1010
        사번.SetFocus
    End Sub
```

<폼 실행 화면>

직원조회/수정

① 콤보 상자 '부서'의 드롭다운 메뉴 설정

<프로시저> 검색_클릭 이벤트

입력한 사번에 해당하는 직원 이름 찾기 프로시저

```
        Private Sub 검색_Click ()                 332_07
①       On Error Resume Next
        Workbooks(파일명).Activate
②       Set 셀B = Worksheets("급여").Range("B4:B" & [B4].End(xlDown).Row).Find(사번).Offset(, 2)
③       성명A.Caption = 셀B.Value
        셀B.Select
④       If Err Then MsgBox "해당직원이 없습니다."
        On Error GoTo 0
        End Sub
```

① 오류 발생 무시(아래 Set 명령문에서 해당 개체가 없으면 오류 발생)

② '급여' 시트의 [B]열의 범위 ([B4] 셀부터 아래쪽으로 마지막 데이터 까지)를 대상으로 폼에 입력
   한 '사번'을 검색하여 찾은 결과의 셀에서 오른쪽 2번째 열(이름 열)을 개체변수 '셀B'에 할당

③ '성명A' 레이블에 '셀B' 값 표시

④ 오류가 발생하면 (Find 문의 검색 결과가 없으면) '해당직원이 없습니다.' 메시지 표시
   (Range 개체 명령문 'Find 메서드' 참조)

<프로시저> 조회_클릭 이벤트

검색된 직원의 정보를 폼에 표시하기 위한 프로시저

① Private Sub 조회_Click ()　　　**332_08**
```
        성명B.Caption = 셀B.Value
        부서.Text = 셀B.Offset(0, -1).Value
        직책.Text = 셀B.Offset(0, 1).Value
        근무형태.Text = 셀B.Offset(0, 2).Value
        기본급.Text = Format(셀B.Offset(, 3), "#,##0")
        직책수당.Text = Format(셀B.Offset(, 4), "#,##0")
        면허수당.Text = Format(셀B.Offset(, 5), "#,##0")
        통상임금.Caption = Format(셀B.Offset(, 7), "#,##0")
        특근수당.Caption = Format(셀B.Offset(, 15), "#,##0")
        기타급여.Caption = Format(셀B.Offset(, 18), "#,##0")
        공제금액.Caption = Format(-셀B.Offset(, 26), "#,##0")
        지급총액.Caption = Format(셀B.Offset(, 27), "#,##0")
    End Sub
```

① '조회'를 클릭하면 '검색_클릭 이벤트 프로시저에서 찾은 직원의 기본 정보를 읽어 사용자 정의
폼 '직원조회'의 각 컨트롤에 표시합니다.

<프로시저> 텍스트 상자_변경 이벤트

기본급 등 자료를 변경할 경우 폼에 표시되는 형식 지정

① Private Sub 기본급_Change()　　　**332_09**
② 　　기본급.Text = Format(기본급.Value, "#,##0")
```
    End Sub


    Private Sub 직책수당_Change()
      직책수당.Text = Format(직책수당.Value, "#,##0")
    End Sub


    Private Sub 면허수당_Change()
      면허수당.Text = Format(면허수당.Value, "#,##0")
    End Sub
```

① 텍스트 상자 '기본급' 내용을 변경하면 실행되는 이벤트 프로시저

② 텍스트 상자 '기본급'에 입력되는 내용을 "#,##0" 형식으로 표시

<프로시저> 수정_클릭 이벤트

　　폼에서 직원의 정보를 수정한 후 시트에 데이터를 수정 기록하는 프로시저

```
    Private Sub 수정_Click()        332_10              "수정" 단추 클릭
①     With 셀B
          .Offset(, -1) = 부서.Value
          .Offset(, 1) = 직책.Value
          .Offset(, 2) = 근무형태.Value
          .Offset(, 3) = 기본급.Value
          .Offset(, 4) = 직책수당.Value
          .Offset(, 5) = 면허수당.Value
②     b행 = .Row
       End With
③     통상임금.Caption = Format(셀B.Offset(, 7), "#,##0")
       특근수당.Caption = Format(셀B.Offset(, 15), "#,##0")
       기타급여.Caption = Format(셀B.Offset(, 18), "#,##0")
       공제금액.Caption = Format(-셀B.Offset(, 26), "#,##0")
       지급총액.Caption = Format(셀B.Offset(, 27), "#,##0")
④     기본급.SetFocus
⑤     With Workbooks(파일명).Worksheets("근태")
          .Cells(b행, 4) = 직책.Value
          .Cells(b행, 5) = 근무형태.Value
       End With
    End Sub
```

① 전역 변수로 선언한 '셀B' 셀에서 부터 왼쪽 1열에 '부서' 값, 오른쪽 1열에 직책 값 등 기록

② '셀B' 행 번호를 nn 변수에 할당

③ ①항에서 시트에 기록한 값을 '직원조회' 폼의 각 컨트롤에 다시 표시

④ 기본급 컨트롤에 커스 표시

⑤ '근태' 시트의 해당 행(nn)의 4, 5번열([D], [E]열)에 변경된 직책, 근무 형태의 값 기록

《실행 결과 예》

'Main 메뉴'에서 2021년 3월ⓐ을 선택하고 '조회/수정' 메뉴의 '실행' 단추ⓗ를 클릭하면

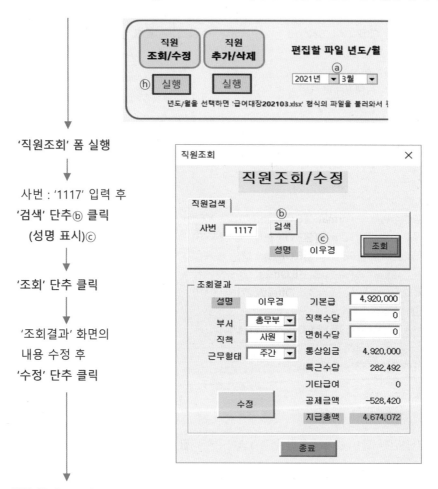

'직원조회' 폼 실행

사번 : '1117' 입력 후
'검색' 단추ⓑ 클릭
(성명 표시)ⓒ

'조회' 단추 클릭

'조회결과' 화면의
내용 수정 후
'수정' 단추 클릭

실행 결과 : '급여', '근태' 시트의 해당 직원의 정보 수정

	A	B	C	D	E	F	G	H	I	J	K	L	M
1		**2021년 3월 급여대장**											
2		사번	부서	성명	직책	근무형태	기본금	수당			통상임금		특ᵁ
3								직책수당	면허수당	계	합계	통상시급	시간외
4		1010	총무부	김기재	부장	주간	6,310,000	500,000	10	500,010	6,810,010	32,584	-
5		1147	총무부	구봉기	팀장	주간	5,630,000	300,000	-	300,000	5,930,000	28,374	-
6		1117	총무부	이우경	사원	주간	4,920,000	50,000	-	50,000	4,970,000	23,780	4
7		1169	총무부	이준재	사원	주간	4,800,000	-	-	-	4,800,000	22,967	4

직원 정보 수정

<프로시저> 종료_클릭 이벤트

① Private Sub 종료_Click()   **332_11**
       Unload UserForm1
    End Sub

① '종료' 단추를 클릭하면 실행되는 이벤트 프로시저
   - 사용자 정의 폼 'UserForm1'을 닫음

5) 직원 추가/삭제

직원이 입사하거나 퇴직할 경우 사용하는 메뉴 항목입니다.

'급여대장' 파일의 '근태' 시트와 '급여' 시트에 직원을 추가하거나 삭제할 수 있습니다

A) 사용자 정의 폼 작성

사용자 정의 폼으로 '직원추가/삭제' 메뉴를 작성합니다.

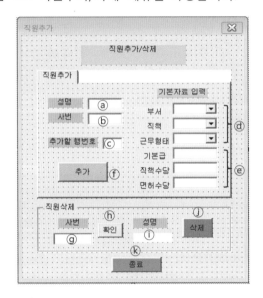

【 직원 추가 】

폼 메뉴에 추가할 성명ⓐ, 사번ⓑ 등 기본 정보를 폼의 컨트롤에 입력하고 '추가할 행번호'ⓒ를 입력한 후 '추가' 단추ⓕ를 클릭하면

급여 대장의 근태 시트와 급여 시트에 행을 추가한 후 기본 정보가 추가되고 수식이 필요한 항목은 인접 셀의 수식을 복사하여 편집합니다.

추가 순서 : 성명 기본 자료 및 추가할 행 번호를 입력한 후 직원 추가
성명ⓐ, 사번ⓑ, 추가할 행번호ⓒ, 부서 등ⓓ, '기본급 등ⓔ 입력
> '추가' 단추ⓕ 클릭 ☞ 직원 추가 실행 (시트에 기록)

【 직원 삭제 】

삭제할 사번 입력 후 '확인' 단추 클릭하여 직원의 이름을 확인하고 직원 삭제

삭제 순서 : 사번ⓖ 입력 > '확인'ⓗ 클릭 > 성명ⓘ 표시 > '삭제'ⓙ 클릭 ☞ 삭제 실행

---

(1) 컨트롤 속성 설정

항목		컨트롤	(이름)	초기값 설정
직원추가	ⓐ 성명	텍스트 상자	성명	-
	ⓑ 사번	"	사번	1111
	ⓒ 추가할 행번호	"	추가행	11
	ⓓ 부서 등	콤보 상자	부서 , 직책, 근무형태	각각 설정
	ⓕ 기본급, 등	텍스트 상자	기본급, 직책수당, 면허수당	각각 설정
직원삭제	ⓖ 사번	텍스트 상자	사번2	11
	ⓘ 성명	레이블	성명2	

(2) 직원 추가/삭제 순서

(a) 추가/삭제할 파일 열기 : 파일 조회 및 열기(메뉴 화면에서 '실행' 단추 클릭)

- 경로에 조회할 파일이 작성되어 있는지 검색
- 검색하여 파일 작성이 되어 있으면 파일 열기

('직원조회' 프로시저에서 작성한 '파일열기' 프로시저를 서브 프로시저로 활용)

(b) 폼 실행 및 직원 추가/삭제

- 사용자 정의 폼 '직원추가/삭제' 메뉴 화면 표시
- 메뉴 화면이 표시되면 직원을 추가하거나 삭제

(c) 폼 닫기

B) 프로시저 작성

작성할 프로시저는 다음과 같습니다.

프로시저 종류	프로시저 이름	내용
Sub 프로시저	직원추가	실행 프로시저('파일 열기' 서브 프로시저 활용)
사용자 정의 폼	직원조회	직원 추가/삭제 Main 화면
이벤트 프로시저	UserForm_Initialize 기본급_변경 외 추가_Click 확인_Click 삭제_Click	폼_초기화(실행되는 폼 화면의 기본값 설정) 기본급, 직책수당, 면허수당 항목 변경 시 실행 '직원추가' 화면에서 수정된 정보를 시트에 기록 입력한 사번에 해당하는 직원의 이름 표시 확인한 직원 삭제

<프로시저> 직원 추가

'Main 메뉴'에서 '직원 추가/삭제' 메뉴의 '년도/월'을 선택하고 '실행' 단추를 클릭

```
Sub 직원추가()                    332_12
①    파일열기
②    If mm = 1 Then Exit Sub            '파일이 없으면 종료
③    UserForm2.Show
④    Workbooks(파일명).Save
⑤    ThisWorkbook.Worksheets("Main").Activate
End Sub
```

① 서브 프로시저 '파일열기' 프로시저 실행

② '직원조회' 프로시저 설명 참조

③ UserForm1.Show : 사용자 정의 폼 화면에 표시

④ 작업을 완료한 급여 대장 파일 저장

⑤ 'Main 메뉴'가 있는 'Main' 시트 활성화

<プロシジャ> 폼_초기화 이벤트

```
Private Sub UserForm_Initialize()        332_13   '폼 초기값 설정
    With Label1.Font
        .Size = 16
        .Bold = True
    End With
    사번.Value = 1111
    추가행.Value = 11
①   With 부서
        .AddItem "총무부"
        .AddItem "생산부"
        .AddItem "영업부"
②       .Value = "생산부"
    End With
③   With 직책
        .AddItem "부장"
        .AddItem "팀장"
        .AddItem "주임"
        .AddItem "사원"
        .Value = "사원"
    End With
    With 근무형태
        .AddItem "주간"
        .AddItem "교대"
        .Value = "주간"
    End With
    기본급.Text = Format(3700000, "#,##0")
    직책수당.Value = 0
    면허수당.Value = 0
    사번2.Value = 1111
    성명.SetFocus
End Sub
```

<폼 실행 화면>

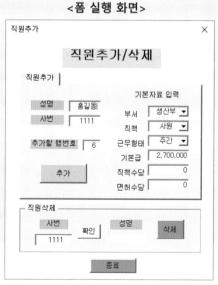

① 콤보 상자 '부서'의 드롭다운 항목 설정

② 콤보 상자 '부서'의 초기값 설정

③ 콤보 상자 '직책'의 드롭다운 항목 설정

<프로시저> 텍스트 상자_변경 이벤트

기본급등 자료를 변경할 경우 폼에 표시되는 형식 지정

```
Private Sub 기본급_Change()                    332_14
    기본급.Text = Format(기본급.Value, "#,##0")
End Sub


Private Sub 직책수당_Change()
    직책수당.Text = Format(직책수당.Value, "#,##0")
End Sub


Private Sub 면허수당_Change()
    면허수당.Text = Format(면허수당.Value, "#,##0")
End Sub
```

<프로시저> 확인_클릭 이벤트

폼에서 직원을 삭제하기 전 사번을 입력하여 직원의 이름을 확인하는 프로시저

```
    Private Sub 확인_Click()                    332_15
        Set 시트B = Workbooks(파일명).Worksheets("급여")
        On Error Resume Next
①       Set 셀C = 시트B.Range("B4:B" & [B4].End(xlDown).Row).Find(사번2)
②       성명2.Caption = 셀C.Offset(, 2).Value
③       If Err Then MsgBox "해당직원이 없습니다."
④       삭제행 = 셀C.Row
        On Error GoTo 0
    End Sub
```

① 폼의 직원추가 메뉴의 '사번'에 입력된 사번을 [B]열에서 검색하여 찾은 셀을 '셀C' 변수에 할당

② 찾은 셀(셀C)에서 오른쪽 두 번째 셀(이름)을 폼의 '성명' 레이블에 표시

③ 오류가 발생하면(①항의 검색 결과가 없음) MsgBox로 경고 표시

④ 찾은 셀의 행 번호를 '삭제행' 변수에 할당 (삭제_클릭 이벤트 프로시저에서 활용)

<프로시저> 추가_클릭 이벤트 : 직원의 전입으로 직원 정보를 추가하는 프로시저

- 폼에 입력한 정보를 '근태'와 '급여' 시트에 추가 후 정보 기록
- 행을 추가할 때 일반 행 추가(자동 서식 작성)와 마지막 행 추가를 구분하여 작성

```
      Private Sub 추가_Click()        332_16            ' '추가' 단추 클릭
          Dim 행1 As Integer
          Set 시트A = Workbooks(파일명).Worksheets("근태")
          시트A.Activate
          행1 = 추가행.Value
①       If 행1 < 시트A.[C4].End(xlDown).Row Then
              시트A.Rows(행1).Insert shift:=xlDown
              시트A.Range("AL" & 행1 - 1 & ":AX" & 행1 - 1).Copy
              시트A.Range("AL" & 행1).PasteSpecial xlPasteFormulas
②       Else
              행1 = 시트A.[C4].End(xlDown).Row + 1
              시트A.Rows(행1 - 1).Insert shift:=xlDown
              시트A.Range("B" & 행1 & ":AX" & 행1).Copy
              시트A.Range("B" & 행1 - 1).PasteSpecial xlPasteFormulas      '원 데이터
              시트A.Range("B" & 행1 & ":AJ" & 행1).ClearContents
              시트A.Range("AL" & 행1 - 1 & ":AX" & 행1 - 1).Copy            '사용자 함수 재계산용
              시트A.Range("AL" & 행1).PasteSpecial xlFormulas
          End If
③       시트A.Cells(행1, 2) = 사번
          시트A.Cells(행1, 3) = 성명
          시트A.Cells(행1, 4) = 직책
          시트A.Cells(행1, 5) = 근무형태
          Set 시트B = Workbooks(파일명).Worksheets("급여")
          시트B.Activate                                                    '실행 비쥬얼 용
④       If 행1 > 시트B.[C4].End(xlDown).Row Then
              행1 = 시트B.[C4].End(xlDown).Row + 1
              시트B.Rows(행1 - 1).Insert shift:=xlDown
              시트B.Range("B" & 행1 & ":AE" & 행1).Copy
              시트B.Range("B" & 행1 - 1).PasteSpecial xlPasteFormulas
⑤       Else
              시트B.Rows(행1).Insert shift:=xlDown
              시트B.Range("J" & 행1 - 1 & ":AE" & 행1 - 1).Copy
              시트B.Range("J" & 행1).PasteSpecial xlPasteFormulas
          End If
```

```
            Application.CutCopyMode = False
    ⑥      With 시트B.Cells(행1, 2)
                .Value = 사번
                .Offset(, 1) = 부서
                .Offset(, 2) = 성명
                .Offset(, 3) = 직책
                .Offset(, 4) = 근무형태
                .Offset(, 5) = 기본급.Value
                .Offset(, 6) = 직책수당.Value
                .Offset(, 7) = 면허수당.Value
            End With
            시트B.Cells(행1, 1).Select
            기본급 = 3700000
            성명.SetFocus
        End Sub
```

('근태' 시트 직원 정보 추가)

① 추가할 행('행1' 변수)이 마지막 행 이상이 아닐 경우
  - 행을 추가한 후 이전 행의 [AL:AX]열 수식을 복사하여 붙여넣기

② Else : 마지막 행 이상의 행일 경우
    - 마지막 이전의 행을 추가한 후 마지막 행의 수식을 포함한 내용을 추가한 행에 복사하여 붙여
      넣기 (PasteSpecial xlPasteFormulas)
    - 마지막 행의 [B:AJ]열의 내용은 당초 추가 전 마지막 직원의 실적이므로 내용 지우기
      (ClearContents)
    - 사용자 정의 함수가 재계산되도록 [AL:AX]열의 수식을 재복사하여 붙여 넣기

③ 추가된 행의 2~5열 ([B:E]열)에 폼에서 입력 받은 기본 자료 기록

('급여' 시트 직원 정보 추가)

④ 추가할 행이 마지막 행 이상의 행이면
    - 마지막 행의 앞에 행을 추가한 후 마지막 행의 수식을 포함한 내용을 추가한 행에 복사하여
      붙여넣기

⑤ Else : 마지막 행이 아닐 경우
    - 행을 추가한 후 이전 행의 [J:AE]열 수식을 복사하여 붙여넣기

⑥ 추가된 행의 2~9열에 폼에서 입력 받은 기본 자료 기록

《실행 결과 예》

'Main 메뉴'에 2021년 1월을 선택ⓐ하고 추가/삭제 메뉴의 '실행' 단추ⓘ 클릭

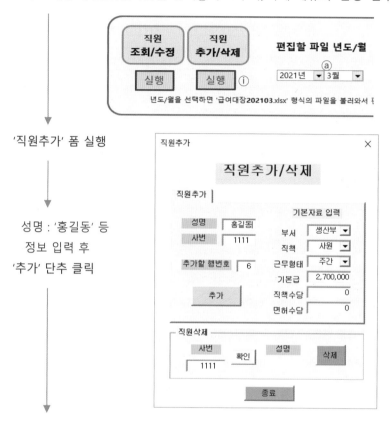

'직원추가' 폼 실행

성명 : '홍길동' 등
정보 입력 후
'추가' 단추 클릭

실행 결과 : '근태', '급여' 시트의 3번 행에 '홍길동' 정보 추가 기록

<프로시저> 삭제_클릭 이벤트

삭제할 직원의 이름을 확인한 후 '삭제' 단추를 클릭하여 삭제

('근태'와 '급여' 시트의 직원 정보 삭제)

```
ⓐ   Public 삭제행 As Integer
①   Private Sub 삭제_Click()          332_17
        Set 시트A = Workbooks(파일명).Worksheets("근태")
        Set 시트B = Workbooks(파일명).Worksheets("급여")
        az = 시트A.[C4].End(xlDown).Row
②      For Each 시트D In Array(시트A, 시트B)
            시트D.Rows(삭제행).Delete shift:=xlUp
        Next
③      시트A.[AL4:AX4].Resize(az - 4, 13) = 시트A.[AL4:AX4].Formula
        기본급 = 3700000
        성명.SetFocus
    End Sub
```

ⓐ '삭제행' 변수를 전역 변수로 선언 : 확인_Click 이벤트 프로시저에서 할당된 삭제할 행을 이 프로시저에서 사용할 수 있도록 전역 변수 선언

① '삭제' 단추를 클릭하면 실행되는 이벤트 프로시저

② '근태' 시트와 '급여' 시트의 해당 행을 삭제

③ '근태' 시트의 사용자 정의 함수 항목을 재기록(사용자 함수 재계산을 위한 재 기록)
  - 함수가 있는 첫째 행 [AL4:AX4] 범위를 아래쪽으로 마지막 데이터까지 확장하여(Resize) 그 범위에 첫째 행의 수식 기록

<프로시저> 종료_클릭 이벤트

```
①   Private Sub 종료_Click()
        Unload UserForm2
    End Sub
```

① '종료' 단추를 클릭하면 실행되는 이벤트 프로시저
  - 사용자 정의 폼 'UserForm1'을 닫음

6) 근태 집계표 검증

사용자 정의 함수로 작성된 근태 집계표의 근태 실적이 정확한지 검증하는 메뉴입니다.

Sub 프로시저로 근태 실적을 계산하여 근태 집계표의 결과와 비교하여 검증합니다.

A) 검증 방법

사용자 정의 함수로 계산한 '근태 집계표'는 [AL]~[AX] 열에 작성되어 있습니다.

[AZ]~[BL] 열에 '근태 집계표' 서식을 추가한 후 Sub 프로시저로 계산한 결과에서 사용자 정의 함수로 계산한 결과를 빼기하여 근태 집계표를 검증하며 추가한 서식에 결과를 기록합니다.

<추가된 서식>

AZ	BA	BB	BC	BD	BE	BF	BG	BH	BI	BJ	BK	BL

근무일수						휴무일수				특근시간		
주간	1근	2근	3근	휴근	계	휴일	연차	기타	계	시간외	휴근	야간

【 근태 집계표 각 항목 검증 방법 】

- 근태 집계표 서식 추가 : [AZ:BL] 열에 서식 추가
- ⓐ 사용자 정의 함수로 집계된 [AL:AX]열의 데이터
- ⓑ Sub 프로시저로 산출한 근태 실적 데이터
- ⓐ에서 ⓑ를 뺀 결과를 추가한 서식 [AZ:BL] 열에 기록
- 추가된 서식의 결과가 0이면 사용자 정의 함수로 계산된 결과가 검증됨

B) 프로시저 작성

작성할 프로시저 : 근태 검증 프로시저('파일열기' 프로시저 : 서브 프로시저로 활용)

<프로시저> 근태 검증

```
Sub 근태검증()                    332_18
①   파일열기
    Set 시트B = Workbooks(파일명).Worksheets("근태")
    bz = 시트B.[C4].End(xlDown).Row              '아래쪽 마지막 데이터 행 번호
    dz = 시트B.[F3].End(xlToRight).Column        '최종 일자 열 번호
②   시트B.[AL:AX].Copy
    시트B.[AZ1].PasteSpecial xlPasteFormats
    시트B.[AL2:AX3].Copy [AZ2]
    With 시트B.[AZ1]
       .Activate                                '비쥬얼 용
       .Value = "근태검증 : 각 셀의 값이 0 이면 이상없음"
       .Font.Bold = True
③   End With
    Application.CutCopyMode = False             '복사 후 이동 테두리 해제

④   For Each 직원 In Range("C4:C" & bz)        '각 행 순환문
       m행 = 직원.Row
       ws = 0                                   '주간 근무 일수 초기화
       wa = 0                                   '1근      "
       wb = 0                                   '2근      "
       wc = 0                                   '3근      "
       wh = 0                                   '휴일      "
       oh = 0                                   '휴일 휴무 일수 초기화
       oy = 0                                   '연차일수        "
       oo = 0                                   '기타 휴무 일수  "
       ho = 0                                   '시간외 근무 시간 초기화
       hh = 0                                   '휴일          "
⑤     hn = 0                                   '야간          "
       For k = 6 To dz                          '1일~마지막 일자까지 순환
          Set 셀D = 시트B.Cells(m행, k)         '근태표 각 셀
          색1 = 셀D.Interior.ColorIndex         '각 셀 바탕색
          셀DA = 셀D.Value                       '각 셀 값
          셀DB = Left(셀DA, 1)                   '각 셀 값의 왼쪽 문자
```

```
        ho = ho + Val(Mid(셀DA, 2, 2))           '누적 시간외 근무 시간
        Select Case 셀DB                         '셀DB에 따라
            Case "S": ws = ws + 1                'S 이면 주간 근무 일수 누적
            Case "A": wa = wa + 1                'A 이면 1근 근무        〃
            Case "B": wb = wb + 1                'B 이면 2근 근무        〃
⑥           Case "C": wc = wc + 1: hn = hn + 8   '야간 근무 일수, 시간 누적
            Case "Y": oy = oy + 1                'Y'면 연차일수 누적
            Case Else:                           '셀 DB가 S, A, B, C, Y가 아닐 경우
⑦               If Not (색1 = 20 Or 색1 = 38) Then oo = oo + 1
        End Select
        If 색1 = 20 Or 색1 = 38 Then              '휴일'일 경우
            If 셀DB = "A" Or 셀DB = "B" Or 셀DB = "C" Then    '교대근무
            wh = wh + 1                          '휴일 근무 일수 누적
            hh = hh + 8                          '휴일 근무 시간 누적
            Else                                 '교대근무가 아닐 경우
                If Val(셀DB) > 0 Then             '셀 값이 0이상이면
                    wh = wh + 1                  '휴일 근무 일수 누적
                    hh = hh + Val(셀DB)           '휴일 근무 시간 누적
                Else: oh = oh + 1                '아니면 휴일 휴무 일수 누적
                End If
            End If
        End If
    Next
⑧   With 시트B.Cells(m행, 38)
        .Offset(, 14) = ws - .Value
        .Offset(, 15) = wa - .Offset(, 1)
        .Offset(, 16) = wb - .Offset(, 2)
        .Offset(, 17) = wc - .Offset(, 3)
        .Offset(, 18) = wh - .Offset(, 4)
        .Offset(, 20) = oh - .Offset(, 6)
        .Offset(, 21) = oy - .Offset(, 7)
        .Offset(, 22) = oo - .Offset(, 8)
        .Offset(, 23) = "=sum(RC[-3]:RC[-1])"
        .Offset(, 24) = ho - .Offset(, 10)
        .Offset(, 25) = hh - .Offset(, 11)
        .Offset(, 26) = hn - .Offset(, 12)
⑨   End With
    Next
```

```
        시트B.[AZ1].Select
⑩      합 = WorksheetFunction.Sum(Range("AZ4:BL" & bz))
        If 합 = 0 Then
            MsgBox ("근태실적 이상 없습니다.")
        Else: MsgBox ("근태실적이 " & 합 & " 차이가 있습니다.")
⑩      End If
        ThisWorkbook.Activate
    End Sub
```

① '파일열기' 서브 프로시저 실행

②~③ 기존 '근태 집계표' 서식을 복사하여 비교 결과를 기록할 서식 생성

④~⑤ 근태 집계표의 각 항목을 변수화하여 초기화(= 0)

⑥ '셀DB' 변수의 왼쪽 문자가 C이면 3근 근무 일수(wc)를 누적하고 야간 할증 시간(hn) 누적

⑦ '휴일'이 아니면 기타 휴무일수(oo) 누적

⑧~⑨ 항목별 누적된 결과에서 사용자 정의 함수로 계산된 결과를 빼기하여 표에 기록

⑩ 비교한 결과의 전체 셀의 합을 '합' 변수에 할당하고
   - 합 = 0 이면, MsgBox로 이상이 없다는 표시를 하고
   - 아니면, 차이가 있다는 MsgBox로 표시

《실행 결과 예》

근태검증 메뉴에서 '2021년 1월'ⓐ를 선택하고 '실행' 단추ⓙ를 클릭하면 2021년 1월 급여 대장 파일을 불러와서 근태 실적을 검증한 결과를 보여줌

(결과 : 사용자 정의 함수로 계산한 결과와 검증 프로시저로 계산한 결과가 동일함 : 이상 없음)

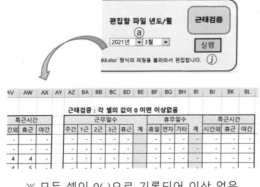

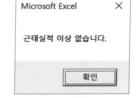

※ 모든 셀이 0(-)으로 기록되어 이상 없음.

7) 근태 현황 파일 작성

Main 메뉴의 근태 현황 항목에서 작성할 (년도)를 선택ⓒ하고 작성할 (기간)의 '월'ⓒ을 선택하여 '작성' 단추ⓚ를 클릭하면 새로운 근태 현황 통합 파일이 만들어집니다.

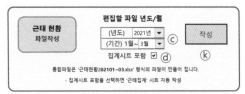

A) 파일 작성 내용

【 파일 이름 】 '2021년1~3월 근태현황.xlsx' 형식으로 파일을 생성하여 저장

【 시트 이름 】 1월부터 선택한 월까지 '근태' 시트를 '01월', '02월' 형식으로 이름 부여

※ 사용자 정의 함수가 있는 함수 프로시저는 제외하고 새 파일 만들기

(재계산 오류, 프로시저 충돌 오류 등 방지)

【 옵션 선택 】 (집계시트 포함)ⓓ : 선택하면 해당 기간의 '근태집계' 시트 추가

- '근태집계' 시트는 아래 형식으로 기록

- 제목 행에 1행을 추가하여 '합계', 월별 (1월, 2월 ~~) 제목 추가 작성

- '근태집계' 시트 내용 구성 : 최종 월 기준으로 시트 구성 후 직원 추가

  예) 1~3월의 시트 작성 : 3월 근태 시트를 '근태집계' 시트로 이름을 변경한 후 1~2월 근태 실적을 '근태집계' 시트에 누적 기록하고 행 추가 후 직원 추가 기록

- '합계' 표는 '각 월'의 해당 셀 값을 더하는 수식으로 표시

《실행 결과 예》 '집계시트 포함' 선택

(파일 이름) 📄 2021년1~3월근태현황

(작성된 시트) ◀ ▶ 근태집계 | 01월 | 02월 | 03월 | ⊕

('근태집계' 시트 작성 예) ⬇

B) 프로시저 작성

작성할 프로시저는 다음과 같습니다.

- 근태 현황 : 각 월의 근태 실적을 1개 파일로 파일 통합
- 집계표 : 통합된 파일의 월별 근태 실적을 '근태집계' 시트에 집계하여 기록

<프로시저> 근태 현황

월별 근태 실적을 집계하여 근태 현황 파일 작성

```
Sub 근태현황()                  332_19

①    경로 = ActiveWorkbook.Path & "₩"
②    년도 = Format(ActiveSheet.[J15] + 2020, "####")
      월 = ActiveSheet.[J16]
      집계 = ActiveSheet.[Q15]
      근태파일명 = 년도 & "년1~" & 월 & "월 근태현황.xlsx"
      Application.DisplayAlerts = False

③    For m = 1 To 월
         검파일명 = 년도 & Format(m, "00") & "급여대장.xlsm"
         검파일 = 경로 & "급여대장₩" & 검파일명
         파일검색 = Dir(검파일)
         If 파일검색 = "" Then
            MsgBox 검파일명 & "이 작성되지 않았습니다."
            Exit Sub
         End If
      Next m
      Workbooks.Add
④    If Worksheets.Count < 월 Then
         Worksheets.Add Count:=월 - Worksheets.Count
      End If
      ActiveWorkbook.SaveAs Filename:=경로 & 근태파일명

⑤    For m = 1 To 월
         파일명 = 년도 & Format(m, "00") & "급여대장.xlsm"
         경로파일 = 경로 & "급여대장₩" & 파일명
```

```
                Workbooks.Open Filename:=경로파일
⑥               With Workbooks(파일명).Sheets("근태")
                    .Columns("A:AX").Copy Destination:=Workbooks(근태파일명).Sheets(m).[A1]
                    .Range("AL4:AX" & [C4].End(xlDown).Row).Copy
⑦               End With
                With Workbooks(근태파일명).Sheets(m)
                    .[AL4].PasteSpecial xlPasteValues
                    .Name = Format(m, "00") & "월"
                End With
                Workbooks(파일명2).Close
            Next m
⑧       If 집계 = True Then 집계표          "집계표' 프로시저 실행
            Workbooks(근태파일명).Save
            Application.DisplayAlerts = True
        End Sub
```

① 'Main 메뉴' 파일의 저장된 경로를 읽고

② 'Main 메뉴'에 '년도/월', '집계시트 포함여부'의 입력된 결과를 읽어 변수에 할당
   (컨트롤 서식 지정에서 셀 연결에 지정된 셀)

③ 소스 파일(급여 대장)이 작성되었는지 검색(For ~ Next 문)
   - 해당 경로(~₩급여대장₩)에 월별 소스 파일이 있는지 검색(Dir 문)하여 없을 경우 MsgBox로
     경고 표시 후 프로시저 종료

④ 새 파일 생성(Add 문)후 해당 (기간)만큼 시트를 추가한 후 파일 저장

⑤ 소스 파일을 한 개씩 열어(For ~ Next 문)

⑥ 소스 파일을 한 개씩 차례로 '근태' 시트에 데이터가 있는 열[A:AX]을 새 파일의 시트에 복사하
   고(서식 포함 복사)

⑦ 소스 파일의 수식이 입력된(사용자 정의 함수 포함) 셀 범위[AL:AX]를 복사하여 새 파일의 시트
   에 값 복사(재계산, 오류 방지)
   - 새 파일의 시트 이름을 "00월" 형식으로 변경하고
   - 소스 파일을 닫고(Close) 순환(Next)

⑧ 집계 = True('Main 메뉴'에서 '집계시트 포함 여부' 체크)이면 '집계표' 프로시저 실행

<프로시저> '근태집계' 시트 작성

(a) '근태집계' 시트 작성 내용(프로시저에 반영할 사항)

- '근태집계' 시트 구성 : 월별 근태 실적 및 합계 근태 실적

    . 합계 근태 실적 : 월별 근태 실적을 수식으로 합계 (최종 월의 실적 기준으로 작성)

- 제목행 서식 수정 : 1행 추가한 후 셀 서식 편집

    . 추가된 행에 아래 그림과 같이 항목 추가 : '합계', '1월', ~~ 기록

- 월별 퇴사자 및 입사자 반영

    . '근태집계' 시트는 월별 시트에 비해 입사자 수 만큼 행을 추가하여 직원 추가 기록

- '합계' 항목 작성 : 각 월의 직원별 셀 값을 더하는 수식 기록

《실행 결과 예》 '근태집계' 시트

(b) 프로시저의 주요 흐름

- 마지막 월의 시트를 복사하여 1번 시트로 한 후 '근태집계'로 이름 변경

- '근태집계' 시트에 불필요한 [F:AK]열을 삭제하고
    → 근태 데이터 [AL:AX]열 만 남아 열번호 [F:R]로 위치 변경

- 제목 행에 1행을 추가한 후 2~4행의 서식을 위의 그림처럼 제목 행 변경

- [F:R]열을 해당 월 수만큼 복사하여 월별 실적 항목으로 활용

- '근태집계' 시트에 입력된 데이터는 모두 지움(최종 월 데이터만 유지)

- 월별 시트의 데이터를 '근태집계' 시트의 월별 항목에 '성명' 항목을 비교하여 해당 '성명'의 근태 실적 데이터 기록

- '근태집계' 시트의 각 항목 : 수식 기록(월별 시트의 항목별 합)

```vb
ⓐ   Dim 근태파일명 As String
     Dim 년도 As Integer, 월 As Integer

     Sub 집계표()                          332_20

         Set 파일E = Workbooks(근태파일명)
①        파일E.Activate
|        파일E.Sheets(Format(월, "00") & "월").Copy before:=Sheets(1)
①        파일E.Sheets(1).Name = "근태집계"
         Set 시트E = 파일E.Sheets("근태집계")
         ez = 시트E.[C4].End(xlDown).Row              "'근태집계' 시트의 마지막 행
         Columns("F:AK").Delete                       '불필요한 범위 삭제
②        시트E.[B1] = 년도 & "년1~" & 월 & "월 근태현황"
         시트E.[A3].EntireRow.Insert                   '제목행 서식편집
         시트E.[F2:R2].Copy
         시트E.[F3].PasteSpecial
|        With 시트E.[F2:R2]
             .ClearContents
             .Merge                                   '셀 병합
             .Borders(xlEdgeBottom).Weight = xlThin   '아래 경계선 그리기
②        End With

③        시트E.[F:R].Copy
         For m = 1 To 월
             시트E.Cells(1, m * 13 + 6).PasteSpecial
|            시트E.Cells(2, m * 13 + 6) = m & "월"
             시트E.[C4].Select
         Next
③        시트E.[F2] = "합계"
④        시트E.Range(Cells(5, 6), Cells(ez + 1, 월 * 13 + 4)).ClearContents
         ez = 시트E.[C5].End(xlDown).Row              "'근태집계' 시트의 마지막 행 재 설정
                                                        (추가행 포함)
⑤        For m = 1 To 월 - 1
             Set 시트M = 파일E.Sheets(Format(m, "00") & "월")
             mz = 시트M.[C4].End(xlDown).Row          '각 월 시트의 마지막 행
             m행 = 0
⑥            For Each 셀M In 시트M.Range("C4:C" & mz) '각 월 시트 이름 순환
                 이름M = 셀M.Value
```

```
                  e = 0                                          "근태집계'의 첫 이름[C5]에서 Offset 값
⑦         Do While 시트E.[C5].Offset(e) <> ""              '근태집계' 시트 이름 순환
              이름E = 시트E.[C5].Offset(e).Value
⑧            If 이름E = 이름M Then
                e행 = 시트E.[C5].Offset(e).Row             "근태집계' 시트의 현재 행
                For r = 1 To 13                             '가로 방향으로 데이터 기록
                    시트E.Cells(e행, m * 13 + r + 5) = 시트M.Cells(m행 + 4, r + 37).Value
                Next
                Exit Do
              End If
              e = e + 1                                     "근태집계' 시트 이름 Offset 값
⑨            If e = ez - 5 And 셀M.Offset(1) <> "" Then               '누락된 직원
                시트E.Range("C" & e행 + 1).EntireRow.Insert
                시트E.Range("C" & e행 + 1 & ":E" & e행 + 1) = 셀M.Resize(1, 3).Value
                시트E.Range("B" & e행 + 1 & ":B" & e행 + 2) = "=R[-1]C+1"
                For r = 1 To 13
                    시트E.Cells(e행 + 1, m * 13 + r + 5) = 시트M.Cells(m행 + 4, r + 37).Value
                Next
                ez = ez + 1
                Exit Do
              End If
          Loop
          m행 = m행 + 1
      Next
    Next

⑩    For Each 셀E In 시트E.Range("F5:F" & ez)
⑪       수식 = "=Sum(RC[13]"
         For i = 2 To 월
           수식 = 수식 & ",RC[" & 13 * i & "]"
         Next
⑪       수식 = 수식 & ")"
⑫       For j = 0 To 12
           셀E.Offset(0, j) = 수식
         Next
      Next
      Workbooks(근태파일명).Save
    End Sub
```

ⓐ **전역 변수 '근태파일명', '년도', '월' 선언** (프로시저 시작 전 선언)
  - 동일 Module내에 다른 프로시저에서 공동 사용 (Dim 문)

① '근태현황' 파일의 마지막 월의 시트를 복사하여 1번 시트로 하여 시트 이름을 '근태집계'로 변경

② 2~4행(제목 행)의 서식을 적절하게 변경

③ [F:R]열을 복사하여 작성할 월의 수 만큼 삽입한 후 2행에 '합계', '1월', '2월', ~~ 등 제목 추가
  (모든 시트의 내용이 '마지막 월' 시트 데이터임)

④ 데이터가 포함된 범위의 내용 지우기(ClearContents)
  - 마지막 월 데이터 제외 (마지막 월 데이터이므로 사용 가능)

  ※ <u>ez + 1</u> : 1행 추가됨, <u>월 * 13 + 4</u> : 총 열의 수는 (월 + 1) * 13 + 4 이므로 마지막 월의 데이
       터는 지우지 않음

⑤ 월별 데이터를 '근태집계'에 기록하기 위한 3중 순환문 (월 - 1 : 마지막 월 데이터는 제외)

⑥ 각 월 시트의 '성명' 데이터를 한 개씩 체크(For Each ~ Next 문)
  - 각 '성명' 열의 셀 값을 '이름M' 변수에 할당

⑦ '근태집계' 시트의 '성명' 데이터를 체크(Do While ~ Loop문)
  - 각 '성명' 열의 셀 값을 '이름E' 변수에 할당

⑧ 해당 월과 '근태집계' 시트의 이름이 같으면 '근태집계' 시트에 각 월의 데이터를 차례로 기록
  (For ~ Next 문)

⑨ '근태집계' 시트의 마지막 행까지 같은 '이름'이 없으면 ([C4]에서 Offset 값 e = ez- 5이면 :
  마지막 행이면) : 퇴직한 직원(누락된 직원)
  - 해당 월의 직원 기본 정보(사번 등 4항목) 입력
  - 셀A.Offset(, -1).Resize(1, 4) : '성명' 셀에서 왼쪽 1열 이동한 셀부터 오른쪽으로 4열 확장
  - '근태집계' 시트에 각 월의 데이터를 차례로 기록(For ~ Next 문)

⑩ '근태집계' 시트에 수식을 기록하는 순환문(For Each ~ Next 문)

⑪ 순환문으로 FormulaR1C1형 수식을 만들기
  (예) 1~3월, 5행에 만들어 지는 수식 : =Sum(S5, AF5, AS5)

⑫ ⑪에서 만들어진 수식을 각 셀에 기록하는 순환문

8) 급여 현황 파일 작성

급여 현황 항목에서 작성할 년도ⓔ를 선택하고 작성할 (기간)의 월ⓔ을 선택하여 '작성' 단추①를 클릭하면 새로운 파일이 만들어집니다.

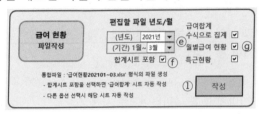

A) 파일 작성내용

【 파일 이름 】 '2021년1~3월 급여현황.xlsx' 형식으로 파일을 생성하여 저장

【 시트 이름 】 1월부터 선택한 월까지 '급여' 시트를 '01월', '02월' 형식으로 이름 부여

【 옵션 선택 】 추가 작성할 시트 선택ⓕⓖ (합계시트, 수식집계, 월별급여, 특근현황)

（선택한 옵션에 대해 시트를 추가하여 지정한 기간의 급여 현황 집계）

- **합계시트 포함** : '급여합계' 시트를 추가하여 선택한 기간의 급여 실적 합계 기록
- **수식으로 집계** : '수식집계' 시트를 추가하여 수식으로 합계 계산
- **월별급여 현황** : '월별급여' 시트를 추가하여 월별 급여를 요약하여 집계
- **특근 현황**　　 : '특근현황' 시트를 추가하여 월별 특근 시간 및 수당을 집계

《실행 결과 예》 모든 옵션이 선택된 경우 급여 현황 파일

(파일 이름) 📗 2021년1~3월급여현황

(작성된 시트)

('특근 현황' 시트 예)

B) 프로시저 작성

작성할 프로시저는 다음과 같습니다.

- 급여현황 : 각 월의 급여 실적을 1개 파일로 파일 통합
- 합계시트 : 통합된 파일에 '급여합계' 시트를 추가한 후 급여 실적을 합계하여 기록
- 수식집계 : 통합된 파일에 '수식집계' 시트를 추가하고 수식 작성
- 월별급여 : 통합된 파일에 '월별급여' 시트를 추가하고 월별 급여를 요약하여 집계
- 특근현황 : 통합된 파일의 '특근현황' 시트를 추가하고 월별 특근 실적을 요약하여 집계

<프로시저> 급여 현황

```
ⓐ  Public 급여파일명 As String
    Public 급년도 As Integer, 급월 As Integer

    Sub 급여현황()          332_21
      급경로 = ActiveWorkbook.Path & "₩"
①     급년도 = Format(ActiveSheet.[J24] + 2020, "####")
      급월 = ActiveSheet.[J25]
      급집계 = ActiveSheet.[Q20]
      급수식 = ActiveSheet.[Q21]
      급급여 = ActiveSheet.[Q22]
      급특근 = ActiveSheet.[Q23]
      급여파일명 = 급년도 & "년1~" & 급월 & "월 급여현황.xlsx"
      Application.DisplayAlerts = False
②     For m = 1 To 급월
        ' - 중략 -
      Next m
③     Workbooks.Add
      If Worksheets.Count < 급월 Then
        Worksheets.Add Count:=급월 - Worksheets.Count
      End If
      ActiveWorkbook.SaveAs Filename:=급경로 & 급여파일명
④     For m = 1 To 급월
          ' - 중략 -
|       With Workbooks(급여파일명).Sheets(m)
          ' - 중략 –
④     Next m
```

```
⑤   If 급집계 = True Then 합계시트        "합계시트' 프로시저 실행
|   If 급수식 = True Then 수식집계        "수식집계' 프로시저 실행
    If 급급여 = True Then 월별급여        "월별급여' 프로시저 실행
⑤   If 급특근 = True Then 특근현황        "특근현황' 프로시저 실행
    Workbooks(급여파일명).Save
    Application.DisplayAlerts = True
End Sub
```

ⓐ **전역 변수 '근태파일명', '년도', '월' 선언** (프로시저 시작 전 선언)

① 'Main 메뉴'의 급여 현황에 선택된 (년도), (기간), '집계시트 포함'등 입력된 결과를 읽어 각 변
   수에 할당 (컨트롤 서식 지정에서 셀 연결에 지정된 셀)

② 선택된 (기간)의 '급여파일'이 작성되어 있는지 검색하기 위한 순환문
   - 검색하여 파일이 없을 경우 MsgBox로 경고 표시 후 프로시저 종료

③ 새 파일을 생성(Add 문)하고 해당 기간만큼 워크시트를 추가한 후 파일 저장

④ 선택된 기간의 급여 파일을 차례로 열어 각 파일의 '급여' 시트를 새로 작성되는 급여 현황 파일
   에 복사한 후 시트 이름을 '01월', '02월' 형식으로 변경

⑤ 'Main 메뉴'의 '급여 현황 파일 작성'에 선택된 항목에 따라 추가 작성할 시트 ('급여합계', '수식
   집계' 등)의 서브 프로시저 실행

※ '급여합계'와 '수식집계' 시트

- **급여합계** : 각 직원, 항목별로 선택된 기간의 급여 실적의 합계를 '급여합계' 시트에 표시
            (합계된 결과를 숫자로 표시)

- **수식집계** : '급여합계'와 같이 선택된 기간의 급여 실적의 합계를 '수식집계' 시트에 수식으로
            집계하여 표시(수식으로 합계 하므로 더해진 셀을 추적 가능)

<프로시저> 합계시트

'급여합계' 시트를 추가하여 월별 급여 실적을 집계하는 프로시저

```
      Sub 합계시트()              332_22
        Set 파일E = Workbooks(급여파일명)
        파일F.Activate
①      파일F.Sheets(Format(급월, "00") & "월").Copy before:=Sheets(1)
        파일F.Sheets(1).Name = "급여합계"
        Set 시트F = 파일F.Sheets("급여합계")
        시트F.[B1] = 급년도 & "년1~" & 급월 & "월 급여현황"

        fz = 시트F.[D4].End(xlDown).Row         '합계 시트 마지막 행
②      For m = 1 To 급월 - 1                   '월 데이터 합하기
          Set 시트M = 파일F.Sheets(Format(m, "00") & "월")
          mz = 시트M.[D4].End(xlDown).Row       '각월 시트의 마지막 행

③        For m행 = 4 To mz                     '각월
            이름M = 시트M.Cells(m행, 4)
④          For f행 = 4 To fz                   '합계 시트
              이름F = 시트F.Cells(f행, 4)
⑤            If 이름F = 이름M Then
                For r = 7 To 29
⑥                If IsNumeric(시트M.Cells(m행, r).Formula) = True And r <> 12 Then
                    셀값 = 시트F.Cells(f행, r).Value
                    시트F.Cells(f행, r) = 셀값 + 시트M.Cells(m행, r).Value
⑦                  f누락 = f행                 '합계 시트 마지막 기록행을 'f누락'으로 저장
                  End If
                Next
                Exit For
              End If
⑧            If f행 = fz And Cells(f행 + 1, 4) = "" Then
                시트F.Rows(f누락 + 1).Insert shift:=xlDown
                시트F.Range("B" & f누락 + 1 & ":AF" & f누락 + 1) = 시트M.Cells(m행, 2)._
                        Resize(1, 31).Formula
⑨              For Each 셀F In 시트F.Range("J" & f누락 + 1 & ":AE" & f누락 + 1)._
                        SpecialCells(xlCellTypeFormulas)
⑩                셀F.Formula = 셀F.Offset(-1).Resize(2, 1).FormulaR1C1
                Next
```

```
            f행 = f행 + 1
            fz = fz + 1
        End If
      Next
    Next
   Next
⑪   시트F.[G:AE].EntireColumn.AutoFit
    시트F.[A1].Select
    Workbooks(급여파일명).Save

  End Sub
```

① '급여현황' 파일의 마지막 월의 시트를 복사하여 1번 시트로 하여 시트 이름을 '급여합계'로 변경

② 월별 데이터를 '급여합계'에 기록하기 위한 다중 순환문
   (급월 - 1 : 마지막 월 데이터는 이미 데이터에 반영되어 제외)

③ 각 월 시트의 전체 데이터를 아래쪽으로 순환(For ~ Next 문)
   - 각 행의 성명 열(4열) 값을 '이름M' 변수에 할당

④ '급여합계' 시트의 전체 데이터를 아래쪽으로 순환(For ~ Next문)
   - 각 행의 성명 열(4열) 값을 '이름F' 변수에 할당

⑤ '이름F'과 '이름M'이 같을 경우 가로 방향으로 셀 순환(r = 7 To 29)

⑥ 셀의 값이 수식이 아닌 숫자이거나 12열(합계가 불필요한 열)이 아닐 경우
   - '급여합계'의 각 셀 값에 월별 셀값을 누적시켜 기록

⑦ '급여합계' 시트에 마지막으로 기록한 행을 'f누락' 변수로 할당
   - 이유는 다음 검색하는 월별 '이름M' 변수가 '급여합계'의 '이름F' 변수와 마지막 행까지 일치
     하지 않으면(의미 : '급여합계'에는 없는 퇴직자) 행을 추가한 후 퇴직자의 실적 기록 필요

⑧ '급여합계'의 마지막 행까지 이름이 일치하지 않으면 ⑦에서 할당한 'f누락' 행의 다음 행에
   행을 추가하고
   - '급여합계'의 [B]~[AF]열에 해당 월(시트M) 2열([B]열) 부터 31열을 확장한 (Resize) 셀의 수식
     (Formula) 기록 (월 시트의 누락된 직원의 정보 기록)

⑨ '급여합계'에 추가한 행의 [J]~[AE]열의 수식 셀(SpecialCells)을 한 셀씩 개체 변수 '셀F'에
   할당하고(수식이 기록된 항목은 이웃한 행의 수식을 복사하기 위함)

⑩ '셀F'에 이웃한 위(Offset)의 셀의 수식 기록 (Resize문)

⑪ [G:AE] 열 자동 폭 조정(AutoFit)

《실행 결과 예》 '급여합계' 시트

각 셀에 월별 실적을 합계한 결과를 숫자로 기록

| G4 | | | × ✓ fx | 18930000 | | | | | | | | |

2021년1~3월 급여현황

사번	부서	성명	직책	근무형태	기본금	수당			통상임금		특근시간	
						직책수당	면허수당	계	합계	통상시급	시간외	휴근
1010	총무부	김기재	부장	주간	18,930,000	1,500,000	10	1,500,010	20,430,010	32,584	-	-
1147	총무부	구봉기	팀장	주간	16,890,000	900,000	-	900,000	17,790,000	28,374	-	-
1117	총무부	이우경	사원	주간	14,760,000	-	-	-	14,760,000	23,541	10	4
1169	총무부	이준재	사원	주간	14,400,000	-	-	-	14,400,000	22,967	16	10
1411	총무부	강우기	사원	주간	12,600,000	-	-	-	12,600,000	20,096	19	3

<프로시저> 수식집계 : 수식으로 월별 급여 실적 집계

'수식집계' 시트를 추가하여 월별 급여 실적을 수식으로 집계하는 프로시저

```
Sub 수식집계()                    332_23

    Set 파일F = Workbooks(급여파일명)
    파일F.Activate
    파일F.Sheets(Format(급월, "00") & "월").Copy After:=Sheets(1)
    파일F.Sheets(2).Name = "수식집계"
    Set 시트F = 파일F.Sheets("수식집계")
    시트F.[B1] = 급년도 & "년1~" & 급월 & "월 급여현황"
    fz = 시트F.[D4].End(xlDown).Row                    "수식직계' 시트의 마지막 행
①   시트F.Range("G4:G" & fz).ClearContents

    For m = 1 To 급월
        M월 = F.Sheets(Format(m, "00")
        Set 시트M = 파일F.Sheets(M월) & "월")
        mz = 시트M.[D4].End(xlDown).Row               '각 월별 시트의 마지막 행
        m행 = 3                                        '각 월 시트의 행 번호 초기값
②       For Each 이름M In 시트M.Range("D4:D" & mz)
            m행 = m행 + 1
            f행 = 3                                    "수식집계' 시트의 행 번호 초기값
③           For Each 이름F In 시트F.Range("D4:D" & fz)
                f행 = f행 + 1
④               If 이름F.Value = 이름M.Value Then
                    유수식 = 시트F.Range("G" & f행).Value
⑤                   If 유수식 = "" Then
                        시트F.Range("G" & f행) = "Sum(" & M월 & "!" & "G" & m행
⑥                   Else
                        시트F.Range("G" & f행) = 유수식 & "," & M월 & "!" & "G" & m행
                    End If
⑦                   f누락 = f행
                    Exit For
                End If
⑧           If f행 = fz And Cells(f행 + 1, 4) = "" Then
                시트F.Rows(f누락 + 1).Insert shift:=xlDown
                시트F.Range("B" & f누락 + 1 & ":AF" & f누락 + 1) = 시트M.Cells(m행, 2)._
                    Resize(1, 31).Formula
```

```
⑨              For Each 셀R In Range("J" & f누락 + 1 & ":AE" & f누락 _
                    + 1).SpecialCells(xlCellTypeFormulas)
                셀R.Formula = 셀R.Offset(-1).Resize(2, 1).FormulaR1C1
              Next
⑩            시트F.Range("G" & f누락 + 1) = "Sum(" & M월 & "!" & "G" & m행
              fz = fz + 1
              f행 = f누락 + 1
            End If
          Next
        Next
      Next

      f행 = 4
⑪    For Each 이름F In 시트F.Range("D4:D" & fz)
        수식 = 이름F.Offset(0, 3)
        이름F.Offset(0, 3) = "=" & 수식 & ")"
⑫        For Each 셀F In Range("H" & f행 & ":AC" & f행).SpecialCells(xlCellTypeConstants)
          If 셀F.Column <> 12 Then 셀F.Formula = 이름F.Offset(0, 3).FormulaR1C1
        Next
        f행 = f행 + 1
      Next
      시트F.[G:AE].EntireColumn.AutoFit
      시트F.[A1].Select
      Workbooks(급여파일명).Save

    End Sub
```

<수식 작성 방법>

(a) '수식집계' 시트에 각 월별 시트의 항목으로 수식 만들기

    (전 직원을 순환하면서 기본급 항목 [G]열에 수식을 만든 후 다른 셀에 복사)

    - 1단계 (수식 생성) : 수식이 없는 셀에 'Sum(01월!G4' 형식으로 기록

    - 2단계 (수식 추가) : 1단계 결과 + ', 02월!G4' 형식의 수식 추가

    - 3단계 (수식 완성) : 2단계 결과의 앞과 뒤에 각각 '=' 및 ')' 추가

            ☞ = Sum(01월!G4, 02월!G4, ~~, 06월!G4) 형식으로 수식 완성

(b) [G]열에 완성된 수식을 다른 열에 기록(기존 수식이 있는 셀은 제외 : 기존 수식 유지)

① '수식집계' 시트의 '기본급' 항목의 [G]열 전체의 내용을 지움
   - 각 월별 합계 수식을 이 열에서 완성한 후 다른 셀에 동일 형식으로 수식 기록 목적

② 각 월 시트의 '성명' 열을 순환하면서 한 셀씩 차례로 개체 변수 '이름M'에 할당

③ '수식집계' 시트의 '성명' 열을 순환하면서 한 셀씩 차례로 개체변수 '이름F'에 할당

④ 이름이 같으면 '수식집계' 시트의 해당 행의 [G]열 값을 '유수식' 변수에 할당

⑤ '유수식' 변수가 빈 문자열('")이면(수식이 없으면) 그 셀에 'Sum(01월!G4' 형식으로 수식 기록 (수식을 'Sum'으로 시작하기 위함)

⑥ 아니면 (수식이 이미 기록이 되어 있는 경우) '유수식 & ~~' 수식 기록
   - ⑤⑥은 차례로 월별 합계 수식을 작성하는 순환문 : 유수식(기록된 수식) & ',02월!G4' 형식으로 수식 추가 ☞ 'Sum('01월'!G4.'02월'!G4. ~~' 형식으로 수식 완성
   ※ 앞에 '='을 붙이면 실행 오류가 발생되므로 수식 완성후 '=' 추가

⑦ 수식을 기록한 행을 'f누락' 변수에 할당(마지막 행까지 일치하지 않으면 행 추가 목적)

⑧ '수식집계'의 추가된 행에 자료 기록('합계시트' 프로시저 설명⑧ 참조)

⑨ ⑩ '수식집계'의 추가된 행에 수식 기록('합계시트' 프로시저 설명 참조)

⑪ 수식 완성하기 : '수식집계' 시트의 '성명' 열을 한 행씩 차례로 ⑤⑥에서 작성된 수식에 '='를 추가하여 수식 완성하기
   ☞ '=Sum('01월'!G4,'02월'!G4,~~~)' 형식으로 수식 만들기

⑫ 완성된 수식 기록 : 각 행의 [H]열 ~ [AC]열을 차례로 한 셀씩 완성된 수식 기록
   ※ 수식이 아닌 셀만 기록 : 12열은 제외(합계가 불필요한 열)

《실행 결과 예》 '수식집계' 시트

각 셀에 월별 합계 수식 기록

| G4 | | fx | =SUM('01월'!G4,'02월'!G4,'03월'!G4) | | | | | | | | | |

	A	B	C	D	E	F	G	H	I	J	K	L	M	N	O
1		2021년1~3월 급여현황													
2		사번	부서	성명	직책	근무형태	기본급	수당			통상임금		특근시간		
3								직책수당	면허수당	계	합계	통상시급	시간외	휴근	야
4		1010	총무부	김기재	부장	주간	18,930,000	1,500,000	10	1,500,010	20,430,010	32,584	-	-	
5		1147	총무부	구봉기	팀장	주간	16,890,000	900,000	-	900,000	17,790,000	28,374	-	-	
6		1117	총무부	이우경	사원	주간	14,760,000	-	-	-	14,760,000	23,541	10	4	
7		1169	총무부	이준재	사원	주간	14,400,000	-	-	-	14,400,000	22,967	16	10	
8		1411	총무부	강우기	사원	주간	12,600,000	-	-	-	12,600,000	20,096	19	3	

<프로시저> 월별급여

'월별급여' 시트를 추가하여 월별 급여 실적을 요약하여 집계하는 프로시저

```
Sub 월별급여()                    332_24
  Set 파일F = Workbooks(급여파일명)
  파일F.Activate
  파일F.Sheets(Format(급월, "00") & "월").Copy before:=Sheets("01월")
  파일F.ActiveSheet.Name = "월별급여"
  Set 시트F = 파일F.Sheets("월별급여")

  fz = 시트F.[C4].End(xlDown).Row
① With 시트F
    .[B1] = 급년도 & "년1~" & 급월 & "월 월별 급여현황"
    .Range("G2:AG" & fz).ClearContents
    .[T:AC].Delete
    .[G:O].Delete
    .[G2:L3].UnMerge
    .[G2:L2].Merge
    .[G2] = "급여집계"
    .[G3] = "통상임금"
    .[H3] = "특근수당"
    .[I3] = "기타급여"
    .[J3] = "급여합계"
    .[K3] = "공제금액"
    .[L3] = "지급총액"
②   .[G2:L2].Borders(xlEdgeTop).Weight = xlThin
    .[G2:L2].Borders(xlEdgeBottom).Weight = xlThin
  End With

③ 시트F.Range("G:L").Copy
  For m = 1 To 급월
    시트F.Cells(1, 6 * m + 7).PasteSpecial
    시트F.Cells(2, 6 * m + 7) = m & "월"
  Next
  Application.CutCopyMode = False
  For m = 1 To 급월                          '월
    Set 시트M = 파일F.Sheets(Format(m, "00") & "월")
    mz = 시트M.[C4].End(xlDown).Row          '각 월 시트의 마지막 행
```

```
            For m행 = 4 To mz                    '각 월
                이름M = 시트M.Cells(m행, 4)
                For f행 = 4 To fz                  '월별 급여 시트
                    이름F = 시트F.Cells(f행, 4)
④                  If 이름M = 이름F Then
                        With 시트F.Cells(f행, m * 6)
                            .Offset(, 7) = 시트M.Cells(m행, 11).Value
                            .Offset(, 8) = 시트M.Cells(m행, 19).Value
                            .Offset(, 9) = 시트M.Cells(m행, 22).Value
                            .Offset(, 11) = 시트M.Cells(m행, 30).Value
                        End With
                        f누락 = f행
                        Exit For
                    End If
⑤                  If f행 = fz And Cells(fz + 1, 4) = "" Then
                        시트F.Rows(f누락 + 1).Insert shift:=xlDown
                        시트F.Range("B" & f누락 + 1 & ":F" & f누락 + 1) = _
                            시트M.Cells(m행, 2).Resize(1, 5).Value
                        시트F.Cells(f누락 + 1, m * 6 + 7) = 시트M.Cells(m행, 11).Value
                        시트F.Cells(f누락 + 1, m * 6 + 8) = 시트M.Cells(m행, 19).Value
                        시트F.Cells(f누락 + 1, m * 6 + 9) = 시트M.Cells(m행, 22).Value
                        시트F.Cells(f누락 + 1, m * 6 + 11) = 시트M.Cells(m,행 30).Value
                        f행 = f행 + 1
                        fz = fz + 1
                    End If
                Next
            Next
        Next
⑥      수식 = "=Sum(RC[6]"
        For m = 2 To 급월
            수식 = 수식 + ",RC[" & 6 * m & "]"
        Next
        수식 = 수식 + ")"
⑦      For f행 = 4 To fz
            시트F.Cells(f행, 7) = 수식
            시트F.Cells(f행, 8) = 수식
            시트F.Cells(f행, 9) = 수식
            시트F.Cells(f행, 11) = 수식
```

```
⑧      For m = 1 To 급월 + 1
          시트F.Cells(f행, 6 * m + 4) = "=Sum(RC[-3]:RC[-1])"
          시트F.Cells(f행, 6 * m + 6) = "=RC[-2]-RC[-1]"
        Next
      Next
      시트F.[G:L].EntireColumn.AutoFit
      시트F.[B1].Select
      Workbooks(급여파일명).Save
    End Sub
```

① '월별급여' 시트의 제목 행([2:3]행) 편집 : 월별 합계 서식 작성(셀 병합, 제목 기록 등 포함)

② 편집한 제목 행에 선 그리기

③ ①에서 편집한 합계 서식을 각 월별로 차례로 서식을 복사하고 2행 제목 행에 '1월', '2월', ~~ 형식으로 기록

④ '성명'이 같으면 '월별급여' 시트에 월별 시트의 데이터 기록
   - 주요 급여 항목 집계 : 통상임금, 특근수당, 기타급여, 공제금액 등 해당 월의 데이터 기록

⑤ 마지막 행까지 성명이 일치하지 않으면 '월별급여' 시트에 행을 추가하여 추가된 직원의 데이터

⑥ '월별급여' 시트의 '급여집계' 항목에 기록할 수식 만들기. 예) [G4] 셀 수식 : = Sum(M4, S4, Y4)

⑦ ⑥에서 완성한 수식을 '급여집계' 항목의 각 셀에 기록
   (기존에 수식이 있는 합계 항목(급여합계, 지급총액)은 제외 : 아래 ⑧에서 수식 추가)

⑧ '급여집계' 항목과 각 월의 하부 항목 '급여합계', '지급총액' 항목에 수식 기록
   예) [J4] 셀 수식 : = Sum(G4:J4)

《실행 결과 예》 '월별급여' 시트

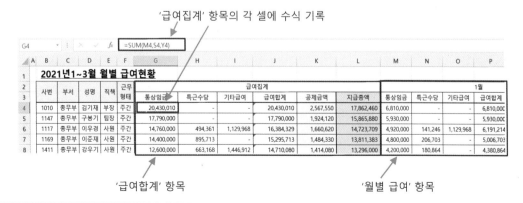

'급여집계' 항목의 각 셀에 수식 기록

'급여합계' 항목

'월별 급여' 항목

<프로시저> 특근현황

'특근현황' 시트를 추가하여 직원의 월별 특근 현황을 집계하는 프로시저

※ 이 프로시저는 앞의 '월별급여' 프로시저와 유사하고 설명이 중복되므로 설명 생략
   (프로시저는 첨부 CD 참조)

```
Sub 특근현황()              332_25
    Set 파일F = Workbooks(급여파일명)
    ----------------
    ---- 중략 -----
    ----------------
    Workbooks(급여파일명).Save
End Sub
```

《실행 결과 예》 '특근현황' 시트

각 셀에 수식 기록

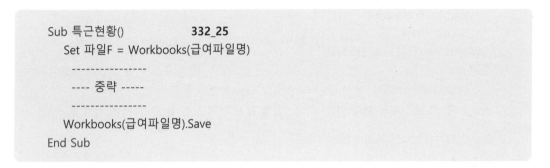

J7   fx   =SUM(Q7,X7,AE7)

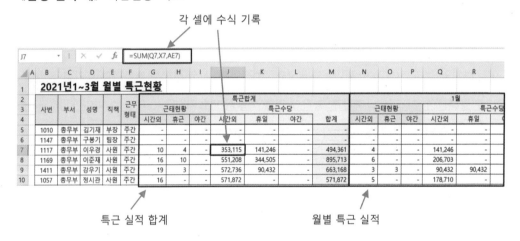

사번	부서	성명	직책	근무형태	시간외	휴근	야간	시간외	휴일	야간	합계	시간외	휴근	야간	시간외	휴일
1010	총무부	김기재	부장	주간	-	-	-	-	-	-	-	-	-	-	-	-
1147	총무부	구봉기	팀장	주간	-	-	-	-	-	-	-	-	-	-	-	-
1117	총무부	이우경	사원	주간	10	4	-	353,115	141,246	-	494,361	4	-	-	141,246	-
1169	총무부	이준재	사원	주간	16	10	-	551,208	344,505	-	895,713	6	-	-	206,703	-
1411	총무부	강우기	사원	주간	19	3	-	572,736	90,432	-	663,168	3	3	-	90,432	90,432
1057	총무부	정시관	사원	주간	16	-	-	571,872	-	-	571,872	5	-	-	178,710	-

특근 실적 합계   월별 특근 실적

Part IV

부록

1. CD에 담긴 내용

첨부된 CD에는 이 책에 소개하는 모든 프로시저가 담겨 있습니다.

1) 파일 현황

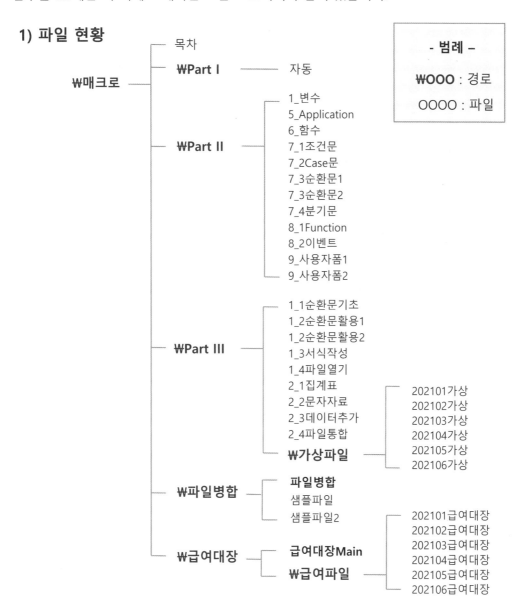

※ 파일이 포함된 '₩매크로' 경로 전체를 사용자의 컴퓨터에 복사한 후 사용하세요.

2) 프로시저

- 프로시저 범례 -

일반 Sub	이벤트	함수

Part	Chapter		프로시저 이름 (일련 번호)				프로시저가 포함된 파일 이름
Part I	Chapter 2	3	자동 (123_01)	자동A (123_02)			자동 (매크로\Part I)
Part II	Chapter 1	4	배열변수1 (214_01)	배열변수2 (214_02)	동적 배열 (214_03)	동적 배열2 (214_04)	1_변수 (매크로\Part II)
	Chapter 5	1	상태표시줄 (251_01)	화면업 (251_02)			5_Aplication (매크로\Part II)
	Chapter 6	2	With문 (262_01)				6_함수 (매크로\Part II)
		6	배열 (266_01)				
		7	경로검색 (267_01)				
	Chapter 7	1	If문1 (271_01)	If문2 (271_02)	If문3 (271_03)	If문4 (271_04)	7_1조건문 (매크로\Part II)
			If문5 (271_05)				
		2	Case문 (272_01)				7_2Case문 (매크로\Part II)
		3	ForNext문1 (273_01)	ForNext문2 (273_02)			7_3순환문1 (매크로\Part II)
		4	ForEach문1 (274_01)	ForEach문2 (274_02)			
		5	Loop문1 (275_01)	Loop문2 (275_02)	Loop문3 (275_03)	순환1 (275_04)	7_3순환문2 (매크로\Part II)
		6	분기문1 (276_01)	분기문2 (276_02)	분기문3 (276_03)		7_4분기문 (매크로\Part II)
	Chapter 8	1	근속년수 (281_01)	부가세 (281_02)	학점 (281_03)		8_1Function (매크로\Part II)
			휴일 (281_04)	시간외 (281_05)	특근 (281_06)		
		2	Wb_Open (282_01)	Ws_Activa (282_02)	Wb_BClose (282_03)		8_2이벤트 (매크로\Part II)

- 프로시저 범례 -

일반 Sub	이벤트	Function

Part	Chapter		프로시저 이름 (일련 번호)				프로시저가 포함된 파일 이름
Part II	Chapter 9	2	**UsFm_Initi** (292_01)	**CmB1_Click** (292_02)			**9_1사용자폼1** (매크로₩Part II)
		4	사용자 정의 폼 (직원등록)				
			UsFm_Initi (294_01)	**기본급_Chg** (294_02)	**CmB1_Click** (294_03)		
			사용자 정의 폼 (직원입력)				
			UsFm_Initi (294_04)	**CmB1_Click** (294_05)			
			폼(목록상자)				
			CmB1_Click (294_06)				
			사용자 정의 폼 (선택)				**9_2사용자폼2** (매크로₩Part II)
			ChB1_Click (294_07)	**ChB2_Click** (294_08)	**TgB1_Click** (294_09)		
			사용자 정의 폼 (일자입력)				
			UsFm_Initi (294_10)	**ScB1_Chg** (294_11)	**SpB1_Chg** (294_12)	**SpB2_Chg** (294_13)	
Part III	Chapter 1	1	**기초1** (311_01)	**기초2** (311_02)	**기초3** (311_03)	**기초4** (311_04)	**1_1순환문기초** (매크로₩Part II)
			기초5 (311_05)	**기초6** (311_06)	**기초7** (311_07)	**기초8** (831_08)	
			기초9 (311_09)	**기초10** (311_10)	**기초11** (311_11)	**기초12** (311_12)	
			기초13 (311_13)	**기초14** (311_14)	**기초15** (311_15)	**기초16** (311_16)	
			기초17 (311_17)				
		2	**활용1** (312_01)	**활용2** (312_02)	**활용3** (312_03)		**1_2순환문활용1** (매크로₩Part III)
			활용4 (312_04)	**활용5** (312_05)	**활용6** (312_06)	**활용7** (312_07)	**1_2순환문활용2** (매크로₩Part III)
		3	**서식1** (313_01)	**서식2** (313_02)	**서식3** (313_03)	**서식4** (313_04)	**1_3서식작성** (매크로₩Part III)
			서식5 (313_05)				
		4	**파일1** (314_01)	**파일2** (314_02)	**파일3** (314_03)		**1_4파일열기** (매크로₩Part III)

일반 Sub	이벤트	함수

Part	Chapter		프로시저 이름 (일련 번호)				프로시저가 포함된 파일 이름
Part III	Chapter 2	1	집계표1 (321_01)	집계표2 (321_02)			2_1집계표 (매크로\Part III)
		2	문자형 (322_01)	시간외 (322_02)	휴일 (322_03)	야간 (322_04)	2_2문자자료 (매크로\Part III)
			시간외2 (322_05)	휴일2 (322_06)	휴일근무 (322_07)	휴일근무2 (322_08)	
		3	추가1 (323_01)				2_3데이터추가 (매크로\Part III)
			실행 (323_02)				
			사용자 정의 폼 (직원추가)				
			UsFm_Initi (323_03)	기본급_Chg (323_04)	직책수당_Chg (323_05)	시간외_Chg (323_06)	
			휴일수당_Chg (323_07)	추가_Click (323_08)	삭제_Click (323_09)	종료_Click (323_10)	
			조회				
			사용자 정의 폼 (직원조회)				
			UsFm_Initi (323_11)	사번_Chg (323_12)	조회_Click (323_13)	기본급_Chg	
			수정_Click (323_14)	종료_Click			
			조회2				
			사용자 정의 폼 (직원조회)				
			UsFm_Initi	검색_Click (323_15)	조회_Click (323_16)	종료_Click (323_17)	
		4	파일통합1 (324_01)	파일통합2 (324_02)	폼실행 324_03		2_4파일통합 (매크로\Part III)
			사용자 정의 폼 (근태현황)				
			UsFm_Initi (324_04)	실행_Click (324_05)	실행2_Click (324_06)		
			파일통합3 (324_07)				

- 프로시저 범례 -

일반 Sub	이벤트	함수

Part	Chapter	프로시저 이름 (일련 번호)				프로시저가 포함된 **파일 이름**
Part III	Chapter 3	1	사용자 정의 폼 (파일병합)				파일병합 (매크로₩파일병합)
			UsFm_Initi (331_01)	**적용_Click** (331_02)	**병합시작_Click** (331_03)	**파일병합** (331_04)	
			종료 (331_05)	**폼실행**	**적용** (331_06)	**파일병합B** (331_07)	
		2	**시간외** (332_01)	**휴근** (332_02)	**야간** (332_03)		월별급여대장 (매크로₩급여대장 ₩급여파일)
			직원조회 (332_04)	**파일열기** (332_05)			
			사용자 정의 폼 (직원조회)				급여대장Main (매크로₩급여대장)
			UsFm_Initi (332_06)	**검색_Click** (332_07)	**조회_Click** (332_08)	**기본급_Chg** (332_09)	
			수정_Click (332_10)	**종료_Click** (332_11)			
			직원추가 (332_12)				
			사용자 정의 폼 (직원추가)				
			UsFm_Initi (332_13)	**기본급_Chg** (332_14)	**삭제행_Chg** (332_15)	**추가_Click** (332_16)	
			삭제_Click (332_17)				
			근태검증 (332_18)	**근태현황** (332_19)	**집계표** (332_20)		
			급여현황 (332_21)	**합계시트** (332_22)	**수식집계** (332_23)	**월별급여** (332_24)	
			특근현황 (332_25)				

※ 이벤트 프로시저 이름 약어 사용

- Wb : Workbook,　　　　　Ws : Worksheet,　　　　　BClose : BeforeClose
- Usfm_Initi : UserForm_Initialize
- Chg : Change,　　　　　CmB : CommandButton,
- ChB : CheckBox　　　　　TgB : ToggleButton,　　　　ScB : ScrollBar
- SpB : SpinButton　　　　TxB : TextBox

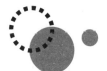

2. 찾아보기